ROGER DOMMERGUE

WAHRHEIT UND SYNTHESE
DAS ENDE DER HOCHSTAPELEI

ROGER-GUY POLACCO DE MENASCE
(1924-2013)

Roger Dommergue war ein französisch-luxemburgischer Philosophieprofessor, der für seine kontroversen Ansichten zum Holocaust bekannt war. Dommergue unterstützte revisionistische Theorien zum Holocaust, stellte die Zahl der jüdischen Opfer in Frage und behauptete, die Gaskammern der Nazis seien ein Mythos. In Vorträgen und Interviews bestritt er das Ausmaß der Verbrechen, die das NS-Regime während des Zweiten Weltkriegs begangen hatte.

WAHRHEIT UND SYNTHESE
DAS ENDE DER HOCHSTAPELEI

Vérité et synthèse – La fin des impostures
2000

Übersetzt und veröffentlicht von
OMNIA VERITAS LTD

OMNIA VERITAS.
www.omnia-veritas.com

© Omnia Veritas Limited – 2025

Alle Rechte vorbehalten. Kein Teil dieser Veröffentlichung darf ohne vorherige Genehmigung des Herausgebers in irgendeiner Form vervielfältigt werden. Das Gesetz zum Schutz des geistigen Eigentums verbietet Kopien oder Vervielfältigungen zur gemeinsamen Nutzung. Jede vollständige oder teilweise Wiedergabe oder Vervielfältigung ohne die Zustimmung des Herausgebers, des Autors oder ihrer Rechtsnachfolger ist rechtswidrig und stellt einen Verstoß dar, der nach den Artikeln des Gesetzbuchs für geistiges Eigentum geahndet wird.

VORWORT **15**

Der Jude, der Hauptfeind ist Er *21*

ERSTER TEIL **22**
WAS DIE JUDEN ÜBER SICH SELBST GESAGT HABEN **22**

GRUNDLEGENDES VORWORT 22

EIN RABBI BEKENNT SICH SCHULDIG **25**
WAS JUDEN ÜBER JUDEN SAGEN **32**

Baruch Lévy, jüdisch *35*
Die Drüsen der Menschheit *35*
"Jewish World" (Jüdische Welt) *36*
Walter Ratheneau, jüdisch *37*
Benjamin Disraeli, jüdisch *37*
Benjamin Disraeli, jüdisch *39*
Marcus Éli Ravage, jüdisch *39*
Isidore Loeb, jüdisch *40*
" La Revue des Études Juives " (Die Zeitschrift für jüdische Studien) *41*
Die Protokolle der Weisen von Zion *43*
Werner Sombart, jüdisch *43*
Der Koadjutor des Oberrabbiners von Jerusalem *43*
Henri Barbusse, Jude *44*
Adolphe Crémieux, Jude *44*
Adolphe Crémieux, Jude *45*
René Groos, jüdisch *46*
Blumenthal, jüdisch *46*
Die Zentralkonferenz der amerikanischen Rabbiner *47*
Erklärungen, die innerhalb der B'nai B'rith abgegeben wurden *47*

WAS DIE JUDEN SELBST ÜBER DEN KOMMUNISMUS SAGEN **52**

Rabbiner Judah L. magnes *52*
Herr Cohan, jüdisch *52*
Nahum Sokolow, jüdisch *53*
Rabbiner Lewis Brown *53*
Professor Reinhold Niebuhr, jüdisch *53*
"The American Hebrew" *53*
Hermalin, jüdisch *54*
" Jewish Chronicle " *54*
Rabbiner Judah L. Magnes *54*
Otto Weininger, Jude *54*
"Nach Moskau" *55*
Angelo Rappoport, jüdisch *55*
Moritz Rappoport, jüdisch *55*
" Jewish tribune " *55*
Kadmi Cohen, jüdisch *55*
"The Maccabean" *56*
Maurice Samuel, jüdisch *56*

Angelo Rappoport, jüdisch *57*
Bernard Lazare, Jude *57*
"Das israelitische Universum" *57*
"Israelitische Archive" *57*
" New York Time " *57*
Elie Eberlin, jüdisch *58*
" Jewish Chronicle " *59*
Manifest von Rabbinern *59*
Louis Fisher, jüdisch *60*
"The Maccabean" *60*
"Jewish World" (Jüdische Welt) *60*
"Canadian Jewish Chronicle" (Kanadische jüdische Chronik) *61*
Maurice Murrey, jüdisch *61*
"Novy mar" *61*
J. Olgin, jüdisch *62*
Bernard Lazare, Jude *62*
Angelo Rappoport, jüdisch *66*
Alfred Nossig, jüdisch *66*

DER KOMMUNISMUS, DER VON DER JÜDISCHEN HOCHBANK UNTERSTÜTZT UND FINANZIERT WURDE 68

Hier finden Sie diesen Text und die Analysen von R.P. Fahey. *68*
Bericht des US-Geheimdienstes *69*
Jüdische Kapitalisten *71*
Die Russische Revolution ist eine jüdische Platzierung *72*
Die Symbolik der roten Flagge *72*
Juden und Liberalismus *74*
Ein interessantes britisches Dokument über Juden *74*
Unumgängliche Feststellungen *75*
Jüdischer Großbanker legt sensationelles Geständnis ab *76*
Hier ist ein grausames Dokument: *84*
Der große Besitz vernichtet den kleinen *84*
Die wahren Völkermorde der Geschichte *85*
Interessantes Dokument über die Konversion von Oberrabbiner Neofit ... *88*
Zwei interessante Zitate des Juden Zinovieff *89*
Jüdisches Gold, Herrscher der Welt *89*
Der Zar im Schloss der Rothschilds *94*
" Tag " *95*
"Juden müssen leben" *95*
Ein unüberwindbarer Abgrund *102*
Juden bilden das rassistischste aller Völker *103*
Die Gesellschaft der Nationen, eine jüdische Organisation *103*
Dr. Klee, jüdisch *104*
Jesse E. Sampter, jüdisch *104*
Max Nordau, jüdisch *104*
Nahum Sokolov, jüdisch *104*
Lucien Wolf, jüdisch *105*
Lennhorr, jüdisch *105*

"Judische Rundschau".. 105
Sir Max Waechter, jüdisch 105
Lenin, Jude.. 106
Emil Ludwig, jüdisch.. 106
Auf dem großen internationalen Freimaurerkonvent 106
Beim Konvent des Großen Orients 107
Auf dem Kongress des American Jewish Committee 107
Die Friedenskonferenz 107
Die Freimaurerei als jüdisches Instrument 108
Benjamin Disraeli, jüdisch... 109
"Die israelitische Wahrheit" 109
Bernard Shillmann, jüdisch... 110
Bernard Lazare, Jude... 110
Ludwig Blau, jüdisch.. 110
Isaac Wise, jüdisch... 110
Bernard Lazare, Jude... 111
"The Jewish Historical Society" (Die jüdische historische Gesellschaft) 111
" The free mason Guide "... 111
"Encyclopedia of freemasonry" (Enzyklopädie der Freimaurerei) 111
Rudolph Klein, jüdisch... 111
Rev. S. Mac Gowan 111
"Symbolismus" 112
"The text book of free-masonry" (Das Textbuch der Freimaurerei)........ 112
" Alpina " 112
"Andersons Konstitutionen".. 112
Samuel Untermeyer, Jude und Freimaurer 112
Findel, Jude und Freimaurer 113
"The Jewish tribune" (Die jüdische Tribüne) 113
"Die jüdische Enzyklopädie" 113
"B'nai B'rith Magazin"... 114

WARUM KÖNNEN JUDEN NIEMALS DIE STAATSANGEHÖRIGEN IRGENDEINES LANDES SEIN? 115

UNBEGRENZTE BEWEISE, DIE SIE LIEFERN 115

Dr. Chaïm Weizman, jüdisch 115
Ludwig Lewinsohn, jüdisch... 115
"Israel Messenger"... 115
Jesse E. Sempter, jüdisch 116
"Jewish Encyclopedia" (Jüdische Enzyklopädie) 116
"New York Tribune".. 116
Max Nordau, jüdisch.. 116
" Jewish Chronicle " 116
"Israelitische Archive" 117
Levy-Bing, jüdisch.. 117
Bernard Lazare, Jude... 117
"pro-israelisch".. 117
Max Nordau, jüdisch.. 117

Nahum Sololow, jüdisch 117
S. Rokhomovsky, jüdisch 118
"Das israelitische Universum" 118
"Israelitische Archive" 118
" Jewish Chronicle " 119
Wodislawski, jüdisch 119
" Sunday Chronicle " 119
"Jewish World" (Jüdische Welt) 119
Theodor Herzl, jüdisch 120
Léon. Levy, jüdisch 120
"Jewish World" (Jüdische Welt) 121
"Jewish World" (Jüdische Welt) 121
Rabbiner Morris Joseph 121
Arthur D. Lawis, jüdisch 121
Léon Simon, jüdisch 121
Moses Hess, jüdisch 121
" Jewish Chronicle " 122
" Jewish Courier " 122
G. B Stern, jüdisch 122
S. Gerald Soman, jüdisch 122
Das Kol Nidre Gebet 127
Folgen dieser Psychopathologie 128
Klatskin, jüdisch 128
Jacob Braffmann, jüdisch 128
Marcus Éli Ravage, jüdisch 128
James Darmesteter, jüdisch 129
Kurt Munzer, jüdisch 129
Otto Weininger, Jude 129
Bernard Lazare, Jude 129
René Groos, jüdisch 130
M. J Olgin, jüdisch 130
Medina Ivrit, Jüdisch 130
Koppen, jüdisch 130
Baruch Levi, jüdisch 131
Dr. Ehrenpreis, Oberrabbiner 131

DER ZUSAMMENBRUCH RUSSLANDS 133

"British Israel Truth" 133
Ist die totalitäre Judeopathie tolerierbar? 133
"Jewish Encyclopedia" (Jüdische Enzyklopädie) 134
Bernard Lazare, Jude 135
Dr. Hugo Ganz, jüdisch 135
Théodore Reinach, Jude 135
Dr. Rudolf Wasserman, jüdisch 136
Cerfbeer aus Medelsheim, jüdisch 136
Wucher verschaffte den Juden die Hälfte des Elsass 136
Oscar Frank, jüdisch 137
Graetz, jüdisch 137

Dr. Rudolf Wasserman, jüdisch *138*
Dr. M. J. Guttmann, jüdisch *138*
Kreppel, jüdisch *138*
Die französische Flagge aus der Sicht des Juden Jean Zay *138*
Symbolik der geschlossenen Faust und des erhobenen Arms mit offener Hand *143*
Gefahr! *144*
Kommunismus und Judenfeindschaft in Kanada *145*
Ein lebenswichtiges Interesse *146*
Karl Marx, Begründer des Kommunismus *146*
Systematischer Boykott aller Bücher, die sich nicht für die Juden aussprechen, bereits seit 1895 .... *147*
Das Schicksal Russlands entschied sich 1913 .... *147*
Über die Bibel *148*
Über Japan *148*

WAS SIE FÜR DIE MENSCHHEIT GETAN HABEN **150**

Latzis, jüdisch *150*
Dr. Fromer, jüdisch *150*
Einige bezeichnende Äußerungen von Juden *151*
Grundlegende Korruption *152*
Der Jewish Chronicle kommentiert das Werk eines irischen Theologen. *155*
Die Judäo-Kommunisten der spanischen Volksfront und 1837 .... *156*
Einhellige Aussagen sowohl von Juden als auch von Nichtjuden *157*

TRAGISCHER ABSCHLUSS **160**
WAS HABEN DIE JUDEN IN DIESEM ERSTEN TEIL DES BUCHES BEHAUPTET? **161**

1000 Jahre! Neben der ewigen Zion! *172*

ZWEITER TEIL **180**
WAS GOJIM ÜBER JUDEN SAGEN **180**

Winston Churchill *180*
Mohammed *182*
Erasmus *182*
Luther *182*
Ronsard *183*
Voltaire *183*
Immanuel Kant *183*
Benjamin Franklin *183*
Malesherbes *184*
Fichte *184*
Napoleon *184*
Charles Fourier *184*
Schopenhauer *185*
Alfred de Vigny *185*
Honoré de Balzac *185*
Alphonse Toussenel *185*

Proudhon 185
Michelet 186
Ernest Renan... 186
Bakunin... 186
Dostojewski... 186
Victor Hugo... 186
Wagner.. 187
Édouard Drumont.. 187
Edmond de Goncourt 188
Guy de Maupassant.. 188
Jules Verne... 188
Adolphe Hitler... 188
Georges Simenon 189
Jean Giraudoux 189
Lucien Rebatet 189
Paul Morand 190
Marcel Aymé 190
Pierre-Antoine Cousteau.. 190
Louis Ferdinand Céline 190

DER SHERLOCKHOLOCAUST **194**

Ergänzung zu den Vereinten Nationen................................... 199
Generalsekretariat 200
Informationszentrum 201
Internationales Arbeitsamt (ILO)... 202
Food and Agriculture Organization (Ernährungs- und
Landwirtschaftsorganisation) (FAO) 202
Organisation für Erziehung, Wissenschaft und Kultur (Unesco) 203
Weltbank für Wiederaufbau und Entwicklung........................ 203
Internationaler Währungsfonds (IWF) 204
Weltorganisation für Flüchtlinge 204
Weltgesundheitsorganisation (WHO)..................................... 204
Welthandelsorganisation (WTO).. 205
Internationale Fernmeldeunion (ITU).................................... 205

DRITTER TEIL **207**
EIN TEXT VON ÜBERWÄLTIGENDER WAHRHEIT, DER EINEM
JUDEN ZUGESCHRIEBEN WIRD **207**

Das Recht der überlegenen Rasse.. 208

À NOUS LA FRANCE!.. **236**
DIE TOTALITÄRE GLOBALISTISCHE JUDEOPATHIE **251**
SCHLUSSFOLGERUNG **256**
ANDERE PUBLIKATIONEN... **259**

VORWORT

"Alles wird mit dem Schurken enden". Nietzsche

Der an seine Gemeinschaft gebundene Jude ist nicht assimilierbar. Die Genialität des jüdischen Volkes besteht darin, dass es das jüdische Problem nur unter seinem religiösen Aspekt dargestellt hat. Dem Juden zufolge gibt es Franzosen jüdischen Glaubens, genauso wie es Franzosen katholischen Glaubens gibt. Viele Nichtjuden (Fremde des jüdischen Volkes) sind in diese Falle getappt. Monsignore Lustiger verkörpert das typische Beispiel eines Juden mit katholischer Religion.

Zunächst einmal sind Semiten nicht europäischen Ursprungs, sie sind ethnisch mit dem Arabischen verwandt, nicht mit dem Gallischen.

Zweitens gehört der Jude zunächst dem Volk Israel an, es ist seine nationale Gemeinschaft.

Schließlich bestätigt das Judentum religiös den ältesten Rassismus, den die Erde je hervorgebracht hat. Nur das auserwählte Volk gehört zum Wesen Gottes, alle anderen Menschen werden mit Tieren gleichgesetzt. Kein Proselytismus bei Rabbinern, Tiere zum Judentum zu bekehren ist sinnlos.

Als Beweis für seine Felonie bezeichnet sich der Jude als Franzose rumänischer Abstammung (François Copé, Pierre Moscovici), Franzose ungarischer Abstammung (Nicolas Sarkozy), Franzose luxemburgischer Abstammung (Stéphane Bern), Franzose spanischer Abstammung (David Pujadas)...

Wenn er sich nicht als Franzose bezeichnet, nennt sich der Jude Europäer, Korse, Bretone... Weltbürger.

Aber nie, oh wie nie bezeichnet er sich als Jude.

Wo das Gold ist, da ist unsere Heimat" - diese typisch jüdische Aussage trifft überall zu. Juden sind in den reichsten Regionen der reichsten Nationen konzentriert. Keine Juden in Mosambik, viele Juden in Amerika. Im Großraum Paris und im Elsass, den beiden reichsten Regionen Frankreichs, konzentriert sich der Großteil des jüdischen Volkes.

Geld ist die Herrin der Welt und Juden sind die Könige der Finanzwelt: Soros, Barclay, Rothschild, Rockefeller...

Schon der Wucherer Mose ermahnte sein Volk, Geld zu verleihen, ohne jemals welches zu leihen.

Die Kreditaufnahme mit Zinsen unter Juden ist religiös verboten.

Diese Leidenschaft für Gold wird durch die Namen unserer berühmtesten Wirtschaftswissenschaftler bestätigt: Marc Touati, Elie Cohen, Alain Minc und Guy Sorman.

In neun von zehn Fällen gehört unser Finanzminister der wandernden Rasse an. Und das, obwohl die jüdische Bevölkerung in unserem Land nur ein Prozent beträgt.

Der erste Text des kommerziellen Hits von Jean-Jacques Goldman (auf Französisch: *L'homme en or*) lautete: *"Un jour j'aurai tout ce qui brille entre mes mains"* (Ein Tag, an dem ich alles, was glänzt, in meinen Händen halten werde). Mehr als ein Symbol, eine Prophezeiung.

Jedes Jahr werden beim Treffen des CRIF (Conseil Représentatif des Institutions Juives de France) alle führenden Politiker einberufen und aufgefordert, der jüdischen Gemeinschaft öffentlich ihre Treue zu schwören. Mit Ausnahme der Front National, die aufgrund einer 1986 erlassenen Verordnung der B'naï B'rith (ausschließlich jüdische Freimaurerei) aus dem politischen Leben Frankreichs ausgeschlossen wurde.

Jacques Chirac (der am meisten verjudete Franzose) verdankt seinen Platz dem Versprechen, das er der Gemeinde gegeben hatte, dass er nach seiner Wahl den französischen Staat und seine antijüdischen Maßnahmen zur nationalen Bewahrung offiziell anprangern würde.

2002 wurde der Betrüger und Betrügerin mit über 80 % wiedergewählt, wobei sie den ersten der Werte verteidigte, die das jüdische Volk von anderen verlangt: Toleranz.

Der jüdische Traum von einer Welt ohne Grenzen geht über die Auflösung der Nationen in Europa und dann über die Auflösung Europas in der Welt. Erinnern Sie sich an die Verwirrung der Jüdin

Christine Ockrent während des französischen Neins zum euroglobalistischen Referendum von 2005.

Juden sind die fanatischsten Kämpfer für den Beitritt der Türkei zur Europäischen Union:

Daniel Cohn-Bendit, Pierre Lellouche, Gilles Martin-Chauffier, Pierre Moscovici, Alexandre Adler...

Ihr Traum muss zu unserem Albtraum werden. Als Argument wird angeführt, dass die Türkei immer ein Beschützer der Juden gewesen sei, selbst in den dunkelsten Stunden unserer Geschichte.

Die Juden in den Vereinigten Staaten kämpfen mit der gleichen Verve für die Aufnahme Mexikos in die amerikanische Union.

Immer noch der jüdische Wille, diesen weißen Mann zu vernichten, der das kleine Volk, das so viel zu leiden hat, erneut bedrohen könnte.

Die Front National hat immer behauptet, dass nicht die Einwanderer, sondern die Verantwortlichen für die Einwanderungspolitik zur Rechenschaft gezogen werden müssen.

Von Marek Halter bis Elie Wiesel träumt der Jude bei uns von Einwanderung, Vermischung, Weltoffenheit und der Aufnahme des Anderen - mit einem großen A.

Die treibende Kraft hinter dieser Besessenheit ist Rache. Das jüdische Volk will uns für die seiner Meinung nach ungerechten Vergeltungsmaßnahmen bezahlen lassen, die es in der gesamten Geschichte unseres Landes erlitten hat.

Das jüdische Volk erinnert uns ständig an seine Erinnerungspflicht. Im besten Fall, um uns Geld aus der Tasche zu ziehen, im schlimmsten Fall, um uns dazu zu bringen, das Unannehmbare zu akzeptieren: die Ersetzung einer französischen Bevölkerung europäischer Herkunft durch eine andere afrikanischer Herkunft. Die Inszenierung des Holocausts und seine politische Ausbeutung verbieten uns jegliche Maßnahmen zur nationalen Rettung.

Die wütendsten Unterstützer der Sans Papiers gehören zur Rasse des Judas: die jüdische Bestie Emmanuelle Béart, die jüdische Bestie Stéphane Hessel, die jüdische Bestie Alain Krivine, die jüdische Bestie Patrick Gaubert, die jüdische Bestie Mathieu Kassovitz, die jüdische Bestie Arno Klarsfeld...

30 Jahre lang hat das jüdische Volk die Arabisierung und Islamisierung Frankreichs unterstützt. Juden und Araber marschierten Hand in Hand gegen die aufrichtigen Vertreter des französischen Volkes. Sie schimpften gegen die Front National und ihren Vorsitzenden. Der Jude Bernard Stasi hämmerte uns seinen Slogan "*Einwanderung als Chance für Frankreich*" ein. Es war die glückliche Zeit von S.O.S. Rassismus, die von dem Juden Julien Dray gegründet wurde.

Seit den Gewaltausbrüchen im Nahen Osten zwischen Juden und Arabern. Wir haben eine Umkehrung der Situation erlebt, von nun an befinden sich diese beiden Gemeinschaften auf unserem eigenen Boden im Krieg. Selbst die schwarze Gemeinschaft fordert Rechenschaft von den Juden, die vom Sklavenhandel profitiert haben (jüdische Familien aus Nantes, darunter die Mendès-France). Von nun an wendet sich das jüdische Volk an die Franzosen und sucht ihre Unterstützung durch die Stimme von Alain Finkielkraut, der heute den antiweißen Rassismus anprangert.

Die Islamophobie, das Steckenpferd von Philippe de Villiers, ist in erster Linie ein Zeichen, das an die jüdische Gemeinschaft gerichtet ist. Sie ist ein Zeichen der Treue und des Zusammenschlusses in Richtung der Lobby, die es nicht gibt.

Nach dem Irak bereiten die Juden die Öffentlichkeit auf einen Krieg gegen den Iran vor. Der von Bernard Kouchner geliebte Präventivkrieg bedeutet in erster Linie die Möglichkeit, jedes Land, das den Staat Israel bedrohen könnte, präventiv zu zerstören.

Nach dem jüdischen Sieg von 1945 wurden Antirassismus, Multikulturalismus und Rassenmischung zu den Grundwerten der jüdisch-westlichen Gesellschaft.

Sarkozys Lebensgefährtin Cécilia, eine Vollblutjüdin, rühmt sich damit, keinen einzigen Tropfen französischen Blutes in ihren Adern zu haben. Während ihr Mann uns den Niedergang der Zivilisationen durch den Mangel an Mischlingen erklärt.

Für die Jüdin Madame de Fontenay, Organisatorin der Miss-France-Wahlen, sind die schönsten Frauen in den am stärksten durchmischten Regionen anzutreffen.

Offiziell gibt es keine Rassen, aber sie müssen sich vermischen, es muss um jeden Preis vermischt werden, was es nicht gibt!

Das herrschende Volk gibt vor, Gerechtigkeit zu lieben. Der Jude Robert Badinter, der den Mördern näher steht als ihren Opfern, sorgt für die Abschaffung der Todesstrafe.

Der Jude André Gluksmann prangert ständig die in Tschetschenien begangenen Schlampereien an, verschweigt aber systematisch die Verbrechen, die das jüdische Volk in Palästina begangen hat.

Der Hüter des Tempels der Erinnerung Claude Lanzmann behauptete öffentlich, dass, wenn man revisionistische Historiker frei sprechen ließe, in zwei oder drei Jahren niemand mehr an den Holocaust glauben würde.

Die Drucker, die Arthur, die Fogiel, die Castaldi, die Moati, die Okrent, die Miller, die Benamou, die Schonberg, die Pujadas, die Attal, die Veil, die Abiker, die Beigbeder, die Namias?

Es waren dieselben Medien, die in der Zwischenrunde der Präsidentschaftswahlen 2002 spontane Demonstrationen gegen den FN organisierten.

Antisemiten wird nachgesagt, dass sie an Paranoia leiden und überall Juden sehen. Nehmen wir ein beliebiges Beispiel. Die Kandidaten für die Präsidentschaftswahlen 2007 in der Sozialistischen Partei sind:

Laurent Fabius: *Jude*

Dominique (*Gaston*) Strauss-Kahn: *Jude*

Jack Lang: *Jude*

François Hollande: *Jude*

Bernard Kouchner: *Jüdisch*

Ségolène Royal: *Endlich eine Französin!*

Antisemiten wird nachgesagt, dass sie den Einfluss des Juden überschätzen. Aber schließlich diktiert er die Außenpolitik der USA. In einem Maße, dass man nicht mehr weiß, ob die USA Israels Verbündeter sind oder umgekehrt.

Von Voltaire über Dostojewski bis hin zu Shakespeare sind die klügsten Köpfe der europäischen Kultur Antisemiten.

Die Philosemiten wiederum wollen uns von der Gleichheit aller Menschen untereinander überzeugen. Doch die tatsächliche

Aggression eines Franzosen weckt in der Regel wenig Interesse, sie ist nur eine von vielen verschiedenen Begebenheiten, eine Banalität, ein Detail. Der tatsächliche (*Fall Halimi*) oder fiktive (*Fall RER*) Angriff auf einen Semiten löst sofort einen Aufschrei aus, die Emotionen kochen hoch und die höchsten politischen Instanzen rufen zur Ordnung: "*Einen Juden anzugreifen, bedeutet, ganz Frankreich anzugreifen.*"

Wir werden dringend daran erinnert, dass das Leben eines einzigen Juden das Leben von 60 Millionen Franzosen wert ist.

Dieses jüdische Frankreich wird moralisch von dem Milliardär Bernard Henry Levy verkörpert. In seinem torchonartigen Buch *L'idéologie française (Die französische Ideologie)* kotzt er das tiefste, das französische Frankreich aus.

Zivilisationen werden geboren und sterben, aber der Jude ist immer da, ewig mit sich selbst verbunden. Über die ganze Welt verstreut, überall eine Minderheit, überdauert er die Jahrtausende.

Wenn das zu Tode afrikanisierte Frankreich endgültig in der Dritten Welt angekommen ist. Die Juden werden ihre Sachen packen und in wohlhabendere Länder (*wahrscheinlich Asien*) ziehen, um dort ihre Geschäfte weiterzuführen. Jacques Attali hat seine Verachtung für sesshafte Völker, die an ihr Land gebunden sind, stets zur Schau gestellt.

Die Einwanderung zur Wiederbevölkerung und die Förderung der Abtreibung (*eingeleitet durch die Jüdin Simone Veil*) sind die beiden Säulen der jüdischen Politik, die gegen die ethnischen Franzosen gerichtet ist. Zweifellos sollte man die Schuld der Juden an der Ausrottung des französischen Volkes nicht verallgemeinern. Vielleicht gibt es unter ihnen auch einige Unschuldige.

Lange Zeit hatten uns unsere Könige vor der jüdischen Finanzmacht geschützt. Die Monarchie hatte es sogar geschafft, das jüdische Volk aus dem französischen Königreich zu vertreiben.

Was die katholische Kirche betrifft, so hat sie ihre eigentliche Aufgabe verraten: Uns vor der Perfidie des Volkes der Selbstmörder zu schützen.

Heute setzt das jüdische Tier all seine Hoffnungen in den staatenlosen Kapitalismus. Die ganze Welt wird als ein großer offener Markt betrachtet, ohne Grenzen, ohne Nationen, ohne

Identitäten, ohne Traditionen. Eine einfarbige Welt, die von Konsumenten bevölkert wird, die alle Levis-Jeans tragen.

Nichts scheint nun mehr den Aufstieg des jüdischen Volkes auf dem Weg zur Weltregierung der Weisen zu behindern.

Sollen wir deshalb alle Hoffnung aufgeben, uns hinlegen und den langsamen Tod sterben, den der Jude kennt: Nein!

Einst glaubte das jüdische Volk, sein Ziel der Weltherrschaft durch den Kommunismus zu erreichen (*Ideologie des jüdischen Marx, Revolution des jüdischen Trotzki*). Der Kommunismus brachte den Faschismus und den Nationalsozialismus hervor.

Jedes Mal, wenn die jüdische Bestie sich ihrem höchsten Ziel nähert, wird sie zu selbstsicher; sie wird unvorsichtig; sie enthüllt uns ihre hochmütige Arroganz. Der Nicht-Jude wird dadurch zu einem rettenden Sprung veranlasst.

DER JUDE, DER HAUPTFEIND IST ER

Um sich davon zu überzeugen, sollten Sie die jüdische Presse und insbesondere die Zeitschrift *Droit de vivre* der LICRA lesen.

Nehmen wir als Beispiel die RECONQUISTA, den fünfhundertjährigen Kampf gegen die Besetzung Spaniens durch die Araber, der ohne die vorherige Vertreibung des jüdischen Volkes niemals möglich gewesen wäre.

G. S.
Sommersonnenwende 2006

ERSTER TEIL
WAS DIE JUDEN ÜBER SICH SELBST GESAGT HABEN

"Die Könige des Jahrhunderts, in das wir bald eintreten werden, werden diejenigen sein, die es am besten verstehen, sich des Reichtums zu bemächtigen. Die Söhne Israels besitzen diese Fähigkeit in einem noch nie dagewesenen Ausmaß, und in der allgemeinen Bewegung, die sich überall gegen sie abzeichnet, muss man die Vorboten der fürchterlichen Kämpfe sehen, die man gegen sie führen muss, um sich ihrer bedrohlichen Macht zu entziehen".[1] Gustave le Bon, *Ende des 19. Jahrhunderts*

GRUNDLEGENDES VORWORT

Das Wort Antisemit bedeutet absolut nichts.

Ein Jude ist nur dann ein Semit, wenn die geografischen Umstände ihn dazu zwingen, und zwar in gleicher Weise wie andere Semiten. Ein großer, blonder, blauäugiger Jude, dessen Familie seit sieben Jahrhunderten in Polen lebt, ist kein Semit. Ein kleiner, schlaksiger Jude aus Südamerika hat mit diesem polnischen Juden nichts gemeinsam, außer einem über Zeit und Raum konstanten Partikularismus, der in diesem Buch ausgiebig behandelt wird.

Abgesehen von den weißen, schwarzen, gelben und roten Rassen gibt es keine Rassen: Es gibt nur Ethnien, die das Ergebnis einer hormonellen Anpassung an eine feste Umgebung über einen Zeitraum von mindestens acht bis zehn Jahrhunderten sind. Die

---

[1] Das Unglück ist, dass ein Jahrhundert später, im Jahr 1999, die totalitäre Judeopathie ihr hegemoniales Werk vollbracht hat, mit den Folgen moralischer, physischer und ökologischer Verschmutzungen, die, da sie unnatürlich sind, nur in vielgestaltigen Kataklysmen aufgelöst werden können.

Juden haben sich niemals tausend Jahre an einem festen geografischen Ort aufgehalten, nicht einmal in Palästina: Sie können auf keinen Fall eine Ethnie bilden.

Die karikaturhaften Züge, die sie oft aufweisen, wie auch ihre unvergleichlichen spekulativen Möglichkeiten, denen es jedoch an Moral und Verstand mangelt, wie wir in den Nachrichten dieses Jahrhunderts und in der Geschichte zuhauf sehen, sind ausschließlich auf die Auswirkungen der Beschneidung am achten Tag, dem ersten Tag der einundzwanzig Tage der ersten Pubertät, zurückzuführen.[2]

Es gibt also keine Gojim wie Soros, Warburg, Hammer, Marx oder Freud (Finanzwesen, entmachtete Logik, Traum an System).

Man kann also aus offensichtlichen Gründen, die durch unerbittliche Argumente und Fakten belegt sind, "antijüdisch" sein.

Berühmte Juden haben sie dargelegt. Berühmte Nichtjuden wie Benjamin Franklin, der ihnen die amerikanische Staatsbürgerschaft verweigern wollte, bestätigten sie.

Jede Wahrheit über die Juden wird automatisch als "Antisemitismus" gebrandmarkt und nun gesetzlich bestraft, da die Juden "antirassistische" Rassismusgesetze (Orwells Gedankenverbrechen) erlassen ließen, die es verbieten, ihre Machenschaften, ihre Handlungen und ihre ungeheuerliche Bedeutung in den westlichen Regierungen, in denen sie, wie zum Beispiel in den USA, alles beherrschen, offenzulegen.

Wir werden in diesem Buch die Wahrheiten untersuchen, die von sehr berühmten Juden geäußert und von berühmten Gojim bestätigt wurden.

In unserer Zeit ist eine solche Studie vertraulich, da es im Jahr 2000 keine Meinungsfreiheit mehr gibt, außer der, die großzügig für Drogen, Pornografie, Homosexualität, Abtreibung, die pathogene und teratogene Pille, Lebensmittel- und Pharmachemikalien,

---

[2] Das Problem der jüdischen Beschneidung wird in meinem Buch "*Dossiers secrets du XXIème siècle*" behandelt. Diese Entdeckung ist Dr. Jean Gautier zu verdanken, der die funktionelle Vorrangstellung des Hormonsystems vor dem Nervensystem erklärte. Ich habe an der Sorbonne eine Doktorarbeit auf der Grundlage seines Werkes verteidigt: "*Le dandysme, hyperthyroïdie physiologique*" (Das Dandytum, eine physiologische Hyperthyreose).

Pädophilie, ökologische Zerstörung und wirtschaftlichen Horror im Allgemeinen gewährt wird...

Ich werde oft gefragt: "Warum entscheiden Sie sich als Jude dafür, die Wahrheit zu enthüllen, die Ihrer 'Rasse' nur schaden kann"?

Ich antworte darauf, dass es erstens nicht um Rasse, sondern um eine extradimensionale Pathologie geht und dass man nicht, nur weil man die Pest hat, behaupten sollte, dass die Pest ein Kriterium für Gesundheit ist.

Die Symbiose aus jüdischer Perversion und nichtjüdischem Schwachsinn (es gibt kein anderes Wort dafür) führt die ganze Welt ins Nichts, an ihr Ende.

Ich möchte im Rahmen meiner Möglichkeiten verhindern, dass sich Hitlers Vorhersage in *Mein Kampf* bewahrheitet: "Wenn die Juden mit ihrem marxistischen Glaubensbekenntnis die Führung der Menschheit übernehmen, dann wird die Erde ihrer Bewohner beraubt und beginnt sich wieder zu drehen, allein im Äther, wie vor Millionen von Jahren."

Der Text, der folgt: "*Ein Rabbiner bekennt sich schuldig*", ist von so großer Bedeutung, dass ich ihn absichtlich an den Anfang dieses Buches gestellt habe. Mit schonungsloser Klarheit entwirft Rabbi Manfred Reifer ein meisterhaftes Panorama der jüdischen Totengräberei, die Hitler vorausging, entmythologisiert damit die Hitler-Dämonisierung und macht die jüdische Dämonisierung sichtbar.

Nie hat ein "Antisemit" Goy mit so unerbittlicher Klarheit geschrieben, nicht einmal Céline...

EIN RABBI BEKENNT SICH SCHULDIG

Dieses unauffindbar gewordene Dokument wurde von den Juden massiv vernichtet.

Es ist leicht zu verstehen, warum. Acht Monate nach Hitlers Machtübernahme veröffentlichte die *"Czernowitzer Allgemeine Zeitung"* am 2. September 1933 diesen Artikel von Rabbiner Manfred Reifer.

"Die gegenwärtige Situation der Juden in Deutschland ist das Ergebnis eines historischen Prozesses. Es ist eine Entwicklung, deren Beginn bis in die Zeit Bismarcks zurückverfolgt werden kann. Es musste so kommen, wenn man die tiefe historische Bedeutung dieser antisemitischen Bewegung, deren stärkster Ausdruck Hitler ist, verstehen will. Wer das nicht vorhersehen konnte, war blind.[3]

Man versuchte, die Augen vor den Ereignissen zu verschließen und handelte nach dem vulgären Axiom: "Was man nicht will, das glaubt man nicht". *Das war ein bequemer Weg, um den grundlegenden Fragen auszuweichen und die Welt durch eine rosarote Brille zu betrachten. Die Prediger der jüdischen Assimilation versuchten, einen Schleier über die Realität der Dinge zu werfen, und spielten als letzte Karte den Liberalismus aus, der schon lange tot war. Sie verstanden den Lauf der Geschichte nicht und glaubten, sie könnten ihr entkommen, indem sie sich zu* "Deutschen mosaischen Glaubens" *erklärten, die Existenz einer jüdischen Nation leugneten, alle Fäden abschnitten, die sie mit dem Judentum verbanden, das Wort* "Zion" *aus ihren Gebetbüchern löschten und den*

---

[3] Erinnern wir uns daran, dass der jüdische Philosoph Henri Bergson die Juden zehn Jahre vor dem Nationalsozialismus davor warnte, dass sie die größte antisemitische Demonstration der Geschichte erleben würden, wenn sie ihr Verhalten nicht ändern würden.

Nun, heute, wo die Parameter des Antisemitismus so konzentriert sind wie nie zuvor in der Geschichte, sage ich ihnen genau das Gleiche: Sie werden mir nicht zuhören, denn man hat nicht einmal die Möglichkeit, es ihnen zu sagen, ohne angeklagt zu werden, egal ob man Jude oder Goy ist. Diese großartige Analyse wird im zweiten Teil des Buches durch meine eigene ergänzt.

"Sonntagsgottesdienst" einführten. Sie betrachteten den Antisemitismus als ein vorübergehendes Phänomen, das durch intensive Propaganda und die Organisation von Gesellschaften, die zu seiner Bekämpfung gegründet wurden, beseitigt werden könne.[4]
Dies waren die Gedanken einer großen Anzahl deutscher Juden. Daher die große Enttäuschung, die tiefe Resignation angesichts des Sieges Hitlers, daher die namenlose Verzweiflung, die wachsende Psychose, die bis zum Selbstmord gipfelte, die völlige Demoralisierung. Wer jedoch die Ereignisse in Deutschland nach dem Kausalitätsprinzip beurteilt, wird die nationalsozialistische Bewegung als den Höhepunkt einer natürlichen Entwicklung beurteilen.

Er wird auch verstehen, dass die Geschichte keine Zufälle kennt, dass jede Epoche das Ergebnis der Epoche ist, die ihr vorausging. Hier liegt der Schlüssel zum Verständnis der gegenwärtigen Situation. Der Kampf gegen den Judenhass wird in Deutschland seit einem halben Jahrhundert intensiv und mit deutscher Präzision geführt. Der wissenschaftliche Antisemitismus hat seine Wurzeln im Boden Deutschlands selbst geschlagen.

All das wollten die Juden in Deutschland nicht sehen. Sie nährten sich falschen Hoffnungen, ignorierten die Realität und träumten vom Kosmopolitismus, von der Zeit der Dohms, Lessings und Mendelssohns. Die entwurzelten Juden gaben sich fantastischen Ideen hin und machten sich kosmopolitische Träume vor. Dies äußerte sich auf zweierlei Weise: Entweder bejubelten sie den allgemeinen Liberalismus oder sie machten sich zu Bannerträgern des Sozialismus. Beide Betätigungsfelder lieferten dem Antisemitismus neue Nahrung. In gutem Glauben und mit dem Wunsch, der Sache der Menschheit zu dienen, begannen die Juden, sich aktiv in das Leben des deutschen Volkes einzuschleichen. Mit ihrer charakteristischen jüdischen Leidenschaft stürzten sie sich auf

---

[4] Sie machen immer noch denselben Fehler: Sie stellen sich vor, dass die Gründung von MRAP, LICRA, SOS racisme usw. sie davon abhalten wird, völlig überfordert und verstopft zu sein, selbst wenn sie den Stalinismus des Gayssot-Gesetzes erreichen.

Sie werden einer schrecklichen Explosion nicht entgehen können, denn das Problem liegt nicht dort. Es liegt in ihnen selbst. Die radikale Lösung ist nur die Abschaffung der Beschneidung am 8. Tag, da sie nicht in der Lage sind, ihr Verhalten zu ändern.

alle Wissensgebiete. Sie übernahmen die Presse, organisierten die Arbeitermassen und bemühten sich, das gesamte geistige Leben im Sinne des Liberalismus und der Demokratie zu beeinflussen. Dies musste natürlich eine tiefe Reaktion in dem Volk, das sie beherbergte, hervorrufen. Als die Juden zum Beispiel die Kontrolle über die sogenannten internationalen Disziplinen übernahmen, als sie sich auf den Gebieten der Physik, Chemie, Medizin, Astronomie und bis zu einem gewissen Grad auch der Philosophie hervortaten, konnten sie bei ihren arischen Kollegen höchstens Neid, nicht aber einen allgemeinen Hass der ganzen Nation hervorrufen. Man sah es nicht gerne, wenn Juden Nobelpreise erhielten, aber man nahm es stillschweigend hin. Im Rahmen der nationalen Disziplinen ist das jedoch etwas ganz anderes.

In diesem Bereich ist jede Nation bestrebt, ihre ursprünglichen Kräfte zu entwickeln und die Früchte der geistigen Arbeit der Rasse an gegenwärtige und zukünftige Generationen weiterzugeben. Es ist für das Volk keine gleichgültige Angelegenheit zu wissen, wer Artikel über Weihnachten schreibt, wer die Messe feiert und wer den Besuch der Kirche fordert. Jedes Volk in jeder Nation möchte, dass seine Kinder in seinem eigenen Geist erzogen werden. Doch während große Teile des deutschen Volkes um die Erhaltung ihrer Art kämpften, füllten wir Juden die Straßen Germaniens mit unserem Geschrei.

Wir stellten uns den Reformern der Welt und dachten, wir würden mit unseren Ideen das öffentliche Leben beeinflussen.

Wir haben die Glocken geläutet und zum stillen Gebet aufgerufen, wir haben das Mahl des Herrn vorbereitet und seine Auferstehung gefeiert.

Wir haben mit den heiligsten Besitztümern des Volkes gespielt und alles verspottet, was der Nation heilig war.

Wir haben uns auf die unvergänglichen Rechte der Demokratie verlassen und uns als gleichberechtigte Bürger des Staates in der deutschen Gemeinschaft gefühlt. Wir posierten als Zensoren der Volksmoral und schütteten Becher voller Satire über den deutschen Michel aus.

Wir wollten Propheten auf den heidnischen Feldern Germaniens sein und vergaßen uns selbst bis zu dem Punkt, an dem wir vergaßen, dass all dies die Zerstörung über uns bringen sollte.

Wir haben Revolutionen gemacht, und als ewige Gottsucher haben wir uns an die Spitze der Volksmassen gestürzt.

Wir haben dem internationalen Proletariat eine zweite Bibel gegeben, eine Bibel, die der Zeit entspricht, und wir haben die Leidenschaften des Dritten Standes geweckt.

➢ *Von Deutschland aus erklärte der Jude Karl Marx dem Kapitalismus den Krieg.*

➢ *Der Jude Lassalle organisierte die Volksmassen in Deutschland selbst.*

➢ *Der Jude Édouard Bernstein machte die Idee populär.*

➢ *Die Juden Karl Liebknecht und Rosa Luxemburg erweckten die Spartakusbewegung zum Leben.*

➢ *Der Jude Kurt Eistner gründete die Sowjetrepublik Bayern und war ihr erster Präsident.*

Gegen all das erhob sich die deutsche Nation und rebellierte. Sie wollte ihr eigenes Schicksal schmieden und die Zukunft ihrer Kinder selbst bestimmen. Es sollte ihr nicht verübelt werden, dass sie dies wollte.

Womit ich nie einverstanden war, war die Idee des Weltbürgertums und des Kosmopolitismus mit Juden in der ersten Reihe ihrer Truppen. Diese entwurzelten[5] bildeten sich ein, dass sie die Kraft besäßen, die Ideen Jesajas in die Ebenen Germaniens zu verpflanzen und mit Amos Walhalla zu stürmen. Zeitweise gelang ihnen das auch, aber sie sich selbst und das gesamte jüdische Volk unter den Trümmern einer zusammengebrochenen Welt verschlingen.

Wir müssen den Kampf des Hitler-Regimes aus einem anderen Blickwinkel als dem von uns aufgezwungenen betrachten und lernen, ihn zu verstehen. Haben wir Juden nicht rebelliert und blutrünstige Kriege gegen alles Fremde geführt?

Was waren die Makkabäerkriege anderes als ein Protest gegen eine fremde, nicht-jüdische Lebensweise? Und worin bestanden dann die ewigen Kämpfe der Propheten? In nichts anderem als in der

---

[5] Simone Weil griff diesen Begriff auf: "Die Juden, diese Handvoll *'Entwurzelter'*, hat die Entwurzelung des gesamten Erdballs verursacht".

Beseitigung fremder Elemente und der heiligen Bewahrung der ursprünglichen Natur des Judentums. Haben wir uns nicht gegen die rassisch gemischten Könige aus dem Hause der Idumäer aufgelehnt. Haben wir nicht die Samariter aus unserer Gemeinschaft ausgeschlossen, weil sie Mischehen praktizierten?

Warum sollten die deutschen Nationalisten nicht so handeln wie wir, wenn ein Kurt Eisner die Vorrechte der Wittelsbacher persönlich an sich reißt?

Wir müssen lernen, der Wahrheit ins Auge zu sehen und unsere Schlüsse zu ziehen.

Ich würde gerne ein falscher Prophet sein, aber die harten Fakten beiseite zu schieben, wird das Problem nicht lösen.

Was heute in Deutschland geschieht, wird morgen in Russland geschehen. Für all die Verbrechen, die sich aus dem kommunistischen System ergeben haben, werden die Juden in Sowjetrussland eines Tages leiden müssen. Wir werden teuer dafür bezahlen müssen, dass Trotzki, Joffe, Sinovieff usw. in Sowjetrussland führende Rollen gespielt haben.

Haben wir uns in Sowjetrussland nicht schwerer gegen die Demokratie versündigt als in Deutschland? Während in Deutschland Hitler von der Mehrheit gewählt wurde, ist in Russland nichts dergleichen geschehen. In diesem Land hat eine kleine Minderheit, die heute kaum vier Millionen Menschen umfasst, nach 15 Jahren Organisation die Diktatur des Proletariats ausgerufen.

In Sowjetrussland versuchten die Juden auch, als Vorläufer und Verkünder einer neuen absoluten Wahrheit aufzutreten. Sie verstärkten ihre Bemühungen, die bolschewistische Bibel zu interpretieren und das Denken des russischen Volkes zu beeinflussen.

Dieses Vorgehen ruft den schärfsten Widerstand hervor und führt zu Antisemitismus. Was wird geschehen, wenn die Sowjetregierung gestürzt ist und die Demokratie in Russland ihren feierlichen Einzug feiert?

Wird den Juden ein besseres Schicksal beschieden sein als das, das sie heute in Deutschland erleiden?[6] Werden sie hinter den Trotzkis, Kameneffs, Sinovieffs usw. stehen? Wird das russische Volk nicht ihre alten jüdischen Namen entdecken und die Kinder für die Verbrechen ihrer Väter leiden lassen? Oder wird das Regime sogar so kurz andauern, dass die Väter selbst büßen müssen?[7]

Gibt es dafür nicht Beispiele? Haben nicht Tausende von Juden in Ungarn ihr Leben verloren, weil Bela Kuhn im Land des Heiligen Stephanus eine Sowjetrepublik errichtet hatte? Derselbe Bela Kuhn, der 25.000 christliche in weniger als hundert Tagen hatte abschlachten lassen! Die Juden in Ungarn mussten teuer dafür bezahlen, dass sie sich als Propheten aufgespielt hatten.

Innerhalb der Internationalen erschienen die Juden als die radikalsten Elemente.

Die Deutschen, Franzosen, Polen und Tschechen haben ein Vaterland und ihr Internationalismus resorbiert sich in Deutschland, Frankreich, Polen und der Tschechoslowakei. Sie sind autochthon unter einer nationalen Macht. Das zeigt sich im praktischen Leben. 1914 verbrannten die Deutschen die rote Fahne im Berliner Zoo und rannten mit patriotischen Refrains auf den Lippen in den Krieg. Der polnische Sozialist Daszinski stand beim Kampf um die Wiederauferstehung Polens in der ersten Reihe und die tschechischen Sozialisten sangen begeistert ihr patriotisches Lied (Kde domov muj).

Nur die Juden wollten nichts von einem Vaterland hören. Sie fielen als auffällige Propheten auf dem Schlachtfeld der Freiheit. Karl Liebnecht, Rosa Luxemburg, Kurt Eisner, Gustav Landauer: Kein Kaddosch wird rezitiert,[8] keine Messe gelesen. Sie, und in gewissem Maße auch die Kinder des Liberalismus, all diese (jüdischen)

---

[6] Diese Analyse ist umso aktueller, als am 17. November 1998 ein russischer, sogar kommunistischer Antisemitismus ausbrach, der bis zu Pogromen führte. Dies unterstreicht die Klarheit dieser Analyse, zu der meines Wissens keine Nichtjuden fähig waren.

[7] In einer historischen Sendung auf Fünf erfuhren wir, dass Stalin kurz vor seinem Tod ein nationales Pogrom geplant hatte, das aufgrund seines Todes nicht stattfand.

[8] Sie wurden alle während der Unruhen getötet, die durch die von ihnen organisierten Revolutionen ausgelöst wurden.

Dichter, Autoren, Künstler, Journalisten haben die heutige Zeit vorbereitet, die Judenfeindschaft genährt, dem Nationalsozialismus Basis und Material geliefert. Sie alle haben sich das Beste gewünscht und nur das Gegenteil erreicht.

Der Fluch der Blindheit hatte sie getroffen.[9]

Sie sahen nicht, wie sich die Katastrophe näherte. Sie hörten nicht die Schritte der Zeit, die schweren Schritte ihres Schicksals, die sehr schweren Schritte der Nemesis der Geschichte."

---

[9] Und sie werden sie immer wieder schlagen, bis sie die Menschheit vernichtet haben, indem sie sich selbst vernichtet haben. Nur die radikale Abschaffung der Beschneidung am achten Tag könnte die Juden und die Menschheit retten.

WAS JUDEN ÜBER JUDEN SAGEN

In der Ausgabe vom 1. Juli 1880 veröffentlichte "*Le Contemporain*", eine wichtige Pariser Zeitschrift, einen langen Artikel unter der Überschrift "*Bericht von Sir John Readcliff über die politisch-historischen Ereignisse, die in den letzten zehn Jahren stattgefunden haben*". Es handelte sich dabei um eine Rede, die Rabbi Reichhorn 1869 in Prag am Grab von Oberrabbiner Simeon Ben Jehuda gehalten hatte. Das Dokument wurde in Calixte de Volskys Buch "*Das jüdische Russland*", in "*The Britons*" in London, in "*La Vieille France*" (Nr. 214) und in anderen Zeitungen abgedruckt. In "*La Vieille France*" erfuhr man, dass Readcliff kurz vor der Veröffentlichung des Dokuments getötet worden war und dass der Jude, der es ihm besorgt hatte (ein gewisser Lassalle), bei einem Duell getötet worden war.

So lautete der Text, den Rabbi Reichorn vortrug:

"Alle hundert Jahre pflegen wir, die Weisen Israels, uns im Sanhedrin zu versammeln, um unsere Fortschritte auf dem Weg zur Herrschaft, die Jehova uns verheißen hat, und unsere Eroberungen über das feindliche Christentum zu prüfen.

Dieses Jahr, versammelt am Grab unseres verehrten Simeon Ben Jehuda, können wir mit Stolz feststellen, dass das vergangene Jahrhundert uns dem Ziel näher gebracht hat und dass dieses Ziel bald erreicht sein wird. Gold war immer und wird immer die unwiderstehliche Macht sein. Von geschickten Händen gehandhabt, wird es immer der nützlichste Hebel für diejenigen sein, die es besitzen, und das Objekt des Neides für diejenigen, die es nicht besitzen. Mit Gold kann man das rebellischste Gewissen kaufen, den Kurs aller Werte und Produkte festlegen und die Kredite der Staaten bedienen, die so unserer Gnade ausgeliefert sind.

Schon jetzt sind die wichtigsten Banken, die Börsen der ganzen Welt und die Forderungen an alle Regierungen in unseren Händen. Die andere große Macht ist die Presse. Durch die ständige Wiederholung bestimmter Ideen sorgt die Presse dafür, dass diese als Wahrheiten anerkannt werden. Das Theater leistet ähnliche

Dienste." (Das Kino gab es zu dieser Zeit noch nicht, und es wird ihr Monopol werden).

Überall gehorchen die Presse und das Theater unseren Anweisungen. Durch unermüdliche Lobpreisung des demokratischen Systems werden wir die Christen in politische Parteien spalten, die Einheit ihrer Nationen zerstören und Zwietracht säen. Hilflos werden sie das Gesetz unserer immer vereinten, immer unserer Sache verpflichteten Bank erdulden. Wir werden die Christen in Kriege treiben, indem wir ihren Stolz und ihre Dummheit ausnutzen. Sie werden sich gegenseitig abschlachten und den Platz freiräumen, auf dem wir die Unseren drängen werden. Der Besitz von Land hat schon immer zu Einfluss und Macht geführt. Im Namen der sozialen Gerechtigkeit und Gleichheit werden wir den Großgrundbesitz zerstückeln, wir werden Bruchstücke davon den Bauern geben, die ihn mit aller Kraft begehren, die bald durch die Ausbeutung verschuldet sein werden. Unser Kapital wird uns zu Herren über sie machen. Wir werden unsererseits Großgrundbesitzer sein und der Besitz von Land wird uns die Macht sichern.

Wir sollten uns bemühen, das Gold im Umlauf durch Papiergeld zu ersetzen. Unsere Kassen werden das Gold absorbieren und wir werden den Wert des Papiers regulieren, wodurch wir die Herrschaft über alle Existenzen erlangen werden. Wir haben Redner unter uns, die in der Lage sind, Begeisterung vorzutäuschen und die Massen zu überzeugen. Wir werden sie unter den Völkern verbreiten, um die Veränderungen zu verkünden, die das Glück des Menschengeschlechts herbeiführen sollen. Durch Gold und Schmeichelei werden wir das Proletariat gewinnen, das die Aufgabe übernehmen wird, den christlichen Kapitalismus zu vernichten. Wir werden den Arbeitern Löhne versprechen, von denen sie nie zu träumen gewagt haben, aber dann werden wir die Preise für die notwendigen Dinge so hoch ansetzen, dass unsere Profite noch größer werden. Auf diese Weise werden wir die Revolutionen vorbereiten, die die Christen selbst durchführen werden, und wir werden alle ihre Früchte ernten.

Durch unseren Spott und unsere Angriffe werden wir ihre Priester lächerlich und abscheulich machen und ihre Religion ebenso lächerlich und abscheulich wie ihre Geistlichkeit. Auf diese Weise werden wir Herr über ihre Seelen. Denn unsere fromme Hingabe an unsere Religion und unseren Gottesdienst wird die Überlegenheit unserer Seelen beweisen.

Wir haben unsere Männer bereits in allen wichtigen Positionen platziert. Bemühen wir uns, die Gojim mit Anwälten und Ärzten zu versorgen. Die Anwälte sind mit allen Interessen vertraut; Ärzte werden, wenn sie einmal im Haus sind, zu Beichtvätern und Gewissensleitern.

Vor allem aber sollten wir das Bildungswesen an uns reißen. Auf diese Weise werden wir die Ideen, die uns nützen, von Kindheit an verbreiten und die Gehirne nach unserem Willen kneten. Wenn einer von uns unglücklicherweise in die Fänge der christlichen Justiz gerät, dann lasst uns ihm zu Hilfe eilen. Lasst uns so viele Zeugnisse finden, wie nötig sind, um ihn vor seinen Richtern zu retten, bis wir selbst Richter sind.

Die Monarchen des Christentums, aufgebläht von Ehrgeiz und Eitelkeit, umgeben sich mit Luxus und großen Armeen. Wir werden ihnen alles Geld zur Verfügung stellen, das ihre Torheit verlangt, und sie an der Leine halten. Hüten wir uns davor, die Heirat unserer Männer mit christlichen Töchtern zu verhindern; denn durch sie dringen wir in die geschlossensten Kreise ein. Wenn unsere Töchter Nichtjuden heiraten, werden sie uns nicht weniger nützlich sein, denn die Kinder einer jüdischen Mutter gehören uns. Verbreiten wir die Idee der freien Ehe, um bei christlichen Frauen die Anhänglichkeit an die Grundsätze und Praktiken ihrer Religion zu zerstören.

Seit Jahrhunderten haben die verachteten und verfolgten Söhne Israels daran gearbeitet, sich einen Weg zur Macht zu bahnen: Sie stehen kurz vor dem Ziel. Sie kontrollieren das Wirtschaftsleben der verfluchten Christen; ihr Einfluss auf die Politik und die Sitten ist überwältigend. Zur gewünschten, im Voraus festgelegten Zeit werden wir die Revolution entfesseln, die alle Klassen des Christentums ruinieren und uns Christen endgültig versklaven wird.

So wird sich das Versprechen Gottes an sein Volk erfüllen".[10]

---

[10] Den Juden bleibt nichts anderes übrig, als die Echtheit solcher Texte zu leugnen: Das nützt nichts, denn diese einfachen Zeilen sind ein perfekter

BARUCH LÉVY, JÜDISCH

Als Freund von Adolphe Crémieux und Rothschild schrieb Baruch Lévy den folgenden Brief an Karl Marx. Dieser unbekannte Brief wurde jedoch in zahlreichen Büchern und Zeitungen abgedruckt, darunter in der *"Revue de Paris"* vom 1. Juni 1928, Seite 574: *"In der neuen Organisation der Menschheit werden sich die Kinder Israels über die gesamte Oberfläche des Erdballs ausbreiten und überall ohne den geringsten Widerstand zum führenden Element werden, besonders wenn es ihnen gelingt, der Arbeiterklasse die feste Kontrolle einiger weniger aufzuzwingen. Die Regierungen der Nationen, die die Weltrepublik bilden, werden unter dem Deckmantel des Sieges des Proletariats mühelos in jüdische Hände übergehen.*

Das Privateigentum wird dann von den jüdischen Regierenden abgeschafft werden, die überall die öffentlichen Gelder kontrollieren werden. So wird sich das Versprechen des Talmuds erfüllen, dass, wenn die Zeit des Messias kommt, die Juden das Eigentum aller Völker der Erde besitzen werden".

Der heilige Paulus sagte selbst: *"Die Juden gefallen Gott nicht und sind Feinde des Menschengeschlechts"* (erster Brief). Alles, was hier berichtet wird und im Jahr 2000 perfekt umgesetzt wurde, gibt dem heiligen Paulus nicht unrecht...

DIE DRÜSEN DER MENSCHHEIT

Der Text wurde 1918 von Louis Lévy verfasst und von *"Nytnordisk Forlag"* in Kopenhagen herausgegeben. Er wurde von dem jüdischen Schauspieler Samuel Basekow auf einer Feier zugunsten von Karen Hajesad in Kopenhagen am 8. Dezember 1935 laut der *"Berlingske Tidende"* vom 9. Dezember 1935 vor einem begeisterten jüdischen Publikum vorgelesen.

Bericht über die Politik des Jahrhunderts, so wie ich sie beobachtet habe und wie sie sich erfüllt hat.

Sie haben auch gesagt, dass *"Die Protokolle der Weisen von Zion"* eine Fälschung sei. Ich glaube das ohne weiteres, aber leider ist alles, was in dieser Schrift steht, absolut wahr und weit unter dem Schrecken der heutigen Zeit (Globalismus, wirtschaftlicher Ruin, Pornografie, Drogen, Homosexualität, ökologischer Kollaps usw.).

"Die Zeit ist gekommen - und nur eines ist jetzt wichtig - dass wir uns als das zu erkennen geben, was wir sind: eine Nation unter den Nationen - die Fürsten des Geldes und der Intelligenz. Ein Seufzen wird sich von der ganzen Erde erheben und die Massen werden erschaudern, während sie aufmerksam der Weisheit lauschen, die in den Juden liegt.

Wer weiß nicht, was die Drüsen des menschlichen Körpers bedeuten? Nun, jetzt haben sich die Juden aus einem klugen Selbsterhaltungsinstinkt heraus in den Drüsen der modernen Völkergemeinschaft festgesetzt. Die Drüsen dieser Völkergemeinschaft sind die Börsen, die Banken, die Ministerien, die großen Tageszeitungen, die Verlagshäuser, die Schiedskommissionen, die Versicherungsgesellschaften, die Krankenhäuser, die Justizpaläste.

Es gibt einige Zöllner und einige Sünder, Gelehrte und Professoren, die behaupten, dass es keine jüdische Frage gibt. Fragen Sie doch den ersten, der auf der Straße vorbeikommt, der weiß es besser. Durch seine kriegerische Eifersucht wird dieser Grobian ein Antisemit sein!

Natürlich müsste das jüdische Volk eine internationale Vertretung und ein eigenes Staatsgebiet haben. Glauben Sie nicht, dass sich die Juden in Westeuropa auch nur einen Schritt bewegen werden. Oberflächlich betrachtet wird alles unverändert bleiben, und doch wird alles umgewandelt werden. Jerusalem wird das neue Papsttum werden. Jerusalem wird wie ein mühsames Spinnennetz aussehen, ein Netz, dessen elektrische Fäden über der ganzen Welt leuchten werden.

Das Zentrum dieses goldenen Netzes, von dem alle Fäden ausgehen werden, wird Jerusalem sein".

"JEWISH WORLD" (JÜDISCHE WELT)

Eine der führenden jüdischen Zeitungen in England veröffentlichte am 9. Februar 1883 folgenden Text: *"Die Zerstreuung der Juden hat sie zu einem kosmopolitischen Volk gemacht. Sie sind das einzige wirklich kosmopolitische Volk und in dieser Eigenschaft müssen und wirken sie wie ein Auflöser aller Rassen- und Nationalitätsunterschiede.*

Das große Ideal des Judentums besteht nicht darin, dass sich die Juden eines Tages in irgendeinem Winkel der Erde für separatistische Zwecke versammeln, sondern dass die ganze Welt von der jüdischen Lehre durchdrungen wird und dass in einer universellen Bruderschaft der Nationen - einem größeren Judentum in der Tat - alle getrennten Rassen und Religionen verschwinden.

Als kosmopolitisches Volk haben die Juden das Stadium überschritten, das die nationale Form des Separatismus im gesellschaftlichen Leben darstellt. Sie können nie mehr dorthin zurückkehren. Sie haben die ganze Welt zu ihrer "Heimat" gemacht und strecken nun ihre Hände nach den anderen Nationen der Erde aus, damit sie ihrem Beispiel folgen. Sie tun aber noch mehr. Durch ihre Aktivität in der Literatur und in der Wissenschaft, durch ihre beherrschende Stellung in allen Zweigen der öffentlichen Tätigkeit sind sie dabei, nichtjüdische Gedanken und Systeme allmählich in jüdische Formen zu gießen."

WALTER RATHENEAU, JÜDISCH

Walter Ratheneau, Industrieller (AEG) und Organisator der Kriegswirtschaft des Reiches während des Ersten Weltkriegs, Jude und deutscher Außenminister, veröffentlichte im Dezember 1921 in der *"Wiener Press"* folgende Äußerung: *"Nur dreihundert Männer, von denen jeder jeden kennt, lenken die Geschicke Europas. Sie wählen ihre Nachfolger aus ihrem Gefolge. Die deutschen Juden haben die Mittel in der Hand, um jeder Regierungsform, die sie für unvernünftig halten, ein Ende zu setzen."*

BENJAMIN DISRAELI, JÜDISCH

Der Premierminister von Königin Victoria schrieb in *"Coningsby"*, einem berühmten Roman aus dem Jahr 1844, Folgendes: *"Und in diesem Augenblick, trotz Jahrhunderten oder Jahrzehnten des Verfalls, übt der jüdische Geist einen weitreichenden Einfluss auf die Angelegenheiten Europas aus. Ich spreche nicht von ihren Gesetzen, denen ihr immer gehorcht, von ihrer Literatur, mit der eure Gehirne gesättigt sind, sondern vom gegenwärtigen israelitischen Intellekt. Sie werden nie eine große intellektuelle Bewegung in Europa sehen, an der die Juden nicht maßgeblich beteiligt sind. Diese mysteriöse russische Diplomatie, die Europa so sehr alarmiert, wird hauptsächlich von Juden organisiert und durchgeführt. Diese große Revolution, die in Wirklichkeit eine zweite Reformation sein wird, die größer ist als die erste, und über die man in England so wenig weiß, entwickelt sich unter der Schirmherrschaft von Juden, die die Lehrstühle in Deutschland größtenteils monopolisieren.*

Neander, der Gründer des spirituellen Christentums und königlicher Professor für Theologie an der Berliner Universität, ist Jude. Benary, ebenfalls berühmt und an der gleichen Universität tätig, ist ebenfalls Jude.

Vor einigen Jahren wandte man sich aus Russland an uns. In Wahrheit bestanden zwischen dem Hof von St. Petersburg und meiner Familie (Rothschild) nie freundschaftliche Bande... Die Umstände neigten jedoch zu einer Annäherung zwischen den Romanoffs und den Sidonias (Rothschild). Ich beschloss, selbst nach Sankt Petersburg zu reisen. Bei meiner Ankunft hatte ich eine Unterredung mit dem russischen Finanzminister, Graf Cancrine. Ich stand dem Sohn eines litauischen Juden gegenüber. Die Anleihe hatte einen Bezug zu den Geschäften in Spanien. Ich reiste in einem Zug. Gleich nach meiner Ankunft erhielt ich eine Audienz beim spanischen Minister, Señor Mendizabel. Ich saß einem Gleichgesinnten gegenüber, dem Sohn eines "nuevo christiano", eines Juden aus Aragon.

Aufgrund dessen, was in Madrid durchsickerte, fuhr ich direkt nach Paris, um dort den französischen Ratspräsidenten zu konsultieren. Das war nicht verwunderlich, denn wo sonst gibt es militärische Helden, wenn nicht unter denen, die den Gott der Armeen anbeten?

- Und Soult, ist er Jude? - Ja, und viele andere französische Marschälle. Der berühmteste von ihnen ist Masséna, dessen richtiger Name Manasseh ist.

Aber zurück zu meiner Anekdote. Das Ergebnis unserer Beratungen war, dass es gut wäre, eine nördliche Macht als Freund und Vermittler zu gewinnen. Wir entschieden uns für Preußen, und der Ratspräsident unternahm einen Vorstoß beim preußischen Minister, der einige Tage später an unserer Konferenz teilnahm. Graf Arnim betrat das Kabinett und ich sah mich einem preußischen Juden gegenüber. Sie sehen also, mein lieber Coningsby, dass die Welt von ganz anderen Personen regiert wird, als sich diejenigen vorstellen können, die nicht hinter den Kulissen stehen...".

BENJAMIN DISRAELI, JÜDISCH

Benjamin Disraeli, (Lord Beaconsfield) veröffentlichte ein weiteres Buch mit dem Titel "*The life of Lord George Bentinck, a political biography*" *(Das Leben von Lord George Bentinck, eine politische Biografie)*. Auf Seite 357 dieses Buches schrieb er Folgendes: "*Möge ein Aufstand gegen die Tradition und die Aristokratie, gegen die Religion und das Eigentumsrecht ausbrechen, dann werden die natürliche Gleichheit des Menschen und die Abschaffung des Eigentumsrechts von geheimen Gesellschaften, die provisorische Regierungen bilden, verkündet werden, denn an der Spitze jeder dieser Gesellschaften stehen Juden. Das Volk Gottes arbeitet mit den Atheisten zusammen: Die geschicktesten Anhäufer von Reichtümern verbünden sich mit den Kommunisten. Die besondere und auserwählte Rasse reicht dem ganzen Abschaum und dem ganzen Abschaum der Niederungen Europas die Hand, und das alles, weil die Juden dieses undankbare Christentum, das ihnen sogar seinen Namen verdankt und dessen Tyrannei sie nicht länger ertragen wollen, zerstören wollen.*"

Disraeli schrieb auf derselben Seite auch über die Revolution von 1848, die mehrere Länder ins Chaos stürzte: "*Wäre es nicht das Werk der Juden gewesen, hätte diese unerwünschte Störung Europa nicht verwüstet.*"

MARCUS ÉLI RAVAGE, JÜDISCH

Dieser jüdische Autor schrieb im "Century Magazine" vom Januar und Februar 1928 Folgendes:

"Sie machen viel Lärm um den ungebührlichen Einfluss von Juden in Theater und Film. Sehr gut. Geben wir zu, dass Ihre Beschwerde begründet ist. Aber was ist das schon im Vergleich zu unserem durchdringenden Einfluss auf Ihre Kirchen, Schulen, Gesetze und Ihr tägliches Denken? Sie haben noch nicht begonnen, die wahre Tiefe unserer Schuld zu erkennen. Wir sind Eindringlinge. Wir sind Störenfriede. Wir sind Subversive. Wir haben Ihre natürliche Welt, Ihre Ideale, Ihre Bestimmung genommen und sie vernebelt. Wir waren die Wurzel nicht nur des letzten großen Krieges, sondern fast aller Ihrer Kriege, nicht nur der russischen Revolution, sondern aller großen Revolutionen in Ihrer Geschichte. Wir haben Zwietracht, Verwirrung und Frustration in Ihr persönliches und öffentliches

Leben gebracht. Wir tun es immer noch, und niemand kann sagen, wie lange wir es noch tun werden.

Wer weiß, was für ein großes und glorreiches Schicksal es für euch gewesen wäre, wenn wir euch in Ruhe gelassen hätten! Aber wir haben euch nicht in Ruhe gelassen. Wir nahmen euch in die Hand und rissen das schöne und großzügige Gebilde, das ihr errichtet hattet, nieder und änderten den Lauf eurer Geschichte. Wir haben euch erobert, wie nie zuvor eines eurer Reiche Afrika und Asien unterworfen hat. Und wir taten dies ohne Waffen, ohne Kugeln, ohne Blutvergießen und ohne Krach, allein durch die Kraft unseres Geistes. Wir haben es allein durch die unwiderstehliche Kraft unseres Geistes, unserer Ideen und unserer Propaganda geschafft.

Nehmen Sie die drei wichtigsten Revolutionen der Neuzeit, die französische, die amerikanische und die russische. Was sind sie anderes als der Triumph der jüdischen Idee über soziale, politische und wirtschaftliche Gerechtigkeit. Wir beherrschen euch immer noch... Ist es ein Wunder, dass ihr uns die Schuld dafür gebt? Wir haben euren Fortschritt gebremst. Wir haben lediglich eure Seele gespalten, eure Impulse verwirrt und eure Wünsche gelähmt. Wenn wir an eurer Stelle wären, würden wir euch mehr hassen, als wir euch hassen. Sie nennen uns Umstürzler, Agitatoren, Schürer von Revolutionen. Das ist wirklich wahr. Man kann mit der einfachsten Anstrengung und der geringsten Verwirklichung der Tatsachen lernen, dass wir im Hintergrund aller großen Revolutionen in Ihrer Geschichte standen. Zweifellos haben wir eine wichtige Rolle in der lutherischen Revolution gespielt, und es ist eine bekannte Tatsache, dass wir die Hauptanstifter der bürgerlichen, demokratischen Revolutionen des vorletzten Jahrhunderts in Frankreich und den Vereinigten Staaten waren. Wenn wir es nicht gewesen wären, hätten wir unsere Interessen ignoriert".

ISIDORE LOEB, JÜDISCH

In seinem Buch "*La Question juive*" (Die Judenfrage) zitiert Georges Batault Isidore Loeb mit folgenden Worten: "*Die Nationen werden sich versammeln, um dem Volk Gottes ihre Ehrerbietung zu erweisen: Das gesamte Vermögen der Nationen wird auf das jüdische Volk übergehen. Sie werden in Ketten wie Gefangene hinter dem jüdischen Volk hergehen und sich vor ihm niederwerfen. Könige werden seine Söhne erziehen und Prinzessinnen werden die*

Amme seiner Kinder sein. Die Juden werden den Nationen befehlen. Sie werden Völker zu sich rufen, die sie nicht einmal kennen, und Völker, die sie nicht kennen, werden zu ihnen eilen. Die Reichtümer des Meeres und das Vermögen der Nationen werden von selbst zu den Juden kommen. Das Volk und das Königreich, die Israel nicht dienen, werden vernichtet werden. Das auserwählte Volk wird die Milch der Nationen trinken und an der Brust der Könige saugen. Es wird den Reichtum der Nationen essen und sich mit ihrem Glanz bedecken. Die Juden werden in Fülle und Freude leben. Ihr Glück wird kein Ende nehmen, ihr Herz wird sich freuen, sie werden wachsen wie das Gras. Die Juden werden ein von Gott gesegnetes Geschlecht sein und das ganze Volk wird ein Volk von Göttern sein. Die Nachkommen der Juden und ihr Name werden ewig sein. Der kleinste von ihnen wird sich zu Tausenden vermehren und der winzigste von ihnen wird zu einer großen Nation werden. Gott wird mit ihnen einen ewigen Bund schließen. Er wird wieder über sie herrschen und ihre Macht über die Menschen wird so groß sein, dass sie mit großen Schritten über die Höhen der Erde schreiten werden, wie es in einem geflügelten Wort heißt. Die Natur selbst wird in eine Art irdisches Paradies verwandelt werden: Das wird das goldene Zeitalter der Menschheit sein."

"LA REVUE DES ÉTUDES JUIVES" (DIE ZEITSCHRIFT FÜR JÜDISCHE STUDIEN)

Die von James de Rothschild finanzierte Zeitschrift veröffentlichte 1880 ein bisher unveröffentlichtes Dokument, das zeigt, wie die Weisen von Zion ab dem 15. Jahrhundert in Frankreich am Werk waren, um die Eroberungsaktion der Juden zu lenken.

Am 13. Januar 1489 schrieb Chamor, Rabbiner der Juden von Arles in der Provence, an den in Konstantinopel tagenden Obersten Sanhedrin und bat ihn um Rat unter kritischen Umständen.

Die Franzosen in Aix, Arles und Marseille, die sich in dieser Zeit nicht durch die Wahl eines Léon Blum verraten, bedrohen die Synagogen: Was soll man tun?

Die Antwort lautete: "*Geliebte Brüder in Mose, wir haben euren Brief erhalten, in dem ihr uns von den Ängsten und dem Unglück berichtet, das ihr erduldet. Wir sind davon mit ebenso großem Schmerz durchdrungen wie ihr selbst.*

Die großen Satrapen und Rabbiner sind der Meinung, dass es gut ist, Christ zu werden, auch wenn Sie sagen, dass man Ihnen das aufzwingt. Tun Sie es, da Sie dazu verpflichtet sind, aber behalten Sie das Gesetz Moses in Ihrem Herzen.

Was ihr sagt, ist, dass befohlen wird, euch eurer Güter zu berauben: Macht eure Kinder zu Kaufleuten, damit sie den Christen nach und nach das Ihre wegnehmen. Wenn ihr sagt, dass man euch nach dem Leben trachtet, dann macht eure Kinder zu Ärzten und Apothekern, damit sie den Christen das Leben nehmen.[11] *Wenn ihr sagt, dass sie eure Synagogen zerstören sollen, dann macht eure Kinder zu Kanonikern und Klerikern, damit sie ihre Kirche zerstören.*[12] *Wenn ihr sagt, dass man euch andere Schikanen antut, dann lasst eure Kinder Rechtsanwälte und Notare werden, die sich immer in die Angelegenheiten der Staaten einmischen, damit ihr, wenn ihr die Christen unter euer Joch bringt, die Welt beherrscht und euch an ihnen rächen könnt.*

Weicht nicht von dieser Ordnung ab, die wir euch geben, denn ihr würdet erniedrigt werden, während ihr bald auf dem Gipfel der

---

[11] Diese Aussage in der Ich-Form scheint übertrieben und sogar absurd zu sein. Die Realität ist jedoch viel schlimmer: Das Mandarinat der allopathischen Medizin ist jüdisch. Diese chemische Medizin ist pathogen und teratogen. Die chemischen Therapielabors sind radikal mit der jüdischen Finanzwelt verbunden. Sie töten nicht die Christen, sondern den Menschen in seiner Ganzheit auf chromosomaler Ebene. Sowohl die Abtreibung von Simone Veil als auch die pathogene Pille von Baulieu (ein Aliasname) sind jüdisch. Die systematischen Impfungen, ein Geldsegen der Finanzwelt, zerstören die Immunsysteme und degenerieren die menschliche Rasse massiv. (500 Fälle von Multipler Sklerose im Jahr 1995 als Folge der Hepatitis-B-Impfung).

[12] Der wichtigste französische Prälat an der Schwelle zum Jahr 2000 ist ein Jude: Kardinal Lustiger, Erzbischof von Paris. Er ist nicht derjenige, der J.M. Le Pen unterstützen wird, Inhaber elementarer christlicher Ideen oder einfach nur elementarer Ideen, damit eine Nation gesund ist, unabhängig von ihrer religiösen Tradition.

Ebenso ist die Mutter von Johannes Paul II. eine Jüdin. Der Papst ist also Jude. Die jüdische Penetranz hat die Kirche zusammenbrechen lassen, während ein Rabbi sagte: "Wenn ich Katholik wäre, wäre ich ein Fundamentalist, denn als Jude bin ich mit Sicherheit ein Fundamentalist. In einer Synagoge würde man nicht das Äquivalent zu einer Frau ohne Hut, in Jeans, einer Messe vor dem Volk, auf Französisch, mit regressiver Musik unter dem Alibi der Offenheit und Toleranz finden. In der Synagoge bewegte sich nichts. In der Katholizität ist alles grotesk geworden.

Macht steht." (Gezeichnet; V.S.S.V.F.F., *Fürst der Juden,* am 21. von Casleu, November 1489)

DIE PROTOKOLLE DER WEISEN VON ZION

Zitieren wir zur Erinnerung diesen verwirrend wahren Text. Der Canadian Jewish Congress versuchte, dieses Dokument zu diskreditieren, indem er sich auf einen Artikel in *"L'Ordre"* stützte, den der *"Patriot"* im März 1934 verwechselt hatte. In einem Pamphlet. Der CJC behauptet, dass *"Die Protokolle der Weisen von Zion"* erstmals 1920 in London veröffentlicht wurden, obwohl das British Museum dieses Werk, Ausgabe Nilus, bereits 1906 katalogisiert hatte (Unter der Signatur 3926 D17, 10. August 1906, wie von den Herausgebern der ersten englischen Ausgabe, der Firma *"Eyres and Spottishwoode, Limited",* Druckerei der britischen Regierung, erwähnt).

Es sei noch einmal darauf hingewiesen, dass die Authentizität keine Rolle spielt, da alles, in diesen Texten steht, wahr ist. Ich habe persönlich während meines Lebens im gesamten 20. Jahrhundert die Verwirklichung aller Schlagworte dieses Buches erlebt, und das sogar noch viel schlimmer (Freudismus, Pornografie, pathogene und kriminogene Musik, Drogen, ökologischer Kollaps, intellektueller und ästhetischer Kollaps, ganz zu schweigen vom höchsten marxistischen Schrecken).

WERNER SOMBART, JÜDISCH

In seiner Studie *"Die Juden und das Wirtschaftsleben"* (1926, Seite 51) sagt der deutsche Ökonom und Soziologe Werner Sombart: *"In gewissem Maße kann man mit Recht behaupten, dass die Vereinigten Staaten es der jüdischen Prägung verdanken, dass sie das sind, was sie sind, nämlich ihr Amerikanismus, denn was wir Amerikanismus nennen, ist nichts anderes als der jüdische Geist, der seinen endgültigen Ausdruck gefunden hat. Und angesichts des enormen Einflusses, den Amerika seit seiner Entdeckung unaufhörlich auf das Wirtschaftsleben Europas und auf die gesamte europäische Kultur ausgeübt hat, ist die Rolle, die die Juden beim Aufbau der amerikanischen Welt gespielt haben, für die gesamte Entwicklung unserer Geschichte von größter Bedeutung geworden."*

DER KOADJUTOR DES OBERRABBINERS VON JERUSALEM

Dieser Bericht über die Lage in Palästina (Quelle: *Jewish Telegraphic Agency*, Juli 1920) erklärte Folgendes: *"Der Jude erscheint bereits jetzt als der wahre Monarch der Welt. Imperien wie Russland, Deutschland und Österreich werden von Juden regiert. Die Juden sind die Lenker der Völker. Bald werden auch andere Länder und Nationen folgen. Die Juden werden ihre Flagge über der ganzen Welt wehen sehen".*

HENRI BARBUSSE, JUDE

In seinem Buch *"Jesus sagt uns"* äußert sich dieser Bewunderer Stalins wie folgt: *"Wir werden die Nationen mit einer eisernen Rute behandeln. Gerechtigkeit ist die Wiederherstellung der Dynastie Davids, Mitleid ist die Lage der Juden. Der Glaube ist der Glaube an die Rache. Ich sage dir, dass wir die wahren und einzigen Vollstrecker des Gesetzes des Endkampfes für das Reich Gottes und für das ewige Leben, das der ewige Ruhm des jüdischen Eroberers ist, sind. Durch dich soll das Wort des Herrn wie eine Walze über die Städte rollen. Ich habe einen Aufstand im Sinn, der der Revolution gleicht".*

ADOLPHE CRÉMIEUX, JUDE

Adolphe Crémieux, der Emanzipator der Juden in Algerien, war Großmeister des Grand Orient de France, Präsident der Alliance Israélite Universelle und 1848 und 1870, im kritischen Moment dieser beiden Revolutionen, zweimal Justizminister. Die folgende Erklärung wurde am 6. September 1920 in *"The Morning Post"* in London abgedruckt: *"Die Union, die wir zu gründen wünschen, wird keine französische, englische, irische oder deutsche Union sein, sondern eine universale jüdische Union. Andere Völker und Rassen sind in Nationalitäten unterteilt. Wir allein haben keine Staatsbürger, sondern Glaubensgenossen.*

Unter keinen Umständen wird ein Jude mit einem Christen oder Moslem befreundet sein, bis der Zeitpunkt gekommen ist, an dem das Licht des jüdischen Glaubens, der einzigen Religion der Vernunft, über der ganzen Welt erstrahlt. Verstreut unter den anderen Nationen, die seit undenklichen Zeiten unseren Rechten und Interessen feindlich gesinnt waren, wollen wir zuerst unveränderlich Juden sein und bleiben. Unsere Nationalität ist die Religion unserer Väter und wir erkennen keine andere Nationalität an. Wir leben in fremden Ländern und können uns nicht um die wechselnden Ambitionen von Ländern kümmern, die uns völlig fremd sind, während unsere moralischen und materiellen Probleme von entscheidender Bedeutung sind. Die jüdische Lehre muss sich über die ganze Erde erstrecken.

Israeliten! Wohin auch immer das Schicksal Sie führt, so verstreut wie Sie über die ganze Erde sind, müssen Sie sich immer als Teil des auserwählten Volkes betrachten.

Wenn ihr erkennt, dass der Glaube eurer Väter euer einziger Patriotismus ist, wenn ihr erkennt, dass ihr trotz der Nationalitäten, die ihr angenommen habt, immer und überall eine einzige Nation bleibt und bildet, wenn ihr glaubt, dass das Judentum die einzige religiöse und politische Wahrheit ist, wenn ihr davon überzeugt seid, Israeliten des Universums, dann kommt, hört unseren Ruf und sendet uns eure Mitgliedschaft.

Unsere Sache ist groß und heilig, und ihr Erfolg ist gesichert. Der Katholizismus, unser Feind aller Zeiten, liegt im Staub, tödlich auf den Kopf geschlagen. Das Netz, das Israel derzeit über den Erdball wirft, wird größer und größer und die ernsten Prophezeiungen unserer heiligen Bücher werden sich endlich erfüllen.

Die Zeit ist nahe, in der Jerusalem zum Gebetshaus aller Nationen und Völker werden wird, in der das einzigartige Banner des Gottes Israels ausgebreitet und an den entferntesten Ufern gehisst wird. Lassen Sie uns jede Gelegenheit nutzen.

Unsere Macht ist immens: Lassen Sie uns lernen, diese Macht an unsere Sache anzupassen. Was haben Sie zu befürchten? Der Tag ist nicht fern, an dem alle Reichtümer, alle Schätze der Erde den Kindern Israels gehören werden".

ADOLPHE CRÉMIEUX, JUDE

Dieser einflussreiche Mann erklärte in der Zeitschrift "*Les Archives israélites*" (Heft Nr. 25, 1861):

"Ein Messianismus der neuen Zeit wird entstehen, das Jerusalem einer neuen Ordnung, die heilige Stiftung zwischen Orient und Okzident, muss das Doppelreich der Päpste und Kaiser ersetzen. Ich will nicht verhehlen, dass ich im Laufe der Jahre meine Gedanken immer nur diesem einen Werk gewidmet habe. Kaum hatte sie ihr

Werk begonnen, war der Einfluss der Alliance Israélite Universelle weithin zu spüren.

Sie beschränkt sich nicht nur auf unsere Anbetung, sondern will in alle Religionen eindringen, so wie sie in alle Länder eingedrungen ist.

> ➢ *Nationalitäten müssen verschwinden, Religionen müssen abgeschafft werden.*

> ➢ *Israel hingegen darf nicht untergehen, weil dieses kleine Volk von Gott auserwählt ist.*

In allen Ländern müssen wir isolierte Juden mit den Behörden in Verbindung bringen, damit wir uns bei der ersten Nachricht über einen Angriff wie ein Mann erheben können. Unsere Stimmen sollen in den Kabinetten der Minister, bis zu den Ohren der Prinzen gehört werden, und es kommt, wie es kommt. Wenn wir die Gesetze der Gewalt anwenden müssen, die mit den Fortschritten der Zeit unvereinbar sind, dann werden wir uns allen Protestierenden anschließen.[13] Man beschwört uns, die Vergangenheit zu verzeihen, doch jetzt ist der Moment gekommen, in dem auf unerschütterlichen Fundamenten ein unsterbliches Bündnis geschaffen wird."

RENÉ GROOS, JÜDISCH

In einem Artikel, der im Mai 1927 in *"Le Nouveau Mercure"* veröffentlicht wurde, schrieb er Folgendes: *"Die beiden Internationalen der Finanzwelt und der Revolution arbeiten eifrig: Sie sind die beiden Gesichter der jüdischen Internationalen... Es gibt eine jüdische Verschwörung gegen alle Nationen."*

BLUMENTHAL, JÜDISCH

---

[13] Zu Beginn des Jahres 2000 sind alle als Antirassismus getarnten rassistischen Protestorganisationen jüdisch: SOS racisme, LICRA, MRAP, die unter dem Deckmantel des Antirassismus einen monströsen Nebeneinander-Rassismus von gegenseitig nicht assimilierbaren Ethnien aushecken, die kein Problem darstellen würden, wenn sie nach den für sie geltenden geografischen, logischen und natürlichen Normen leben würden. Die antirassistische Mystifikation, die durch den größenwahnsinnigen jüdischen Rassismus zugefügt wird, ist eine höchste Mystifikation, die vor allem auf der Dummheit der Gojim beruht.

Dieser Redakteur der "*Judisk Tidskrift*" schrieb Folgendes (Nr. 57, 1929): "*Unsere Rasse hat der Welt einen neuen Propheten geschenkt, aber er hat zwei Gesichter und trägt zwei Namen: Rothschild, das Oberhaupt der Großkapitalisten, und Karl Marx, der Apostel der Feinde des anderen.*"

(Diese Zeilen fassen die gesamte Weltpolitik zusammen).

DIE ZENTRALKONFERENZ DER AMERIKANISCHEN RABBINER

Die jüdische Zeitung "*The Sentinel*" aus Chicago berichtete in ihrer Ausgabe vom 24. September 1936 über folgende Aussagen, die während dieser Konferenz gemacht wurden: "*Die bemerkenswerteste, aber auch schädlichste Folge des Weltkriegs war die Schaffung neuer Nationalismen und die Verherrlichung der bereits bestehenden.*

Der Nationalismus ist eine Gefahr für das jüdische Volk. Heute wie zu allen Zeiten der Geschichte ist es erwiesen, dass Juden nicht in starken Staaten bleiben können, in denen sich eine hohe nationale Kultur entwickelt hat."[14]

ERKLÄRUNGEN, DIE INNERHALB DER B'NAI B'RITH ABGEGEBEN WURDEN

Diese ausschließlich jüdische freimaurerische Sekte ist daher für Nichtjuden verboten. Die dort gemachten Äußerungen wurden in "*Le Réveil du Peuple*" vom Februar 1936 zitiert: "*Solange unter den Gojim eine moralische Auffassung der Gesellschaftsordnung besteht, und solange Glaube, Patriotismus und Würde nicht entwurzelt sind, ist unsere Herrschaft über die Welt unmöglich.*

Wir haben bereits einen Teil unserer Aufgabe erfüllt, aber wir können noch nicht behaupten, dass alle Arbeit getan ist. Wir haben noch einen langen Weg vor uns, bevor wir unseren größten Feind stürzen können: die katholische Kirche. Wir müssen uns immer vor Augen halten, dass die katholische Kirche die einzige Institution ist,

---

[14] Daher die Notwendigkeit für die Juden, die Nationen mit allen Mitteln zu degradieren: Laizismus, Marxismus, Freudianismus, Chemifizierung, systematische Impfungen, Pornografie von Benazareff und Konsorten, Drogen, die von ihrer Hochfinanz verwaltet werden, pathogene und kriminogene Musik, etc.

die sich gehalten hat und die, solange sie sich hält, uns den Weg versperren wird.

Die katholische Kirche wird durch ihre methodische Arbeit und ihre erbaulichen und moralischen Lehren ihre Kinder immer in einem solchen Geisteszustand halten, dass sie zu viel Selbstachtung haben werden, um sich unserer Herrschaft zu beugen und vor unserem zukünftigen König von Israel zu knicken.

Deshalb haben wir uns bemüht, den besten Weg zu finden, um die katholische Kirche in ihren Grundfesten zu erschüttern. Wir haben den Geist der Revolte und einen falschen Liberalismus unter den Völkern der Gojim verbreitet, um sie davon zu überzeugen, ihren Glauben aufzugeben, und ihnen sogar die Scham einzuflößen, sich zu den Vorschriften ihrer Religion zu bekennen und den Geboten ihrer Kirche zu gehorchen. Wir haben viele von ihnen dazu gebracht, sich damit zu brüsten, Atheisten zu sein, und noch besser, sich damit zu brüsten, Nachkommen des Affen zu sein!

Wir haben ihnen neue Theorien von radikal unmöglicher Verwirklichung geliefert, wie Kommunismus, Sozialismus oder Anarchismus.

Diese Mythen dienen unseren Zwecken. Die dummen Gojim haben sie mit größter Begeisterung angenommen, ohne auch nur im Geringsten zu merken, dass diese Theorien von uns stammen und ein mächtiges Instrument gegen sie selbst darstellen.

Wir haben die Kirche mit den schändlichsten Verleumdungen geschwärzt. Wir haben ihre Geschichte beschmutzt und ihre edelsten Aktivitäten in Verruf gebracht. Wir haben ihr die Schuld ihrer Feinde zugeschrieben und diese dazu gebracht, sich enger an uns zu binden. So sind wir heute zufriedene Zeugen von Rebellionen gegen die Kirche in vielen Ländern.

Wir haben seinen Klerus in ein Objekt des Hasses und des Spotts verwandelt. Wir haben sie der Verachtung der Menge ausgesetzt. Wir haben dafür gesorgt, dass die Praktiken der katholischen Religion als altmodisch und als Zeitverschwendung angesehen werden.

Die Gojim haben sich zu unserem Erstaunen als außerordentliche Dummköpfe erwiesen. Wir hätten mehr Intelligenz und praktischen Sinn von ihnen erwartet, aber sie sind nicht besser als eine Herde

Schafe: Lassen wir sie auf unseren Feldern grasen, bis sie fett genug sind, um unserem zukünftigen König der Welt geopfert zu werden.

Wir haben viele geheime Vereinigungen gegründet, die für unsere Zwecke arbeiten und unter unserem Befehl und unserer Führung stehen. Wir haben dafür gesorgt, dass die Gojim es als eine Ehre betrachten, ihnen anzugehören. Sie blühen und gedeihen dank unseres Goldes mehr denn je.

Die Gojim, die auf diese Weise ihre wertvollsten Interessen verraten, müssen nicht wissen, dass diese Vereinigungen unser Werk sind und für uns arbeiten. Einer der vielen Triumphe der Freimaurerei ist, dass die Gojim nicht einmal ahnen, dass wir sie benutzen, um ihr eigenes Gefängnis zu bauen, und dass sie die Ketten ihrer eigenen Unterwürfigkeit uns gegenüber schmieden.[15]

Bisher haben wir unsere Angriffe auf die Kirche nach einer Strategie geführt, die von außen operiert. Aber das ist noch nicht alles. Sehen wir uns nun an, wie wir den Untergang der Kirche beschleunigt haben, wie wir in ihre innersten Kreise eingedrungen sind und einen Großteil ihres Klerus dazu gebracht haben, für unsere Sache zu werben.

Neben dem Einfluss unserer Philosophie haben wir auch andere Maßnahmen ergriffen, um einen Riss in der Kirche zu erzeugen. Wir verleiteten einige unserer Kinder dazu, sich dem katholischen Korps anzuschließen, mit der ausdrücklichen Aufforderung, dass sie noch effektiver an der Zersetzung der Kirche arbeiten sollten, indem sie Skandale in ihrem Inneren verursachten. Wir befolgten den jahrhundertealten Befehl: "Macht eure Kinder zu Kanonikern, damit sie die Kirche zerstören können".

Leider sind nicht alle bekehrten Juden ihrer Mission treu geblieben.[16] *Viele von ihnen haben uns verraten. Aber eine große Zahl hielt ihr Versprechen und machte ihrem Wort alle Ehre.*

---

[15] Es ist nicht nur die Freimaurerei, die diese Rolle spielt. Vereinigungen wie das CFR, der Club of Rome, die Bilderberger, die Trilaterale Kommission usw. haben alle Politiker aller Parteien versklavt. Die Freimaurerei macht keinen Hehl daraus, dass sie "Rasse, Nation, Familie" zerstören will (siehe *"Juifs et Francs-Maçons constructeurs de temples"*, Editions du Rocher, von Bérésniak).

[16] Heute halten sich alle konvertierten Juden an diese Anweisung, die Kirche zu zersetzen. Nicht ein einziger berühmter Prälat unterstützt Jean Marie Le Pen,

Wir sind die Väter aller Revolutionen, auch derjenigen, die sich manchmal gegen uns gewendet haben. Wir sind die ultimativen Meister des Friedens und des Krieges. Wir können uns rühmen, die Schöpfer der Reformation gewesen zu sein. Calvin war Jude, die jüdische Autorität vertraute ihm und er hatte die Hilfe der jüdischen Finanzwelt, um seinen Reformplan zu entwerfen.

Martin Luther gab den Einflüssen seiner jüdischen Freunde nach und dank der jüdischen Autorität und Finanzkraft war seine Verschwörung gegen die Kirche von Erfolg gekrönt.

Durch unsere Propaganda, unsere Theorien über den Liberalismus und unsere perverse Definition von Freiheit waren die Gojim bereit, die Reformation zu akzeptieren. Sie spalteten sich von der Kirche ab, um in unsere Fänge zu geraten. Die Kirche wurde geschwächt, ihre Autorität über die Könige wurde zunichte gemacht.

Wir sind den Protestanten für ihre Loyalität gegenüber unseren Absichten dankbar. Die meisten von ihnen wissen jedoch überhaupt nicht, dass sie uns gegenüber loyal sind. Aber wir sind ihnen dankbar für die wunderbare Hilfe, die sie uns in unserem Kampf gegen die Festung der christlichen Zivilisation und unseren Vorbereitungen auf die Erlangung unserer Vorherrschaft über die ganze Welt und die Königreiche der Gojim geben.

Wir haben es geschafft, die Mehrheit der Throne in Europa zu stürzen. Die anderen werden in naher Zukunft folgen. Russland dient bereits unserer Herrschaft. Frankreich mit seiner freimaurerischen Regierung ist uns völlig ausgeliefert. England ist durch seine Abhängigkeit von unseren Finanzen unter unserer Ferse und sein Protestantismus wird den Katholizismus im Land zerstören. Spanien und Mexiko sind nur Spielzeuge in unseren Händen.

Viele Länder sind in unserer Hand: Die Vereinigten Staaten sind vollständig darin. Aber die Kirche ist noch am Leben. Wir müssen sie zerstören, ohne weitere Wartezeiten und ohne die geringste Gnade.[17] Die Weltpresse ist unter unserer Kontrolle. Lassen Sie uns

---

der der einzige Verteidiger der traditionellen Werte ist, ohne die keine Nation überleben kann und die elementar katholisch sind.

[17] Heute ist die Kirche zerstört. Ihre Prälaten sind grotesk. Dreißig kommunistische Bischöfe haben eine *"Reue"* über einen Holocaust

*den Hass gegen die katholische Kirche auf noch gewaltsamere
Weise fördern. Verstärken wir unsere Aktivitäten in der Vergiftung
der Moral der Gojim. Verbreiten wir den Geist der Revolution in
den Herzen der Völker.*

*Sie müssen dazu gebracht werden, den Patriotismus und die Liebe
zu ihrer Familie zu verachten, ihren Glauben als Unsinn und ihren
Gehorsam gegenüber der Kirche als erniedrigende Unterwürfigkeit
zu betrachten, sodass sie taub für den Ruf der Kirche und blind für
ihre Warnrufe gegen uns werden.*[18]

*Vor allem sollten wir es unmöglich machen, dass sich Christen, die
nicht zur Kirche gehören, mit der Kirche verbinden und dass sich
Nichtchristen mit der Kirche verbinden. Andernfalls wird das größte
Hindernis für unsere Herrschaft gestärkt und unsere Arbeit bleibt
unerledigt.*[19] *Unsere Verschwörung würde aufgedeckt werden. Die
Nichtjuden würden sich in einem Geist der Rache gegen uns wenden
und unsere Herrschaft würde unmöglich werden.*[20]

*Solange die Kirche militante Anhänger hat, werden wir nicht die
Herrscher der Welt sein. Die Juden werden erst dann herrschen,
wenn der Papst von Rom entthront wird, wie alle anderen
Monarchen auf der Erde".*

---

unterzeichnet, der ein arithmetisch-technischer Unsinn ist. Aber es steht fest, dass Juden während des Zweiten Weltkriegs an Kriegshandlungen, Typhus und Unterernährung in den Lagern gestorben sind.

Aber zwei- oder dreihunderttausend Juden, die im Zweiten Weltkrieg starben, sind weit entfernt von den fünfzehn Millionen Deutschen, die in einem Krieg starben, den die Juden 1933 Hitler erklärten!

[18] All dies wird im Jahr 2000 perfekt umgesetzt.

[19] Diese Politik hat sich geändert: Heute predigen Juden die Ökumene, die in einer Kirche, die verschwunden ist, ein Trumpf ist.

[20] In Anbetracht der nichtjüdischen Dummheit besteht hier kein Risiko. Sie sehen nichts, verstehen nichts und demonstrieren, sobald ein Jude auch nur einen Finger rührt.

WAS DIE JUDEN SELBST ÜBER DEN KOMMUNISMUS SAGEN

RABBINER JUDAH L. MAGNES

In einer Rede in New York 1919 erklärte er: *"Die radikalen Qualitäten, die im Juden stecken, gehen den Dingen auf den Grund, in Deutschland wird er zu einem Marx oder Lassalle, zu einem Haas und Eduard Bernstein. In Österreich wird er zu einem Victor Adler, in Russland zu einem Trotzki. Sehen Sie sich die gegenwärtige Situation in Deutschland und Russland an. Die Revolution setzt ihre schöpferischen Kräfte in Bewegung; sehen Sie, welches große Kontingent von Juden sofort für den Kampf bereit ist. Revolutionäre Sozialisten, Menschewiki, Bolschewiki, Mehrheits- und Minderheitssozialisten, wie immer man sie auch nennen mag, in allen diesen Parteien finden sich Juden als ihre ergebenen Führer und als ihre regelmäßigen Arbeiter."*

HERR COHAN, JÜDISCH

Diese Erklärung wurde in *"The Communist"*, Kharkoff, Nr. 72, 12. April 1919, veröffentlicht):

"Man kann ohne Übertreibung sagen, dass die große russische Revolution durch die Hand der Juden gemacht wurde. Es waren gerade die Juden, die das russische Proletariat in die Morgenröte der Internationale führten, die nicht nur die Sache der Sowjets führten, sondern auch noch führen, die in ihren zuverlässigen Händen bleibt. Es stimmt, dass es in der Roten Armee keine Juden gibt, was die Soldaten betrifft, aber Juden befehligen tapfer als Führer der sowjetischen Komitees und Organisationen und führen die Massen des russischen Proletariats zum Sieg. Das Symbol des Judentums ist zum Symbol des russischen Proletariats geworden. Mit diesem Symbol wird der Tod der Parasiten der Bourgeoisie kommen, die in Blutstropfen für die jüdischen Tränen bezahlen werden."

NAHUM SOKOLOW, JÜDISCH

Dieser große jüdische Führer erklärt in seinem Buch "*The history of Zionism*": "*Der Zionismus spielte eine wichtige Rolle bei den bolschewistischen Machenschaften in Russland.*"

RABBINER LEWIS BROWN

Dieser Rabbi sagt uns in seinem Buch "*How odd of God*": "*Wir wollen die nichtjüdische Welt neu gestalten, das tun, was die Kommunisten in Russland tun.*"

PROFESSOR REINHOLD NIEBUHR, JÜDISCH

Dieser berühmte protestantische Theologe, der am 3. Oktober 1934 vor dem "*Jewish Institute of Religion*" in New York sprach: "*Der Marxismus ist eine moderne Form der jüdischen Prophezeiung.*"

"THE AMERICAN HEBREW"

Der folgende Artikel erschien in der Ausgabe vom 10. September 1920: "*Aus dem wirtschaftlichen Chaos hat der Jude das Kapital mit seinem Anwendungsmechanismus, der Bank, entworfen. Eines der beeindruckenden Phänomene unserer modernen Zeit ist die Revolte der Juden gegen dieses Monster, das sein Geist erdacht und seine Hände geformt hatten. Die bolschewistische Revolution in Russland, diese Leistung, die dazu bestimmt war, als das wichtigste Ergebnis des Großen Krieges in die Geschichte einzugehen, war in großem Maße das Ergebnis jüdischen Denkens, jüdischer Unzufriedenheit.*

Was der jüdische Idealismus und die jüdische Unzufriedenheit in Russland so mächtig bewirkt haben, neigen die gleichen historischen jüdischen Herz- und Geistesqualitäten dazu, es auch in anderen Ländern zu bewirken.[21]

Wird Amerika wie das Russland der Zaren den Juden als Zerstörer mit bitteren und gemeinen Vorwürfen überhäufen und ihn zwingen, ein unversöhnlicher Feind zu sein? Wo wird Amerika von der

---

[21] Es ist unnötig, auf den universell tentakelartigen Marxismus und seine 200 Millionen Opfer hinzuweisen...

jüdischen Genialität profitieren? Es ist an der Bevölkerung Amerikas, diese Frage zu beantworten".

HERMALIN, JÜDISCH

Dieser jüdische Kommunist erklärte 1917 in einer Rede in New York: *"Die russische Revolution wurde von Juden gemacht. Wir haben Geheimgesellschaften gegründet. Wir haben uns die Schreckensherrschaft ausgedacht. Wir haben die Revolution durch unsere überzeugende Propaganda und unsere Massenmorde zum Erfolg geführt, um eine ganz eigene Regierung zu bilden."*

"JEWISH CHRONICLE"

In der Ausgabe der großen jüdischen Zeitung in London vom 4. April 1919: *"Es liegt viel in der Tatsache des Bolschewismus selbst, in der Tatsache, dass so viele Juden Bolschewiki sind, in der Tatsache, dass die Ideale des Bolschewismus in vielen Punkten, mit den höchsten Idealen des Judentums übereinstimmen."*

RABBINER JUDAH L. MAGNES

Dieser Rabbiner aus New York gab auf der Nationalen Radikalen Konferenz der Vereinigten Staaten im April 1918 folgende Erklärung ab: *"Ich behaupte, ein echter Bolschewik zu sein. Ich kann definitiv sagen, dass der Präsident der Vereinigten Staaten in Kürze einen Aufruf zum Abschluss eines sofortigen Friedens an die alliierten Regierungen richten wird. Er wird einen sofortigen Frieden auf der einfachen Grundlage fordern, die von den Bolschewisten in Russland vorgebracht* wurde."

OTTO WEININGER, JUDE

In *"Geschlecht und Charakter"*, das 1921 in Wien veröffentlicht wurde, erklärt dieser österreichische Jude auf Seite 406:

"Die Idee des Eigentums ist untrennbar mit der Individualität verbunden, mit dem, was der Charakter an Besonderem hat. Das ist eine der Ursachen, warum die Juden wie eine Herde zum Kommunismus strömen."

Auf Seite 413: *"Der Jude ist ein Kommunist"*.

Auf Seite 407: "*Die völlige Unfähigkeit des Juden, die Idee des Staates zu verstehen*".

"NACH MOSKAU"

In der Septemberausgabe 1919 dieser jüdischen bolschewistischen Zeitung heißt es: "*Es darf nicht vergessen werden, dass das jüdische Volk das wahre Proletariat bildet, die wahre Internationale, die kein Vaterland hat.*"

ANGELO RAPPOPORT, JÜDISCH

Der Autor von "*Pioneers of the Russian Revolution*" sagt uns: "*Die Juden in Russland waren als Ganzes für die Revolution verantwortlich.*"

MORITZ RAPPOPORT, JÜDISCH

Der Autor der folgenden Zeilen kommentiert die deutsche Revolution von 1918: "*Die Revolution erinnert uns erneut an die Bedeutung der Judenfrage, denn die Juden sind das führende Element der Revolution.*"

"JEWISH TRIBUNE"

Zu lesen in seiner Ausgabe vom 5. Juli 1922: "*Die deutsche Revolution ist das Werk der Juden. Die liberalen demokratischen Parteien haben eine große Anzahl von Juden an der Spitze, und Juden spielen eine führende Rolle in den hohen Regierungsämtern.*"

KADMI COHEN, JÜDISCH

In seinem 1928 erschienenen Buch "Nomaden" erklärte der Jude Kadmi Cohen: "Der Instinkt des Eigentums selbst, der sich übrigens aus der Bindung an den Boden ergibt, existiert nicht bei den Juden, die nie den Boden besessen haben und ihn nie besitzen wollten. Daher ihre unbestreitbare kommunistische Tendenz seit dem frühesten Altertum". (Seite 85) Reicht es nicht, die Namen der großen jüdischen Revolutionäre des 19. und 20. Jahrhunderts, der Karl Marx, Lassalle, Kurt Eisner, Bela Kuhn, Trotzki, Léon Blum, zu erwähnen, um die Namen der Theoretiker des modernen Sozialismus zu nennen?

Auch wenn es nicht möglich ist, den Bolschewismus als Ganzes zu einer jüdischen Nation zu erklären, ist es dennoch wahr, dass Juden mehrere Führer der maximalistischen Bewegung stellten und in der Tat eine bedeutende Rolle spielten. Die jüdischen Tendenzen zum Kommunismus, abgesehen von jeglicher materiellen Mitarbeit in Parteiorganisationen, finden eine glänzende Bestätigung in der tiefen Abneigung, die ein großer Jude, ein großer Dichter, Henri Heine, gegen das römische Recht empfand.

Die subjektiven Ursachen, die leidenschaftlichen Ursachen des Aufstands von Rabbi Aquiba und Bar Kocheba im Jahr 70 n. Chr. gegen die Pax romana und das Jus romanum, subjektiv und leidenschaftlich verstanden und empfunden von einem Juden des 19. Jahrhunderts, der offenbar keinerlei Verbindung zu seiner Rasse bewahrt hatte. Und tun jüdische Revolutionäre und jüdische Kommunisten, die das Prinzip des Privateigentums angreifen, dessen stärkstes Denkmal der Codex Juris Civilis von Justinian und Vulpian ist, etwas anderes als ihre Vorfahren, die Vespasian und Titus Widerstand leisteten? In Wirklichkeit sind es die Toten, die sprechen". (Seite 86).

"THE MACCABEAN"

Diese jüdische Zeitung aus New York veröffentlichte im November 1905 einen aufsehenerregenden Artikel unter der Überschrift

"Eine jüdische Revolution" - *"Die Revolution von 1905 in Russland ist eine jüdische Revolution, eine Krise in der jüdischen Geschichte. Sie ist eine jüdische Revolution, weil Russland die Heimat von fast der Hälfte der Juden in der ganzen Welt ist und der Sturz seiner despotischen Regierung einen sehr großen Einfluss auf das Schicksal von Millionen von Juden haben wird, die in diesem Land leben, und auf das Schicksal von Tausenden, die aus allen Richtungen ausgewandert sind. Aber die russische Revolution ist eine jüdische Revolution, weil die Juden die aktivsten Revolutionäre des Zarenreichs sind."*

MAURICE SAMUEL, JÜDISCH

In seinem Buch "*Ich, der Jude*", das 1923 erschien, erklärte der Autor: "*Wir Juden sind Revolutionäre. Gott hat uns so geschaffen und konstituiert, dass wir, wenn es uns vergönnt wäre, einige unserer Ziele zu erreichen, die Gegenstand unserer erklärten Begierden sind, uns sofort an die Arbeit machen würden, einfach aus Prinzip, und versuchen würden, das, was gerade aufgebaut wurde, wieder einzureißen.*"

ANGELO RAPPOPORT, JÜDISCH

In "*Pioneers of the Russian Revolution*", veröffentlicht 1918, auf Seite 100: "*Durch die ganze Geschichte hindurch war der Geist der Juden immer revolutionär und subversiv, aber subversiv mit der Idee, auf Ruinen zu bauen.*"

BERNARD LAZARE, JUDE

In seinem 1894 in Paris veröffentlichten Buch "*Der Antisemitismus und seine Ursachen*" sagt uns der Autor: "*Der Jude spielt eine Rolle in den Revolutionen, und er nimmt als Jude oder richtiger als Jude, der er bleibt, daran teil. Der jüdische Geist ist im Wesentlichen revolutionär, und bewusst oder unbewusst ist der Jude ein Revolutionär*".

"DAS ISRAELITISCHE UNIVERSUM"

In der Ausgabe vom 5. September 1867: "*Die Revolution mit ihrer Gleichheit und Brüderlichkeit ist der Stern Israels.*"

"ISRAELITISCHE ARCHIVE"

In der Ausgabe vom 6. Juli 1889: "*Das Jahr 1789 ist ein neues Ostern, die Französische Revolution hat einen sehr ausgeprägten hebräischen Charakter.*"

" NEW YORK TIME "

In der Ausgabe vom 24. März 1917: "*Kennan bügelt die Geschichte ab. Er berichtet, wie der jüdische Bankier Jacob Schiff die revolutionäre Propaganda in der Armee des Zaren finanzierte. Kennan sprach über die Arbeit für die Revolution, die von den russischen Freiheitsfreunden geleistet wurde. Er sagte, dass er während des russisch-japanischen Krieges in Tokio war und ihm erlaubt wurde, die 12.000 russischen Gefangenen in japanischer Hand zu besuchen. Er hatte die Idee entwickelt, die russische Armee mit revolutionären Ideen zu durchdringen. Er ließ alle russische revolutionäre Propaganda aus Amerika kommen, die man bekommen konnte. Er sagte, dass Dr. Nicholas Russel ihn eines Tages in Tokio traf und ihm anvertraute, dass er geschickt worden war, um ihm bei seiner Arbeit zu helfen.*

Die Bewegung wurde von einem Bankier aus New York finanziert, den Sie alle kennen und lieben", sagte er und spielte damit auf Herrn Schiff an. Bald erhielten wir eineinhalb Tonnen revolutionäre Propaganda in russischer Sprache. Am Ende des Krieges kehrten 50.000 russische Offiziere und Soldaten als glühende Revolutionäre in ihre Heimat zurück. Die Freunde der russischen Freiheit hatten 50.000 Samen der Freiheit in 100 Regimentern gepflanzt. Ich weiß nicht, wie viele dieser Offiziere letzte Woche die Festung von Petrograd eroberten, aber wir wissen, welchen Anteil die Armee an der Revolution hatte. Dann wurde der Versammlung ein Telegramm von Jacob Schiff vorgelesen, das zum Teil wie folgt lautete: Sagen Sie denen, die heute Abend hier sind, für mich, wie sehr ich es bedauere, dass ich nicht mit den "Freunden der russischen Freiheit" die greifbare Belohnung für das feiern kann, was wir in diesen langen Jahren erhofft und getan haben."

ELIE EBERLIN, JÜDISCH

Dieser Jude schrieb in seinem Buch "*Die Juden von heute*", das 1928 erschien, Folgendes: "*Das Volk des Zionismus setzt seine Aufgabe in Russland, Palästina und anderswo fort. In diesem Augenblick erscheint es als die einzige internationale proletarische Partei. Eine ihrer Fraktionen tritt der Kommunistischen Internationale bei, die andere der Sozialistischen Internationale. (Seite 24) Im Laufe seiner autonomen Existenz hat das jüdische Volk viele Regierungsformen durchlaufen. Aber weder die väterliche Diktatur des großen Moses, noch die Macht der Könige, die durch eine religiöse Verfassung geregelt wurde, noch die Republik der Gläubigen unter dem Vorsitz der Hohepriester, noch der Despotismus der letzten Könige, die sich auf Rom stützten, wurden von diesem Volk von Träumern gutgeheißen. Die Juden hatten schon immer eine Regierung, aber sie haben sie immer nur erduldet (Seite 134). Daher konnten die*

Juden ihren Staat nicht unter den Staaten des Altertums halten und mussten fatalerweise zum revolutionären Ferment des Universums werden (Seite 143). *Was am Bolschewismus noch jüdisch ist, ist der Verzicht auf jenseitige Belohnungen in der anderen Welt und das Streben nach Glück auf der Erde. Diese Idee, die den Triumph der jüdischen Werte über die mystisch-christlichen Werte markiert, ist heute allen Völkern gemeinsam."* (Seite 155).

"JEWISH CHRONICLE"

Die jüdische Zeitung in London veröffentlichte in ihrer Ausgabe vom 6. Januar 1933: "*Mehr als ein Drittel aller Juden in Russland sind sowjetische Offiziere geworden.*"

MANIFEST VON RABBINERN

Manifest vom 25. Februar 1930, unterzeichnet von den Rabbinern Menachem Gluskin aus Minsk, Hosea L. Zimbalist, Herz Mazel, Gabriel Gabrielow, Oscher Kerstein und Mendel Jarcho, veröffentlicht von dem kommunistischen Juden Michael Sheimann in "*Krestobyl Pokhod Protiv"* USSR, Moskau, 1930, Seiten 103 und 104:

"*Es ist uns nicht möglich, unser Schicksal von dem des jüdischen Volkes zu trennen, in Bezug auf das die Regierung der UdSSR als die einzige proklamiert werden kann, die alle Erscheinungsformen des Antisemitismus offen bekämpft. Aus globaler Sicht ist es eine Tatsache von größter Bedeutung, dass der Führer der Kommunistischen Partei und sowjetische Staatschef Lenin ein Dekret erlassen hat, in dem die Antijuden zu Volksfeinden erklärt werden. Und während unter britischer Herrschaft immer noch blutige Konflikte möglich sind und es in Rumänien und vielen anderen Ländern immer noch zu Pogromen und anderen antijüdischen Demonstrationen kommt, werden in der UdSSR alle Propagandamittel gegen den Antisemitismus mobilisiert und sogar der Gesetzesapparat in Gang gesetzt.[22] Unter dem Sowjetregime*

---

[22] Dies ist nun in Frankreich mit dem stalinistisch-orwellschen Gesetz, dem sogenannten "*Fabius-Gayssot-Gesetz*", der Fall.

waren wir nie einer Verfolgung aufgrund unserer religiösen Überzeugungen ausgesetzt[23]

LOUIS FISHER, JÜDISCH

Dieser Russland-Korrespondent der Zeitung "*Nation*" schrieb in der "*New York Jewish Tribune*" vom 18. Januar 1924 Folgendes: "*Wenn man die Bolschewiki danach beurteilt, was die Juden durch sie auf dem Gebiet der Bildung gewonnen haben, fällt das Urteil sicherlich zu ihren Gunsten aus. Zehntausende jüdische Kinder besuchen offizielle öffentliche Schulen, in denen Jiddisch die Unterrichtssprache ist. Die Regierung hat spezielle jüdische Pädagogikseminare eingerichtet, in denen Lehrer darauf vorbereitet werden, den Unterricht in jüdischen Schulen auf Jiddisch zu erteilen. Es gibt sogar an den Universitäten Abteilungen, in denen Jiddisch die Unterrichtssprache ist. Vor der Revolution unter dem Zaren war der Anteil der jüdischen Studierenden auf 4% der Studierenden beschränkt. Jetzt gibt es keine Begrenzung mehr. An einigen Universitäten sind 50 % der Studierenden jüdisch. In Minsk (Weißrussland) ist der Anteil sogar noch höher.*"

"THE MACCABEAN"

Aus einem Artikel des Juden Haas, der in dieser Zeitung veröffentlicht wurde: "*Die russische Revolution ist eine jüdische Revolution, weil sie einen Meilenstein in der jüdischen Geschichte markiert. Sie ist auch eine jüdische Revolution, weil die Juden die aktivsten Revolutionäre im Russischen Reich waren.*"

"JEWISH WORLD" (JÜDISCHE WELT)

Artikel erschienen am 8. August 1922: "*Die Geschäfte in Russland laufen wieder an und unter dem neuen Regime werden Juden schnell zu Industriekapitänen. Es gibt nun 100.000 Juden in Moskau und die Schilder koscherer Metzgereien sind in vielen Straßen zu sehen.*

---

[23] Es ist anzumerken, dass dies für andere Religionen nicht gilt: Zu der Zeit, als dieser Text verfasst wurde, hatten 42.800 hohe Würdenträger, Priester und Minister der christlichen Konfessionen das Martyrium und den Tod erlitten...

Dennoch wächst der Antisemitismus in der Stadt parallel zum Wachstum der jüdischen Bevölkerung."

"CANADIAN JEWISH CHRONICLE" (KANADISCHE JÜDISCHE CHRONIK)

Ausgabe vom 10. August 1923, zitiert vom *"Jewish Correspondance Bureau"*: *"Die Zahl der jüdischen Banditen in Moskau wächst alarmierend. Es vergeht kaum ein Tag, an dem nicht Überfälle auf öffentliche Straßen und gewalttätige Einbrüche von Banden verübt werden, deren Mitglieder überwiegend Juden sind. Sie sind die Meister der Unterwelt einschließlich der Mafia und um die Italiener besser einbinden zu können, ändern sie ihre jüdischen Namen in italienische."*

MAURICE MURREY, JÜDISCH

Dieser Jude aus Frankreich schrieb in seinem Buch "*Der jüdische Geist*" Folgendes: "*Durch das Blut und die Tradition gehört Karl Marx mit Leib und Seele zum Judentum. Karl Marx und Rothschild repräsentieren die beiden Extreme, aber wie man oft sagt, "berühren sich die Extreme".*

Marx und Rothschild verkörpern beide das jüdische Ideal, das zu seiner höchsten Macht erhoben wurde. Je weiter sich die Massen vom Christentum entfernen, desto jüdischer werden sie, und zwar sichtbar. Der regenerative jüdische Idealismus bereitet vielleicht für das 20. Jahrhundert eine verheerende Revolution vor. Jede intensive Manifestation des genuin jüdischen Idealismus in Europa fiel mit Aufständen, Morden und Rebellionen zusammen."

"NOVY MAR"

Dieses bolschewistische Presseorgan veröffentlichte am 16. März 1922 einen Aufruf an jüdische Arbeiter und jüdische Bürger in der ganzen Welt, in dem es hieß: "*Unsere Regierung der Sowjets hat Milliarden ausgegeben, um Juden zu helfen, die unter Pogromen gelitten hatten. Doch heute ist unsere Republik mittellos. Sie müssen Druck auf Ihre Regierungen ausüben, damit diese auf eigene Kosten die verwüsteten jüdischen Distrikte reparieren und die Juden, die in Russland gelitten haben, entschädigen. Alle jüdischen Organisationen der Welt werden aufgefordert, diese Forderung durch die Delegation der Sowjets auf der Konferenz in Genua vorzubringen. Es ist Ihre heilige Pflicht, auf Ihre Regierungen - ob sie in Genua vertreten sind oder nicht - einzuwirken, um sie zu zwingen, die Forderungen der russischen Juden zu unterstützen. Sie müssen darauf bestehen, dass die Delegierten Ihrer jeweiligen Länder in Genua die Forderungen unterstützen, die die Juden durch ihre Vertreter, die Delegierten der Sowjets, vorbringen lassen werden."*

J. OLGIN, JÜDISCH

Dieser kommunistische Führer veröffentlichte in seiner Zeitung *"Morning Freiheit"* in New York die folgenden Zeilen: *"Jeder Jude muss die Volksfront unterstützen, weil sie das Bollwerk zur Verteidigung der Rechte des jüdischen Volkes ist."*

BERNARD LAZARE, JUDE

In seinem Buch *"Der Antisemitismus und seine Ursachen"*, das 1894 in Paris veröffentlicht wurde, sagt uns der jüdische Historiker Folgendes: *"Inmitten aller Nationen Europas existieren die Juden als eine konfessionelle Gemeinschaft, die ihre Nationalität hat, einen besonderen Typus, besondere Fähigkeiten und einen eigenen Geist bewahrt hat."* (Seite 297)

"Der Jude ist ein konfessioneller Typus, so wie er ist, das Gesetz und der Talmud haben ihn stärker gemacht als Blut und Klimaschwankungen, sie in ihm Charaktere entwickelt, die durch Nachahmung und Vererbung fortgesetzt wurden." (Seite 283)[24]

"Keine Religion war so sehr Knetmaschine für Seele und Geist wie die jüdische Religion." (Seite 283)

[Die jüdische Religion ist] *"älter, unveränderlicher, enger und strenger geachtet als jede andere."* (Seite 281)

---

[24] Wir wissen, dass das alles falsch ist, jedenfalls von vernachlässigbarer Wirkung, zumal die Mehrheit der Juden in der Bourgeoisie ihre Religion völlig ignoriert, wie jeder Jude, der in der westlichen Oberschicht gelebt hat, weiß. Der jüdische Partikularismus rührt ausschließlich von der Beschneidung am achten Tag her. Dass die *"jüdische soziologische Atmosphäre"* ihn verstärkt, ist offensichtlich, aber keineswegs ausschlaggebend. (siehe *Geheimakten des 21. Jahrhunderts*).

"Beseelt von jenem alten hebräischen Materialismus, der fortwährend von einem auf der Erde verwirklichten Paradies träumte und die ferne, problematische Hoffnung auf ein Eden nach dem Tod immer wieder zurückwies." (Seite 346)

"Die Philosophie des Juden war einfach. Da er nur eine begrenzte Anzahl von Jahren zur Verfügung hatte, wollte er sie genießen, und er verlangte nicht nach moralischen Freuden, sondern nach materiellen Freuden, die sein Leben verschönern und versüßen sollten. Da es kein Paradies gab, konnte er von Gott als Gegenleistung für seine Treue und Frömmigkeit nur greifbare Gunst erwarten, keine vagen Versprechungen, die für Jenseitsforscher gut sind, sondern formale Realisierungen, die sich in einer Steigerung des Wohlstands auflösen. Da der Jude keine Hoffnung auf einen zukünftigen Ausgleich hatte, konnte er sich nicht mit dem Unglück des Lebens abfinden; erst sehr spät konnte er sich mit dem Gedanken an himmlische Seligkeiten über seine Leiden hinwegtrösten. Auf die Plagen, die ihn trafen, reagierte er weder mit muslimischem Fatalismus noch mit christlicher Resignation, sondern mit Revolte." (Seite 307)

"Die Vorstellung, die sich die Juden von Leben und Tod machten, lieferte also das erste Element für ihren revolutionären Geist. Ausgehend von der Idee, dass das Gute, d.h. das Gerechte, nicht jenseits des Grabes verwirklicht werden sollte, da jenseits des Grabes der Schlaf bis zur Auferstehung der Körper ist, sondern während des Lebens suchten sie die Gerechtigkeit, und da sie sie nie fanden, ewig unersättlich, wurden sie unruhig, um sie zu erlangen." (Seite 314)

"Ohne das Gesetz und ohne Israel, das es praktiziert, wäre die Welt nicht. Gott würde sie ins Nichts führen, und die Welt wird erst dann glücklich sein, wenn sie der universellen Herrschaft dieses Gesetzes unterworfen ist, das heißt der Herrschaft der Juden." (Seite 8)

"Das Glück wird durch Freiheit, Gleichheit und Gerechtigkeit erreicht werden. Obwohl Israel die erste Nation war, die diese Ideen hatte, unterstützten andere Völker zu verschiedenen Zeiten der Geschichte diese Ideen und waren nicht so revoltierende Völker wie das jüdische Volk. Warum ist das so? Weil diese Völker zwar von der Vorzüglichkeit von Gerechtigkeit, Gleichheit und Freiheit überzeugt waren, ihre vollständige Verwirklichung aber zumindest in dieser Welt nicht für möglich hielten und folglich nicht nur auf ihre Verwirklichung hinarbeiteten. Stattdessen glaubten die Juden nicht nur, dass Gerechtigkeit, Freiheit und Gleichheit die Herrscher der Welt sein könnten, sondern sie hielten sich auch für besonders beauftragt, auf dieses Regime hinzuarbeiten. All die Wünsche und Hoffnungen, die diese drei Ideen hervorbrachten, kristallisierten sich schließlich um eine zentrale Idee herum: die der messianischen Zeiten, des Kommens des Messias, der von Jahwe gesandt werden sollte, um seine souveräne irdische Macht zu begründen." (Seite 322)

"So wie er mit seinen Dispositionen, mit seinen Tendenzen war, war es unvermeidlich, dass der Jude eine Rolle in den Revolutionen spielen würde: Er hat sie gespielt." (Seite 329)

"Die Juden waren immer unzufrieden. Ich will damit nicht behaupten, dass sie einfach Frondeure oder systematische Gegner jeder Regierung waren, aber sie waren mit dem Zustand der Dinge nicht zufrieden. Sie waren ständig beunruhigt und warteten auf ein Besseres, das sie nie erreicht fanden." (Seite 305)

"Die Ursachen, die diese Unruhe in den Seelen einiger moderner Juden hervorgerufen, aufrechterhalten und verewigt haben, sind keine äußeren Ursachen, wie die tatsächliche Tyrannei eines Fürsten, eines Volkes oder eines grimmigen Kodex. Es sind innere Ursachen, die mit dem Wesen des hebräischen Geistes selbst zusammenhängen. Die Vorstellung, die die Juden von Gott hatten, ihre Auffassung von Leben und Tod - das sind die Gründe für die Gefühle der Revolte, von denen sie beseelt waren. [25]

"In der zweiten revolutionären Periode, der Zeit ab 1830, zeigten sie noch mehr Eifer als in der ersten, denn in den meisten Staaten Europas genossen sie nicht die Fülle ihrer Rechte. Selbst diejenigen

---

[25] Bernard Lazare hat sehr gut verstanden, dass diese Revolutionsmentalität von einer inneren Ursache herrührt: Es handelt sich um ihre hormonelle Natur. Die interstitielle Insuffizienz führt, wenn sie vollständig ist, zu Demenz. Es gibt also einen Mangel an Kontrolle, einen Mangel an Vernunft, der durch ein Schilddrüsenpotenzial, das weit über dem der Gojim liegt, noch verschlimmert wird.

Die Schilddrüse ist die Drüse der Intelligenz, der Sensibilität, aber auch des Stolzes und der Versuchung.

Die Juden sind nicht Herr ihrer spekulativ-parasitären und ihrer subversiven Natur: All das kommt ausschließlich von der Umschreibung am achten Tag.

unter ihnen, die nicht aus Vernunft und Temperament revolutionär waren, wurden es aus Eigennutz, und indem sie für den Triumph des Liberalismus arbeiteten, arbeiteten sie für ihn. Es steht außer Zweifel, dass sie mit ihrem Gold, ihrer Energie und ihrem Talent die europäische Revolution unterstützten und ihr zur Seite standen. Während dieser Jahre arbeiteten ihre Bankiers, ihre Industriellen, ihre Priester, ihre Schriftsteller, ihre Tribunen, die übrigens von ganz unterschiedlichen Ideen getrieben wurden, auf dasselbe Ziel hin." (Seite 341)

"Man findet sie in die Bewegung des jungen Deutschlands verwickelt; sie waren zahlreich in den Geheimgesellschaften, die die revolutionäre kämpfende Armee in den Freimaurerlogen, in den Gruppen der Köhlerei, in der römischen Haute Vente, überall in Frankreich, Deutschland, der Schweiz, Österreich und Italien bildeten."

"Einerseits gehörten sie zu den Begründern des Industrie- und Finanzkapitalismus und arbeiten aktiv an dieser extremen Zentralisierung des Kapitals mit, die seine Sozialisierung zweifellos erleichtern wird."

"Auf der anderen Seite gehören sie zu den schärfsten Gegnern des Kapitals. Dem Gold waschenden Juden, Produkt des Exils, des Talmudismus, der Gesetzgebung und der Verfolgungen[26] *steht der revolutionäre Jude gegenüber, Sohn der biblischen und prophetischen Tradition, jener Tradition, die die libertären deutschen Wiedertäufer des 16. Jahrhunderts und die Puritaner unter Cromwell beseelte."* (Seite 393)

"Rothschild entsprechen Marx und Lassalle. Aus dem Kampf um das Geld wird der Kampf gegen das Geld und den Kosmopolitismus des Agioteurs zum proletarischen und revolutionären Internationalismus." (Seite 343)

"Die emanzipierten Juden drangen als Fremde in die Nationen ein. Sie betraten die modernen Gesellschaften nicht als Gäste, sondern als Eroberer. Sie waren wie eine getriebene Herde. Plötzlich fielen die Zäune und sie stürmten auf das offene Feld. Nun waren sie keine Krieger: Sie machten die einzige Eroberung, für die sie gerüstet

---

[26] Der golddrapierende Jude ist ein Produkt der Beschneidung am achten Tag, genau wie der revolutionäre Jude, von dem unmittelbar die Rede ist.

waren: die wirtschaftliche Eroberung, die sie seit vielen Jahren vorbereitet hatten." (Seite 223)

"Die Französische Revolution war in erster Linie eine wirtschaftliche Revolution. Wenn man sie als das Ende eines Klassenkampfes betrachten kann, muss man in ihr auch das Ergebnis eines Kampfes zwischen zwei Formen von Kapital sehen; dem Immobilienkapital und dem beweglichen Kapital, dem Bodenkapital und dem Industrie- und Agiotionskapital. Mit der Vorherrschaft des Adels verschwand auch die Vorherrschaft des Bodenkapitals, während die Vorherrschaft der Bourgeoisie die Vorherrschaft des Industrie- und Agiotionskapitals mit sich brachte. Die Emanzipation der Juden ist mit der Geschichte der Vorherrschaft dieses industriellen Kapitals verbunden.". (Seite 224)

ANGELO RAPPOPORT, JÜDISCH

Auf Seite 25 seines 1918 erschienenen Buches *"Pioneers of the Russian Revolution"* heißt es: *"Es gab keine einzige politische Organisation in diesem riesigen russischen Land, die nicht von Juden beeinflusst oder geleitet wurde. Die sozialdemokratische Partei, die sozialistisch-revolutionäre Partei, die polnische sozialistische Partei - sie alle hatten Juden unter ihren Führern. Vielleicht hatte Plehve Recht, als er sagte, dass der Kampf für die politische Emanzipation in Russland und die Judenfrage praktisch identisch waren. Der Bund oder der Allgemeine Verband der jüdischen Arbeiter wurde 1897 gegründet. Er ist eine politische, wirtschaftliche Vereinigung des jüdischen Proletariats, die sich anfangs gegen jede nationalistische Unterscheidung wandte, dann aber allmählich von jüdisch-nationalistischen Gefühlen durchdrungen wurde."*

Auf Seite 288: *"Mehr als die Polen, Letten, Finnen oder auch nur irgendeine ethnische Gruppe im riesigen Reich der Romanof waren die Juden die Anhänger der Revolution von 1917."*

ALFRED NOSSIG, JÜDISCH

Der Autor des 1922 in Berlin erschienenen Buches *"Integrales Judentum"* erklärte: *"Die moderne sozialistische Bewegung ist zum größten Teil ein Werk von Juden. Es waren Juden, die ihr den Stempel ihres Gehirns aufgedrückt haben. Es waren auch Juden, die eine führende Rolle in der Führung der ersten sozialistischen Republiken spielten.*

Die meisten jüdischen Sozialistenführer standen dem Judentum jedoch fern. Trotzdem war die Rolle, die sie spielten, nicht nur von ihnen allein abhängig. In ihnen wirkte unbewusst das alte eugenische Prinzip des Mosaismus, das Blut des alten apostolischen Volkes lebte in ihrem Gehirn und in ihrem sozialen Temperament. Der heutige Weltsozialismus, der die erste Stufe der Erfüllung des Mosaismus bildet, ist der Beginn der Verwirklichung der zukünftigen Welt, die von unseren Propheten angekündigt wurde.

Nur wenn es einen Völkerbund gibt, nur wenn seine verbündeten Armeen wirksam zum Schutz aller Schwachen eingesetzt werden, können wir hoffen, dass die Juden in der Lage sein werden, ihren Nationalstaat in Palästina ungehindert zu entwickeln, und nur ein Völkerbund, der vom sozialistischen Geist durchdrungen ist, wird es uns ermöglichen, sowohl unsere internationalen als auch unsere nationalen Bedürfnisse zu befriedigen.

Aus diesem Grund haben alle jüdischen Gruppen, ob Zionisten oder Anhänger der Zerstreuung, ein vitales Interesse am Sieg des Sozialismus. Sie müssen ihn nicht nur wegen seiner Identität mit dem Mosaismus fordern, sondern auch aus taktischem Prinzip."

DER KOMMUNISMUS, DER VON DER JÜDISCHEN HOCHBANK UNTERSTÜTZT UND FINANZIERT WURDE

Niemand zweifelt mehr an dieser Tatsache, aber es ist interessant, einige Dokumente zu diesem Thema zu durchforsten. Es waren die großen jüdischen Bankiers aus New York, die den Bolschewismus in Russland finanzierten. Der Geheimdienst der Vereinigten Staaten hat das folgende Dokument an alle Botschaften der verbündeten Länder weitergeleitet. Dieses erstaunliche Dokument wurde 1929 in zahlreichen patriotischen Zeitungen verschiedener Länder abgedruckt. Es wurde auch in der katholischen Zeitung "*The Mystical Body of Christ in the Modern Times*" mit dem Imprimatur eines Bischofs von R. P. Denis Fahey, Professor für Theologie am Black Rocks College in Dublin, Irland, abgedruckt.

HIER FINDEN SIE DIESEN TEXT UND DIE ANALYSEN VON R.P. FAHEY.

Das wichtigste Dokument, das sich mit der Art und Weise befasst, wie die russische Revolution finanziert wurde, ist das vom amerikanischen Geheimdienst veröffentlichte und vom französischen Hochkommissar an seine Regierung weitergeleitete Dokument. Es wurde von der Pariser "*Documentation catholique*" am 6. März 1920 veröffentlicht und mit folgenden Bemerkungen versehen: "Wir garantieren die Authentizität dieses Dokuments. Für die Richtigkeit der darin enthaltenen Informationen übernimmt der US-Geheimdienst die Verantwortung. Das Dokument wurde 1920 in einer Beilage der Zeitung "*La Vieille France*" in Paris veröffentlicht, die hinzufügte: "Alle Regierungen der Entente hatten Kenntnis von diesem Memorandum, das nach Informationen des amerikanischen Geheimdienstes verfasst und an den französischen Hochkommissar und seine Kollegen geschickt worden war".

Diese Denkschrift findet sich auch in Monsignore Jouins Buch "*Le péril judéo-maçonnique*", Teil III, Seite 249-351, mit der zusätzlichen Bemerkung, dass die Juden ihre Veröffentlichung behinderten, so dass die Mehrheit der Öffentlichkeit von ihrer Existenz nichts wusste. Obwohl die jüdische Herkunft Kerenskys, der die erste russische Revolution von 1917 auslöste, angezweifelt wurde, scheint es sicher, dass er der Sohn des Juden Aaron Kerbis und der Jüdin Adler war.[27] Das Dokument ist in acht Abschnitte unterteilt. Im Folgenden werden die Abschnitte I bis IV und die Abschnitte VI bis VIII wiedergegeben.

BERICHT DES US-GEHEIMDIENSTES

Abschnitt I: *Im Februar 1916 wurde zunächst entdeckt, dass in Russland eine Revolution angezettelt wurde. Es wurde entdeckt, dass die nachfolgend genannten Personen sowie die erwähnten Banken an diesem Zerstörungswerk beteiligt waren. Jacob Schiff, jüdisch, Guggenheim, jüdisch, Max Breitung, jüdisch, Kuhn, Loeb & C° jüdische Bank, deren Direktoren waren: Jacob Schiff, Felix Warburg, Otto Kahn, Mortimer Schiff, S.H. Hanauer, alle Juden.*

Es besteht kein Zweifel daran, dass die russische Revolution, die ein Jahr nach der Veröffentlichung der obigen Informationen ausbrach, durch spezifisch jüdische Einflüsse angezettelt und erklärt wurde. Tatsächlich gab Jacob Schiff im April 1917 eine öffentliche Erklärung ab, in der er behauptete, dass er und seine finanzielle Unterstützung die russische Revolution zum Erfolg geführt hätten.

Abschnitt II: *Im Frühjahr 1917 begann Jacob Schiff, Trotzki (Jude) mit Geld zu versorgen, um die soziale Revolution in Russland herbeizuführen. Der New Cork Daily forward", ein jüdisch-bolschewistisches Organ, führte eine Subskription für denselben Zweck durch. Über Stockholm stellte der Jude Max Warburg Trotzki & Co. ebenfalls Geld zur Verfügung. Sie erhielten auch Geld vom Westfälisch-Rheinischen Syndikat, das ein wichtiges jüdisches Bankunternehmen ist. Ebenso ein anderer Jude, Olaf Aschberg von der Nya-Bank in Stockholm, und von Givotovsky, einem Juden, dessen Tochter mit Trotzki verheiratet war.*

---

[27] Dieses Detail ist wirklich nicht von Bedeutung, da jeder weiß, dass die bolschewistische Revolution insgesamt jüdisch war: Ideologen, Finanziers, Politiker, Verwalter, Gefängnis- und KZ-Henker. Wir werden darüber berichten.

Abschnitt III: *Im Oktober 1917 brach in Russland die Revolution aus. Durch diese Revolution übernahmen die Sowjetorganisationen die Führung des russischen Volkes. Unter den Sowjets wurden die folgenden Einzelpersonen, allesamt Juden, berühmt:*

Lenin (*Ulianow*)	Garine (*Garfeld*)	Trotzki (*Bronstein*)
Zinovieff (*Apfelbaum*)	Kameneff (*Rosenfeld*)	Dan (*Gourevitch*)
Ganetzki (*Furstenberg*)	Parus (*Helphand*)	Uritsky (*Pademilsky*)
Larine (*Lurge*)	Bohrine (*Nathanson*)	Martinoff (*Zibar*)
Bogdanoff (*Zilberstein*)	Suchanoff (*Gimel*)	Kamnleff (*Goldmann*)
Sagersky (*Krochmann*)	Riazanoff (*Goldenbach*)	Solutzeff (*Belichmann*)
Pianitsky (*Ziwin*)	Axelrod (*Orthodox*)	Glasunoff (*Schultze*)
Zuriesain (*Weinstein*)	Lapinsky (*Lowensohn*)	

Hinzu kommt, dass Lenins Mutter Jüdin war, sodass die jüdische Tradition ihn als vollwertigen Juden betrachtete. Lenin studierte mit jüdischen Studenten in der Schweiz. Victor Marsden, ein englischer Korrespondent in Russland, erklärte, Lenin sei ein Kalmückischer Jude, der mit einer Jüdin (Kroupskaya) verheiratet war, deren Kinder Jiddisch sprachen. Hervert Fitch, ein Detektiv von Scotland Yard, der Lenin als Kellner geheiratet hatte, erklärte, Lenin sei ein typischer Jude.

Abschnitt IV: *Zur gleichen Zeit fiel der Jude Paul Warburg, der einer der Gründer des Federal Reserve Board gewesen war, durch seine aktive Unterstützung einiger bekannter Bolschewiken in den Vereinigten Staaten auf. Diese Umstände und ein Bericht über ihn verhinderten, dass er zum Direktor der Federal Reserve Bank gewählt wurde.*

Abschnitt VI: *Auf der anderen Seite steht Judas Magnes, der von Jacob Schiff Zuschüsse erhält, in enger Verbindung mit der zionistischen Weltorganisation Poale-Sion, deren Direktor er de facto ist. Das Endziel dieser Organisation ist es, die internationale Vorherrschaft der jüdischen Arbeiterbewegung zu etablieren. Judas Magnes war damals Rabbiner in New York. Später wurde er nach Jerusalem geschickt, um dort die jüdische Universität zu leiten. Die Poale-Sion, eine militante marxistische Organisation, hat in Montreal eine aktive und mächtige Zweigstelle.*

Abschnitt VII: *Die soziale Revolution war in Deutschland kaum ausgebrochen, als die Jüdin Rosa Luxemburg automatisch die politische Führung übernahm. Einer der wichtigsten Führer der internationalen bolschewistischen Bewegung war der Jude Haase. Zu dieser Zeit entwickelte sich die soziale Revolution in Deutschland parallel zur sozialen Revolution in Russland.*

Abschnitt VIII: *Wenn wir berücksichtigen, dass die jüdische Bank Kuhn, Loeb und Co. mit dem Westfälisch-Rheinischen Syndikat, einer deutschen jüdischen Bank, und mit Lazare Frères, einer jüdischen Bank in Paris, sowie mit dem jüdischen Haus Gunsburg in Petrograd, Tokio und Paris in Verbindung steht, wenn wir darüber hinaus bemerken, dass alle oben genannten jüdischen Häuser, in enger Korrespondenz mit dem jüdischen Haus Speyer und Co. in London, New York und Frankfurt am Main sowie mit der Nya Banken, einem jüdisch-bolschewistischen Institut in Stockholm, stehen, wird deutlich, dass die bolschewistische Bewegung der Ausdruck einer allgemeinen jüdischen Bewegung ist und dass große jüdische Banken an der Organisation dieser Bewegung interessiert sind.*

So wurde von den amerikanischen Geheimdiensten die Kumpanei zwischen den jüdischen kapitalistischen Multimillionären und den jüdischen bolschewistischen Revolutionären festgestellt.

JÜDISCHE KAPITALISTEN

Einige zusätzliche Bemerkungen zu den oben genannten Personen erscheinen interessant. Laut *"L'Écho de Paris"* vom 28. April 1920 war Max Warburg Generaldirektor der Bank Max Warburg & Cie in Hamburg. Er war auch der Hauptaktionär der Hamburg-America Line und der Deutscher-Lloyd. Seine beiden Brüder Paul und Felix, von denen der eine mit der Schwägerin und der andere mit der Tochter des in Frankfurt geborenen Jacob Schiff verheiratet war, standen zusammen mit Schiff an der Spitze der Bank Kuhn, Loeb & Cie. In der *"German-Bolshevik Conspiracy"* auf Seite 27, die im Oktober 1918 vom Committee of Public Information, Washington D.C., veröffentlicht wurde, erfahren wir, dass Max Warburg den Bolschewiken Geld vorschoss.

Hier eine Nachricht, die aufschlussreich erscheint: *"Stockholm, 21. September 1917. Herr Raphael Scholak, Haparand"*: *"Lieber Genosse, in Übereinstimmung mit einem Telegramm des*

Westfälisch-Rheinländischen Syndikats teilt uns die Bank Max Warburg & Co. mit, dass ein Kredit für das Unternehmen des Genossen Trotzki eröffnet wurde. Gezeichnet: Furstenberg."

Nach Informationen aus einer französischen Quelle soll Jakob Schiff für die russische Revolution von 1917 eine Summe von 12.000.000 $ gezahlt haben. Wenn wir nun Nesta Websters Buch *"The Surrender of an Empire"* (Die Kapitulation eines Imperiums) auf den Seiten 74, 79 lesen, finden wir weitere Informationen über den Aufstieg des Bolschewismus.

DIE RUSSISCHE REVOLUTION IST EINE JÜDISCHE PLATZIERUNG

Es scheint, dass der wahre Name der Person, die in Abschnitt III unter dem Namen Parvus erwähnt wird, Israel Lazarewitsch Hellphand ist, ein Jude aus der Provinz Minsk in Weißrussland. Gegen Ende des letzten Jahrhunderts nahm er an einer revolutionären Arbeit in Odessa teil. Im Jahr 1886 ging er ins Ausland und kam schließlich nach mehreren Wanderungen nach Kopenhagen, wo er als Chefagent für den Vertrieb deutscher Kohle in Dänemark, der über die Dänische Sozialistische Partei arbeitete, ein großes Vermögen anhäufte. Dr. Ziv berichtet in seinem *"Leben von Trotzki"*, dass er Trotzki 1916, als er in Amerika war, fragte: "Wie geht es Parvus?". Trotzki antwortete ihm: *"Er ist gerade dabei, seine zwölfte Million zu vervollständigen"*. Es war dieser jüdische Multimillionär, der nach Karl Marx der größte Inspirator Lenins war. Durch die Intervention von Parvus wurde Lenin nach Russland geschickt. Das bolschewistische Russland ist nicht der Triumph der Arbeiter, sondern scheint nur eine gigantische Geldanlage jüdischer Kapitalisten für ihre eigenen Zwecke zu sein.

DIE SYMBOLIK DER ROTEN FLAGGE

Die rote Flagge war schon immer ein Symbol für Gefahr. Am Ende eines Zuges, am Rand eines Abgrunds, auf einer holprigen Straße, in der Nähe eines Steinbruchs oder einer Mine, überall, wo Tod oder Verderben drohen, wird die rote Flagge zur Warnung gehisst. Heute wird diese Fahne, die doch so vollkommen symbolisch ist, von denen, die davon träumen, die Welt zu übernehmen, um sie zu weltweiten Massakern und ins Nichts zu führen, entfaltet und den unwissenden Massen aufgezwungen.

Sie ist also das Emblem des Ruins, der Unruhen, der Störungen, des Chaos, der sozialen Zerrüttung und des menschlichen Elends: 200 Millionen Leichen des internationalen Kommunismus folgen dieser Flagge. Sie ist in Wirklichkeit die Fahne der internationalen jüdischen Finanzwelt und wurde zuerst von Rothschild aufgehängt. Sie wurde von Karl Marx als Banner der jüdisch-proletarischen Weltpolitik entfaltet.

Der erste der Rothschilds hieß Amschel Mayer. Er wohnte in Frankfurt am Main in Deutschland, wo er ein Geschäft als Münzsammler und -wechsler betrieb. Wenn er darauf hinweisen wollte, dass in seinem Geschäft ein Sonderverkauf stattfand, hängte er eine rote Flagge an die Tür. Die Leute, die in den Laden gingen, sagten: "Ich gehe zur roten Fahne". Als sich einmal ein Passant über die Flagge lustig machte, soll der Jude Amschel Mayer geantwortet haben: "*Diese Flagge wird eines Tages die Welt beherrschen*".

Der Initiator der internationalen Großfinanz änderte seinen Namen bald in Rothschild, was so viel wie "*rote Fahne*" (oder "*rotes Banner*") bedeutet. Nachdem die Juden die Welt von oben, durch die Finanzwelt, unter Kontrolle gebracht hatten, beschlossen sie, auch die Kontrolle von unten, durch das Proletariat, zu erlangen. Sie lancierten Karl Marx mit seiner sozialistischen und kommunistischen Bibel und finanzierten die großen internationalen Bewegungen, die daraus hervorgegangen waren. So wurde die rote Fahne der Hochfinanz auch zur Fahne des internationalen Proletariats. Ob die Eroberung der Völker durch die jüdische Finanzwelt oder durch die Internationalen unter jüdischer Kontrolle erfolgt, es sind immer die Juden, die gewinnen, und es ist immer die rote Fahne der jüdischen Herrschaft, die an die Stelle der Fahnen der Nationen tritt.

Und Legionen von Nichtjuden, die von den Juden als "*niederer Samen von Vieh*" (Zohar) betrachtet werden, folgen ekstatisch dieser roten Fahne ihrer Erniedrigung und Versklavung wie Schafe, die dumm ihren Schlächtern folgen. Es werden Anführer abgerichtet, um sie in Richtung dessen zu treiben, was sie für ihre "Freiheit" halten, d. h. die radikale und absolute Antithese zur wahren Freiheit.

Die rote Fahne der Rothschilds ist das Banner des Goldenen Kalbs, der Länderzerstörer, der Massenmörder in Spanien, Russland und Ungarn, die Fahne der Trotzkis, Bela Kuhns, Litvinoffs und Kaganowitschs (der die jüdischen Gefängnis- und KZ-Henker in der

UdSSR anführte: Frenkel, Yagoda, Firine, Apetter, Rappaport, Jejoff, Abramovici und etwa fünfzig andere jüdische Henker).

JUDEN UND LIBERALISMUS

"The sentinel"

In dieser jüdischen Zeitung vom 9. Juni 1936 schreibt Rabbiner Louis I. Newmann schrieb Folgendes: "*Juden müssen immer auf der Seite des Liberalismus stehen, jetzt und immer. Selbst wenn der Liberalismus zeitweise Rückschläge erleidet. Das Judentum hat nichts mit der Reaktion (Nationalismus) gemein, sondern alles in seiner Tradition ist liberal.*"

EIN INTERESSANTES BRITISCHES DOKUMENT ÜBER JUDEN

Im April 1919 wurde in London auf Befehl Ihrer Majestät ein Weißbuch mit dem Titel "*Russia N°1*" gedruckt, das 1919 als "*A Collection of Reports on Bolshevism in Russia*" veröffentlicht wurde. (Sammlung von Berichten über den Bolschewismus in Russland). Dieses offizielle Dokument wurde dem britischen Unterhaus vorgelegt. Dieses Dokument enthielt auf Seite 6 einen Bericht Seiner Exzellenz Herrn Oudendyk, Minister der Niederlande in Petrograd, der gleichzeitig in offizieller Funktion als Beschützer der britischen Untertanen und Interessen anstelle des von den Bolschewiken ermordeten britischen Vertreters, Kapitän Cromie, fungierte.

Auszug aus diesem offiziellen Bericht, datiert vom 6. September 1918, den Balfour am 18. September 1918 erhielt:

"*In Moskau hatte ich wiederholt Gespräche mit Schischerin und Karachan. Die gesamte Sowjetregierung ist auf das Niveau einer kriminellen Organisation gesunken. Die Bolschewiken haben sich in einen regelrechten kriminellen Wahnsinn gestürzt. Die Gefahr ist nun so groß, dass ich es für meine Pflicht halte, die britische Regierung und alle anderen Regierungen darauf aufmerksam zu machen, dass die gesamte Weltzivilisation stark gefährdet ist, wenn der russische Bolschewismus nicht sofort ausgerottet wird. Ich betrachte die sofortige Ausrottung des Bolschewismus als das größte Problem, das sich der Welt jetzt stellt, ganz abgesehen von dem Krieg, der derzeit tobt. Wenn der Bolschewismus nicht unverzüglich im Keim erstickt wird, wird er sich in der einen oder anderen Form in Europa und der ganzen Welt ausbreiten, da er von Juden ohne Nationalität organisiert und aufgebaut wird, deren einziges Ziel es ist, die bestehende Ordnung der Dinge für ihren speziellen Zweck zu zerstören. Die einzige Möglichkeit, diese Gefahr zu bannen, wäre eine kollektive Aktion aller Mächte."*

UNUMGÄNGLICHE FESTSTELLUNGEN

➢ Der chinesische kommunistische General Chen hieß Cohen.

➢ Der Organisator des Kommunismus in China hieß Crusenberg alias Borodin.

➢ Der Anführer der Marxisten in Italien war der Jude Claudio Trier.

➢ In Russland waren Lenin, Trotzki, Kerenski, Sinowjew, Radomilisky, Konstantinowitsch, Abramowici, Rosenblum, Litwinow, Lindé, Ravitch und Tausende andere sowjetische Führer Juden.

➢ In Ungarn wurde die revolutionäre Bewegung von 1919 von den Juden Bela Kuhn, Kunsi, Agoston, Peter Grunbaum, Weinstein usw. angeführt.

➢ In Bayern hatte die Revolution von 1918 Juden als Anführer: Kurt Eisner, Loewenberg, Rosenfeld, Koenigberg, Birbaum, Kaiser, Hoch.

➢ In Berlin waren es 1918 die Juden Lundsberg, Riesenfeld, Lewisohn, Moses, Rosa Luxemburg, Cohen, Reuss, Hodenberg.

➢ In München waren im April 1919 die Anführer Levine, Levien und Axelrod.

➢ In Hamburg, 1923, der Jude Sobelsohn (Karl Radek).

➢ In Brasilien brach 1936 ein marxistischer Aufstand aus. Die Anführer waren die Juden Rosenberg, Gardelsran, Gutnik, Keplanski, Goldberg, Sternberg, Jacob Gria, Weiss, Friedmann.

➢ In Spanien tauchten 1936 die Bela Kuhn, Neumann, Ginsburg, Julius Deutch, die Jüdin Nelken, Rosenberg, der

Botschafter der UdSSR, und der Jude Del Vayo, ein Delegierter des Völkerbunds, wieder auf.

➢ Eine ganze Schar von Juden aus Spanien saß den Massakern und Gräueltaten vor.

Genau wie in Russland... Tatsache ist, dass all diese kommunistischen Revolutionen, die zugunsten des Proletariats ausgelöst wurden, in der Praxis zu Massakern an Bauern und Arbeitern führten, die der jüdischen Sache geopfert wurden.

JÜDISCHER GROßBANKER LEGT SENSATIONELLES GESTÄNDNIS AB

Ende 1936 veröffentlichte der französische Botschafter, Graf de Saint-Aulaire, das Buch "*Genève contre la Paix*" (*Genf gegen den Frieden*) (Edition Plon). Darin berichtete er über die Aussagen, die ein großer jüdischer Bankier aus New York vor ihm in einem Café in Budapest, der Hauptstadt Ungarns, gemacht hatte, das der Jude Bela Kuhn gerade mit einer schrecklichen kommunistischen Revolution blutig gemacht hatte. Die Bank, von der hier die Rede ist, ist die Bank Kuhn, Loeb & Co. in New York, deren Direktoren Jacob H. Shiff, Otto H. Kahn und die Brüder Paul und Felix Warburg waren.

So steht es auf Seite 85 ff. in diesem Buch:

"Diese Situation erklärt, wie Bela Kuhns maskierte Verbündete nach seiner Niederlage in Budapest blieben und wie man sie an den Tischen der interalliierten Missionen antreffen konnte, von denen einige übrigens Mitglieder waren, was ihnen bei der Erfüllung ihrer anderen Mission sehr gelegen kam. Sie tranken bei den Alliierten genauso fröhlich Tokajer wie bei Bela Kuhn, und wenn sie mehr getrunken hatten, als kleine Kinder Milch trinken können, lösten sich ihre Zungen. Viele der jüdischen Revolutionäre, die aus Ungarn vertrieben worden waren, waren nach dem Waffenstillstand in amerikanischer Uniform zurückgekehrt.

Ich habe mir die Worte eines dieser Auguren gemerkt, dessen Tischnachbar ich bei einem dieser internationalen Abendessen war, die die beste Schule und die gefährlichste Klippe der Diplomatie sind. Er war einer der Direktoren einer großen Bank in New York geworden, einer derjenigen, die die bolschewistische Revolution finanzierten. Aber er war keiner dieser Bankiers, die wie ein Safe am Boden versiegelt waren, wie Louis Philippe über Casimir Perrier sagte. Er hatte in seinem Fachgebiet eine "Decke" und durchbrach sie gerne, um höhere Regionen zu erreichen.

Als guter Orientale drückte er sich in Bildern aus, denen er als Gehirnmensch intellektuelle Erweiterungen gab. Als ein Gast ihn fragte, "wie die Hochfinanz den Bolschewismus schützen könne, der ein Feind des Immobilienbesitzes sei, der die Voraussetzung für das Bankgewerbe wie auch für den Immobilienreichtum sei, der für dieses nicht weniger notwendig sei", leerte unser Mann, der für die Versorgung der Obdachlosen zuständig war, ein großes Glas Tokajer, nahm sich eine Auszeit, während er an seiner riesigen Fünf-Gold-Franc-Zigarre zog, und sagte: "Diejenigen, die sich über unser Bündnis mit den Sowjets wundern, vergessen, dass das Volk Israel das nationalistischste aller Völker ist, weil es das älteste, das einigste und das exklusivste ist. Sie vergessen, dass sein Nationalismus der heroischste ist, weil er den schrecklichsten Verfolgungen standgehalten hat.

Sie vergessen auch, dass es sich um den härtesten, immateriellsten Nationalismus handelt, da er über Jahrhunderte hinweg trotz aller Hindernisse ohne die Unterstützung eines Territoriums bestanden hat. Er ist ökumenisch und spirituell wie das Papsttum. Aber er ist zukunftsorientiert statt vergangenheitsorientiert und sein Reich ist hier auf Erden. Deshalb ist er das Salz der Erde, was ihn nicht daran hindert, wie man auf dem Boulevard sagt, der entsalzteste aller Nationalismen zu sein, d.h. der am meisten dekandierte, der am meisten entkleidete...".

Nachdem einige Gäste diese letzten Worte mit einem schlecht unterdrückten Lächeln quittiert hatten, antwortete dieser Weise aus Zion mit folgender Glosse: "Wenn ich sage, am meisten entblößt, meine ich, dass unser Nationalismus der trinkbarste von allen ist, der mit der meisten Flasche, der, den die anderen Völker am leichtesten mit Wonne und ohne Haarschmerzen aufsaugen. Um auf das Salz zu sprechen zu kommen: Kennen Sie das Gebot der Kabeljau-Salzer? Ich habe es auf der Bank von Neufundland gelernt. Hier ist es: Zu viel Salz verbrennt das Fleisch, zu wenig verdirbt es. Dasselbe gilt für den Geist und für die Völker. Wir wenden dieses Gebot weise an, wie es sich gehört, denn Salz ist das Sinnbild der Weisheit.

Wir mischen es diskret unter das Brot der Menschen und verabreichen es nur in Ausnahmefällen in ätzenden Dosen, wenn es darum geht, die Überreste einer unreinen Vergangenheit zu verbrennen, wie zum Beispiel im Russland der Zaren. Das erklärt schon ein wenig, warum uns der Bolschewismus gefällt: Er ist ein wunderbares Salzfass zum Verbrennen, nicht zum Konservieren. Aber abgesehen von diesem Sonderfall und über diesen hinaus kommunizieren wir mit dem integralen Marxismus in der Internationale, unserer Religion, weil er die Waffe unseres Nationalismus ist, eine Waffe, die abwechselnd defensiv und offensiv ist, Schild und Schwert.

Der Marxismus, werden Sie sagen, ist der Antipode des Kapitalismus, der uns ebenfalls heilig ist. Gerade weil sie Antipoden sind, liefern sie uns die beiden Pole des Planeten und ermöglichen es uns, die Achse zu bilden. Diese beiden Gegensätze finden, wie der Bolschewismus und wir, ihre Identität in der Internationale. Darüber hinaus treffen sich diese beiden Gegensätze, die sowohl in der Gesellschaft als auch in der Doktrin Antipoden sind, in der Identität desselben Ziels: die Erneuerung der Welt von oben, d.h. durch die Kontrolle des Reichtums, und von unten, d.h. durch die Revolution.

Jahrhundertelang wurde Israel vom Christentum getrennt, ins Ghetto gedrängt, um den Gläubigen die sogenannten Zeugen des alten Glaubens zu zeigen, in einer Erniedrigung, die, wie man sagte, die Sühne für den Gottesmord war. Das war es, was uns gerettet hat und durch uns die Menschheit retten wird. So haben wir unser Genie und unsere göttliche Mission bewahrt. Wir sind heute die wahren Gläubigen. Unsere Mission ist es, das neue Gesetz zu verkünden und einen Gott zu schaffen, d. h. den Begriff Gott zu reinigen und ihn zu verwirklichen, wenn die Zeiten vorbei sind. Wir läutern es, indem wir es mit der Vorstellung von Israel identifizieren, das sein eigener Messias geworden ist, was sein Kommen durch unseren endgültigen Triumph erleichtern wird. Das ist unser Neues Testament.

Wir versöhnen darin die Könige und Propheten, wie David den Prophetenkönig oder den Prophetenkönig, indem wir sie in seiner Person vereinen. Wir sind Könige, damit sich die Prophezeiungen erfüllen, und wir sind Propheten, damit wir nicht aufhören, Könige zu sein".

Daraufhin trank dieser Königsprophet ein weiteres Glas Tokajer.

Ein Skeptiker wandte ein: "Dieser Messias, dessen Propheten und Apostel ihr seid, besteht da nicht die Gefahr, dass ihr auch seine Märtyrer seid? Denn schließlich beraubt Ihr Nationalismus, so sehr er auch die anderen Völker beraubt. Wenn ihr den Reichtum verachtet, so verachtet ihr ihn nicht, und sei es nur als Mittel, nicht um zu genießen, sondern um Macht zu erlangen. Wie kann der Triumph der universellen Revolution, die den Kapitalismus zerstört und verneint, den Triumph Israels, der heiligen Arche desselben Kapitalismus, vorbereiten?"

"Ich weiß, dass Jerobeam in Dan und Bethel den Kult des Goldenen Kalbs begründet hat. Ich weiß auch, dass die Revolution in der Neuzeit die Hohepriesterin dieses Kults und die fleißigste Versorgerin seiner Tabernakel ist. Das Goldene Kalb steht zwar immer noch, aber sein bequemstes Podest ist das Grab der Imperien, und das aus zwei Gründen: Erstens ist die Revolution immer nur eine Verschiebung von Privilegien und damit von Reichtum. Was unser Goldenes Kalb nährt, ist jedoch nicht die Schaffung von Reichtum oder gar seine Ausbeutung, sondern vor allem seine Mobilisierung, die Seele der Spekulation. Je öfter sie die Hände wechseln, desto mehr bleibt in unseren Händen. Wir sind Kuriere, die Provisionen auf jeden Handel kassieren, oder, wenn Sie es vorziehen, Mautbeamte, die die Kreuzungen der Welt kontrollieren und eine Steuer auf alle Bewegungen des anonymen und vagabundierenden Reichtums erheben, ob diese Bewegungen nun Transfers von einem Land zum anderen oder das Schwanken zwischen den Kursen sind. Dem ruhigen und eintönigen Lied des Wohlstands ziehen wir die leidenschaftlichen und abwechselnden Stimmen von Hausse und Baisse vor. Um sie zu erwecken, gibt es nichts Besseres als die Revolution, wenn nicht sogar den Krieg, der eine Form der Revolution ist. Zweitens schwächt die Revolution die Völker und versetzt sie in einen Zustand des geringsten Widerstands gegen ausländische Unternehmen. Die Gesundheit unseres Goldenen Kalbs erfordert die Krankheit der Nationen, derjenigen, die in der Lage sind, sich aus eigener Kraft zu entwickeln. Im Gegenteil, wir sind solidarisch mit den großen modernen Staaten wie Frankreich, den Vereinigten Staaten, England und Italien, die an diesem Tisch vertreten sind, die uns eine großzügige

Gastfreundschaft gewährt haben und mit denen wir für den Fortschritt der Zivilisation zusammenarbeiten.[28]

Aber nehmen wir zum Beispiel die Vorkriegstürkei, den "kranken Mann", wie ihn die Diplomaten nannten. Dieser kranke Mann war ein Element unserer Gesundheit, da er uns mit Konzessionen aller Art, Banken, Minen, Häfen, Eisenbahnen usw. verschwenderisch umging.

Sein gesamtes Wirtschaftsleben war uns anvertraut: Wir pflegten ihn so gut, dass er daran starb, zumindest in Europa. Aus der Sicht der Anhäufung von Reichtum zur Erfüllung unserer Mission brauchen wir einen weiteren kranken Menschen. Das wäre, abgesehen von höheren Erwägungen, schon Grund genug gewesen, das alte Russland mit dem Bolschewismus zu impfen. Jetzt ist es der kranke Mann der Nachkriegszeit, der viel nahrhafter ist als das Osmanische Reich und sich noch weniger verteidigen kann. Hier ist sie reif für ein weiteres Festmahl. Bald wird es eine Leiche sein, wir werden nur noch die Mühe haben, sie zu häuten".

Am anderen Ende des Tisches lauerte ein Glaubensbruder, ein Enfant terrible der Synagoge, auf den richtigen Moment, um sein Wort zu platzieren: "Man hält uns für Raubvögel, dabei sind wir eher Aasfresser".

Ja, wenn Sie darauf Wert legen", erwiderte der Bekenner des neuen Gesetzes. Aber fügen Sie hinzu, dass wir es zum Wohle der Menschheit tun, für ihre moralische Gesundheit, so wie andere Vögel in Ländern mit rudimentärer Straßenreinigung für die öffentliche Gesundheit sorgen. Fügen Sie auch hinzu, dass unsere wesentliche Dynamik sowohl die Kräfte der Zerstörung als auch die der Schöpfung nutzt, aber erstere verwendet, um letztere zu nähren. Was waren Länder wie die alte Türkei, das alte Russland und sogar in geringerem Maße das alte Ungarn mit seinem Feudalsystem und seinen Latifundien? Sie waren gelähmte Glieder, die alle Bewegungen der Welt behinderten; sie waren Embolien Europas,

---

[28] Diese wunderbare Zusammenarbeit hat nicht verhindert, dass Rothschild, Freud, Marx, Einstein, Picasso und Co. das christliche Abendland auf die extremste Degeneration und die Superverbrechen der Menschenfeindlichkeit reduziert haben: Arbeitslosigkeit, Drogen, Pornografie, Jugendselbstmord, Chemisierung von Lebensmitteln und Therapeutika, ökologischer Zusammenbruch, Artensterben, Aids, Hiroshima, Tschernobyl etc.

das an ihnen sterben konnte, Blutgerinnsel, die lebenswichtige Gefäße verstopften. Indem wir sie auflösen, geben wir sie dem kreisförmigen Strom des gesamten Körpers zurück. Wenn bei der Operation ein paar Tropfen verflüssigtes Blut herausspritzen, warum sollte uns das stören? Das ist der winzige Preis für eine große Wohltat. Jemand hat einmal gesagt: "Wir sind revolutionär, weil wir selbst konservativ sind".

Bei der Gestaltung der neuen Welt beweisen wir unsere Organisation für die Revolution und für die Erhaltung durch diese Zerstörung, den Bolschewismus, und durch diesen Aufbau des Völkerbundes, der auch unser Werk ist, wobei das eine das Beschleunigungs- und das andere das Bremsmittel der Mechanik ist, deren Motor und Lenkung wir sind. Das Ziel? Es wird von unserer Mission geprägt. Israel ist eine synthetische und homogene Nation. Sie besteht aus Elementen, die in allen Teilen der Welt verstreut sind, aber in der Flamme unseres Glaubens an uns selbst verschmolzen sind. Wir sind eine SDN, die alle anderen zusammenfasst. Das qualifiziert uns dazu, sie um uns herum zu vereinen. Man wirft uns vor, wir seien ihre Auflöser. Das sind wir nur in den Punkten, die sich dieser Synthese widersetzen, deren Beispiel und Mittel die unsere ist. Wir trennen die Oberfläche nur, um in der Tiefe die Affinitäten zu wecken, die sich gegenseitig ignorieren. Wir sind das größte gemeinsame Trennende der Völker nur, um das größte gemeinsame Verbindende zu werden. Israel ist der Mikrokosmos und der Keim der zukünftigen Stadt".

Dieser Text verdient eine tiefe Meditation. Er ist schlichtweg atemberaubend.

Dr. Oscar Lévy, Jude:

"Wir Juden haben die Goyim in eine neue Hölle geführt".

1920 veröffentlichte der englische Schriftsteller Pitt-Rivers vom Worcester College in Oxford ein Pamphlet mit dem Titel: *"Weltbedeutung der Russischen Revolution"*. Herausgeber war Basil Blackwell in Oxford. Dr. Oscar Levy, der in literarischen Kreisen hoch angesehen war, schrieb ein Vorwort zu diesem Werk.

Ich bin noch nie einem unglaublichen und perfekten Geständnis begegnet, das von einem Juden geschrieben wurde. Kein Nichtjude, nicht einmal ein Céline, wäre in der Lage, ein solches Maß an Klarheit zu erreichen. Dies soll sagen, dass alles jüdisch ist, sogar die perfekteste und vollendetste Form des Antisemitismus (Antijuivismus, sollte man sagen).

Nur die große Simone Weil machte in ihrem Buch "*La pesanteur et la Grâce*" im Kapitel "Israel" eine bemerkenswerte Kritik von unübertrefflicher metaphysischer Höhe. Kein Nichtjude hat es in Sachen Antijudaismus auf ein solches Niveau gebracht...

Hier die wichtigsten Punkte:

"*Der Bolschewismus ist eine Religion und ein Glaube. Wie konnten diese halbbekehrten Gläubigen davon träumen, die "wahren" und "treuen" ihres eigenen Glaubens zu besiegen, diese heiligen Kreuzritter, die sich um die rote Fahne des Propheten Karl Marx geschart hatten und unter der kühnen Führung dieser erfahrenen Offiziere der letzten Revolutionen gekämpft hatten: die Juden?*

Es gibt in dieser Welt keine rätselhaftere, schicksalhaftere und daher interessantere Rasse als die der Juden. Jeder Schriftsteller, der wie Sie vom Anblick der Gegenwart bedrückt und von seiner Angst vor der Zukunft verlegen ist, muss versuchen, die Judenfrage und ihre Bedeutung für unsere Zeit zu klären.[29]

Denn die jüdische Frage und ihr Einfluss auf die alte und moderne Welt taucht in die Wurzel aller Dinge ein und muss von jedem ehrlichen Denker diskutiert werden, egal wie groß die Schwierigkeiten sind, die sie mit sich bringt, wie komplex das Thema ist, ebenso wie die Individuen dieser Rasse.[30]

Sie enthüllen mit großem Eifer die Beziehung zwischen dem Kollektivismus der unermesslich reichen internationalen Finanzwelt - der Demokratie der Geldwerte, wie Sie sie nennen - und dem internationalen Kollektivismus von Karl Marx und Trotzki. Und all diese wirtschaftlichen und politischen Übel und Missstände

---

[29] So etwas ist im Jahr 2000 unmöglich: Jüdische Rassistengesetze verbieten jeden Kommentar, jede Wahrheit, die für sie ungünstig ist. Wir befinden uns in einem überholten Koma.

[30] Erinnern wir uns noch einmal an diese neue, unbekannte Lehre: Es gibt keine Rassen, sondern nur Ethnien, die das Ergebnis der hormonellen Anpassung an eine feste Umgebung sind. Das jüdische Problem rührt ausschließlich von der Beschneidung am achten Tag her, dem einzigen gemeinsamen Nenner, der einen in Zeit und Raum konstanten Partikularismus wiedergibt.

*führen Sie auf eine einzige Quelle zurück, einen einzigen "*fons et origo malorum*": die Juden.*

Nun! Andere Juden könnten Sie für diese energische Äußerung Ihrer Meinung schmähen und kreuzigen. Ich für meinen Teil werde nicht in den Chor der Verurteilung einstimmen, die sie Ihnen auferlegen würden.

Zunächst einmal muss ich Folgendes sagen: Es gab kaum ein Ereignis im modernen Europa, das nicht bis zu den Juden zurückverfolgt werden konnte. Alle Ideen und Bewegungen der Neuzeit entsprangen einer jüdischen Quelle, und zwar aus dem einfachen Grund, dass die semitische Idee schließlich unser Universum erobert und vollständig unterworfen hat. Es besteht kein Zweifel daran, dass die Juden in allem, was sie tun, die Gojim besser oder schlechter machen, und es besteht kein Zweifel daran, dass ihr Einfluss heute eine sehr sorgfältige Untersuchung rechtfertigt, und es ist nicht möglich, diesen Einfluss ohne ernsthafte Alarmmeldungen zu betrachten. Wir Juden haben uns geirrt, mein Freund, wir haben uns sehr schwer geirrt. Heute gibt es nur noch Falschheit und Wahnsinn. Ein Wahnsinn, der noch größeres Elend und noch tiefere Anarchie hervorbringen wird.

Ich bekenne es Ihnen offen und ehrlich, mit dem Kummer, dessen Tiefe und Schmerz in unserer brandgeschädigten Zeit nur ein ehemaliger Psalmist ermessen könnte. Wir haben als Retter der Welt posiert, wir hatten uns sogar damit gebrüstet, euch "den Erlöser" gegeben zu haben, doch heute sind wir nur noch die Verführer der Welt, ihre Zerstörer, ihre Brandstifter, ihre Hinrichter. Wir hatten versprochen, euch in ein neues Paradies zu führen, und letztlich haben wir euch nur in eine neue Hölle geführt. Es gab keinen Fortschritt, zumindest keinen moralischen, und es ist nur unsere Moral, die jeden wirklichen Fortschritt verhindert hat und, was noch schlimmer ist, die den Weg für jeden zukünftigen und natürlichen Wiederaufbau in unserer ruinierten Welt versperrt. Ich schaue auf diese Welt und erschaudere bei dem Anblick ihres Grauens, ich erschaudere umso mehr, als ich die geistigen Urheber all dieses Grauens kenne.

Aber diese Autoren selbst, die hierbei wie bei allem, was sie tun, unbewusst sind, wissen noch nichts von dieser erstaunlichen Enthüllung. Während Europa in Flammen steht, während seine Opfer stöhnen, während seine Hunde nach der Feuersbrunst heulen, während seine Rauchschwaden in immer dichteren und dunkleren Schichten auf unseren Kontinent niedergehen, versuchen die Juden, oder zumindest einige von ihnen, und zwar nicht die unwürdigsten, aus dem brennenden Gebäude zu entkommen, in dem Wunsch, von Europa nach Asien, von der unheimlichen Bühne unserer Katastrophe, in den sonnigen Winkel Palästinas zu gelangen. Ihre Augen sind verschlossen für das Elend, ihre Ohren sind taub für Klagen, ihre Herzen sind abgehärtet für die Gesetzlosigkeit Europas. Sie empfinden nur noch ihren eigenen Kummer, sie denken nur noch an ihr eigenes Schicksal, sie seufzen nur noch unter ihrer eigenen Last."[31]

HIER IST EIN GRAUSAMES DOKUMENT:

Während die Juden die Weltkriege anzetteln, verursacht dieser Artikel Übelkeit "*The Sentinel*", eine jüdische Wochenzeitung aus Chicago, veröffentlichte am 24. September 1936 den Bericht der Zentralkonferenz der amerikanischen Rabbiner. Sie fassten den Beschluss, die Regierung der Vereinigten Staaten aufzufordern, Juden, die aus Gewissensgründen den Krieg ablehnen, von ihrer Wehrpflicht zu befreien.

Daher ist es für sie gut, Kriege anzuzetteln, sie aber von den Gojim führen zu lassen.

Auf diese Weise wird die gesamte nichtjüdische Elite dezimiert, wie es 1914-18 genau der Fall war.

DER GROßE BESITZ VERNICHTET DEN KLEINEN

In der "*Neuen Internationalen Revue*" vom Januar 1897 sagte uns der große Jude Theodor Herzl: "*Die Agrarfrage ist nur eine Frage der Maschinen. Amerika muss Europa besiegen, so wie der*

---

[31] Der ekelhafte Höhepunkt dieser Psychologie ist der arithmetisch-technische Unsinn vom Holocaust, der als Hebel für eine internationale Erpressung dient, obwohl wir wissen, dass Zyklon B völlig ungeeignet ist, um 1000 oder 2000 Menschen auf einmal zu vergasen; und dass die Zahl von sechs Millionen (ein Land wie die Schweiz!) durch das American Jewish Year Book widerlegt wird, das die Zahl der Juden im besetzten Europa 1941 auf 3.300.000 festlegt. (Viele verließen das Land nach diesem Datum!).

Großgrundbesitz den Kleingrundbesitz vernichtet. Der Bauer ist ein Typus, der zum Aussterben bestimmt ist".

DIE WAHREN VÖLKERMORDE DER GESCHICHTE

Juden sprechen nie über die grausamen Massaker der Geschichte. Es ist unerhört, dass ständig von den *"Sechs Millionen"* (wahr oder falsch) gesprochen wird, aber nie von den 80 Millionen Gojim, die in der UdSSR von einem quintessenziell jüdischen Regime ausgerottet wurden (200 Millionen Opfer kommunistischer Regime weltweit).

Im Altertum wurden unter Ahasveros 70.000 Gojim auf Betreiben der Juden ausgerottet. Sie feiern diese große Tat mit dem Purimfest. Am Vorabend des Auszugs aus Ägypten wurden alle Erstgeborenen der ägyptischen Familien abgeschlachtet. Bei der Geburt Christi schlachteten die Juden in ganz Palästina die heiligen Unschuldigen ab, in der Hoffnung, das Gottkind zu töten. Sie Pontius Pilatus die Verurteilung Christi. Sie steinigen den heiligen Stephanus und lassen die Apostel abschlachten. Nero hatte den Juden Attilius als seinen ersten Berater und die Jüdin Poppea als seine Favoritin: Sie verleiteten ihn dazu, Hunderttausende von Christen zu ermorden. Das jüdische Buch *"Sepher Juchasin"* (Amsterdam 1919) berichtet, dass zur Zeit von Papst Clemens I. (89-97) die Juden in Rom und Umgebung *"eine zahllose Menge von Christen wie den Sand am Meer"* töteten.

Dion Cassius, der große Historiker des Altertums, schreibt in seiner *"Römischen Geschichte"* (Übersetzung Anthoine de Bandole, 1660): *"Während dieser Zeit töteten die Juden, die an der Küste von Kyrene wohnten, mit einem gewissen Andreas als Hauptmann alle Griechen und Römer, aßen ihr Fleisch und ihre Eingeweide, badeten in ihrem Blut und kleideten sich mit ihrer Haut.*

Sie töteten einige von ihnen sehr grausam, indem sie sie vom Scheitel bis zur Mitte des Körpers absägten. Sie warfen sie den Tieren vor und zwangen die anderen, gegeneinander zu kämpfen. Sie töteten 220 000 von ihnen. Ähnliche Grausamkeiten übten sie auch in Ägypten und auf der Insel Zypern aus, wobei sie einen gewissen Artemion als Anführer und Lenker ihrer Grausamkeiten hatten. Auf der Insel Zypern schlachteten sie 240 000 Menschen ab, weshalb es einem Juden nicht mehr erlaubt ist, dort hinunterzugehen.

Edward Gibbon bestätigt in seiner berühmten historischen Studie *"History of the Decline and Fall of the Roman Empire"* (1776): *"In Kyrene massakrierten sie 220 000 Griechen. Auf der Insel Zypern schlachteten sie 240 000 Menschen ab und in Ägypten eine große Menge. Die meisten dieser unglücklichen Opfer wurden gemäß der Vorstellung, die David durch sein Verhalten zugelassen hatte, in zwei Teile zersägt".*

Aus dem jüdischen Buch *"Sepher Hodoroth"* erfahren wir, dass Rabbenu Jehuda in der Gunst des Kaisers Antoninus des Frommen stand. Er nannte ihm die Bosheit der Nazarener (Christen) als Ursache für eine Seuche und erreichte, dass im Jahr 3915 (155 n. Chr.) alle Nazarener, die sich in Rom aufhielten, hingerichtet wurden. Aus demselben Buch erfahren wir, dass es dem Einfluss der Juden zu verdanken war, dass Mark Aurel im Jahr 177 n. Chr. alle Nazarener abschlachten ließ, die er finden konnte. Unter ihnen befanden sich auch der heilige Pothin und siebenundvierzig seiner Anhänger, darunter die heilige Blandine und die Christen Macturus und Sanctus. Es lehrt uns auch, wie die Juden unter dem Ungeheuer Caracalla, *"der wilden Bestie von Ansonien"*, ihr Unwesen treiben konnten. Das Buch sagt uns, dass die Juden im Jahr 3974 (214 n. Chr.) 200.000 Christen in Rom und alle Christen auf Zypern töteten.

Das *"Sepher Juchasin"*, das jüdische Buch, berichtet uns auch (Seite 108), dass *"Diokletian auf Wunsch der Juden eine große Anzahl von Christen tötete, darunter die Päpste Caius und Marcellinus sowie Caius' Bruder und seine Schwester Rosa."*

Mohammed wurde von einer Jüdin vergiftet.

Juden ermordeten Zar Nikolaus II. und seine gesamte Familie. Alexander von Jugoslawien und Louis Barthou wurden von dem Juden Peter Kalmen ermordet, Huey Long von dem Juden Weiss, Erzherzog Franz Joseph von dem Juden Princip, Erzherzog Rudolf von Habsurg von einer Jüdin. Es gab zahlreiche jüdisch-freimaurerische Morde: an Zar Alexander II, dem schwedischen König Gustav III, Ludwig XVI. und seiner Familie, Pellegrino Rossi, dem Minister von Pius IX, Garcia Moreno, dem Präsidenten von Ecuador, König Carlos von Portugal, Präsident Paul Doumer, dem Marquis de Morès, dem Berater Prince, Präsident Felix Faure, Präsident Abraham Lincoln, Premierminister Stolypin, Graf Tisza...

Wir haben erwähnt, dass die Juden Bela Kuhn und Szamuely im Jahr 1918 innerhalb von drei Monaten 30.000 Christen massakrierten.

Die größten politischen Massaker der Weltgeschichte fanden jedoch im bolschewistischen Russland statt: unter der Herrschaft der Juden, zu denen wir Trostky, Sverdloff, Sinowieff, Kameneff, Litwinow, Jagoda, Joffe, Kaganowitsch (Stalins Schwager), Karachan, Lewin, Rappaport, Parvus-Halphand, Radek-Sobelsohn, Garine usw. zählen.

Ermordet wurden, oft unter grausamen Bedingungen: 1,9 Millionen Bischöfe, Priester, Prinzen, Adlige, Armee- und Polizeioffiziere, Bürger, Lehrer, Ingenieure, Arbeiter und Bauern, die in 18 Monaten gemartert wurden. Dreißig Millionen Tote durch Hunger und Epidemien aufgrund künstlich erzeugter Hungersnöte seit 1917 (Quelle: Internationales Rotes Kreuz, Dr. Fritjof Nansen).

Unter den Juden Kurt Eisner und den Levine-Brüdern wurden die Geiseln im bayerischen München massakriert.

In Spanien fand während des Bürgerkriegs ein riesiges jüdisch-kommunistisches Massaker statt: 400 000 Christen wurden hinter den Feuerlinien ausschließlich wegen ihres religiösen und nationalen Glaubens von den Juden Zamorra, Azana, Rosenberg massakriert.

In China ein riesiges jüdisch-kommunistisches Massaker, das in den kommunistisch kontrollierten Provinzen innerhalb von 15 Jahren 15 Millionen Chinesen das Leben kostete.

Dies ist nur ein kleiner Ausschnitt dieser Schrecken. All dies ist bei weitem nicht vollständig.[32] Das Leben der Heiligen, die Geschichte des Altertums, des Mittelalters und der Neuzeit sind voll davon. Als die Juden bestraft wurden, erlitten sie nicht einmal ein Zehntel des Übels, das sie den Völkern, die sie aufgenommen hatten, zugefügt hatten.

In der objektiven Weltgeschichte erscheinen die Juden als ein Volk grausamer Verfolger und nicht als eine verfolgte Minderheit, obwohl ihre Übergriffe in den Gastländern systematisch zu Pogromen und Vertreibungen geführt haben, und zwar in allen

---

[32] Ich besitze eine umfangreiche Dokumentation der Opfer dieses jüdischen Krieges von 39-45 und nach dem Krieg in Europa, ganz zu schweigen von den Negern in der Sklaverei, die in Afrika gefangen genommen wurden und zu Millionen starben, in einem Handel, der ausschließlich von Juden organisiert wurde (Siehe auch Prof. Shahak zu diesem Thema).

Ländern, in denen sie gelebt haben, und zu allen Zeiten, ohne Ausnahme. Die Juden versuchen, uns vom Gegenteil zu überzeugen, aber die Tatsachen sind da und werden oft durch die jüdische Tradition und die jüdischen Bücher selbst bestätigt.

INTERESSANTES DOKUMENT ÜBER DIE KONVERSION VON OBERRABBINER NEOFIT

Dieser Oberrabbiner konvertierte zum Christentum und wurde Mönch. Er veröffentlichte 1803 in moldawischer Sprache "*Das christliche Blut in den israelitischen Riten der modernen Synagoge*". Das Buch wurde 1833 ins Griechische übersetzt. Auf Seite 33 heißt es dort wie folgt:

"*Dieses schreckliche Geheimnis ist nicht allen Juden bekannt, sondern nur den Chakam* (Doktoren in Israel) *und den Rabbinern, die den Titel* "Bewahrer des Blutgeheimnisses" *tragen.*

Diese teilen es mündlich den Familienvätern mit, und diese wiederum vertrauen das Geheimnis demjenigen ihrer Söhne an, der ihnen am vertrauenswürdigsten erscheint, und fügen demjenigen, der das Geheimnis verrät, schreckliche Drohungen hinzu".

Der konvertierte Rabbi berichtet weiter:

"*Als ich dreizehn Jahre alt war, nahm mich mein Vater in einem dunklen Raum beiseite und nachdem er mir den Hass gegen Christen als etwas Jehova Angenehmes dargestellt hatte, sagte er mir, dass unser Gott uns befohlen habe, christliches Blut zu vergießen und es für rituelle Zwecke zu reservieren. Mein Sohn*", *sagte er und küsste mich,* "*jetzt, da du im Besitz dieses Geheimnisses bist, bist du mein engster Vertrauter geworden, wirklich ein anderer von mir! Dann setzte er mir eine Krone auf den Kopf und erklärte mir das Geheimnis des Blutes, das Jehova einst den Hebräern offenbarte. Von nun an werde ich das wichtigste Geheimnis der israelitischen Religion hüten. Es wurden schreckliche Flüche und Drohungen gegen mich ausgesprochen, falls ich dieses Geheimnis jemals meiner Mutter, meinen Brüdern, meinen Schwestern oder meiner zukünftigen Frau verraten würde. Ich sollte es nur demjenigen meiner Söhne offenbaren, der am besten in der Lage wäre, es zu bewahren. Auf diese Weise würde das Geheimnis vom Vater auf den Sohn über die Generationen bis in die nächsten Jahrhunderte weitergegeben werden.*

Zwei interessante Zitate des Juden Zinovieff

Die erste wurde in der bolschewistischen Zeitung *"Die Gazette"* veröffentlicht, die zweite in der Petrograder *"Nordkommune"* vom 18. September 1918: *"Wir werden unsere Herzen grausam, hart und unbarmherzig machen, damit keine Gnade in sie eindringen kann und sie nicht vor einem Ozean aus feindlichem Blut erzittern. Wir werden die Schleusen dieser blutigen Flut loslassen. Ohne Gnade und ohne Erbarmen werden wir unsere Feinde zu Tausenden töten. Wir werden sie in ihrem eigenen Blut ertränken. Wir werden es von der russischen Bevölkerung wegspülen: 90 Millionen stehen unter der Macht der Sowjets; den Rest werden wir ausrotten."*

Hinweis: Im *"Schwarzbuch des Kommunismus"* wird die Zahl der Opfer des russischen Kommunismus auf 80 Millionen geschätzt.

Jüdisches Gold, Herrscher der Welt

Die Juden kontrollieren alle Medien: Verlage, Presse, Radio, Fernsehen... Sie sind daher pseudodemokratische Propagandainstrumente, denn nur dieses Regime sichert ihre Hegemonie, die ihnen kein traditionelles Regime zugestehen würde.

Sie kontrollieren also die Massen und die Politiker, die zu ihnen gehören (echte Elite würde das Diktat des Wahlzettels oder die Teilnahme an so dämlichen Wettbewerben wie der Agregation oder der ENA akzeptieren). Sie haben die vollständige Kontrolle über das Kino: Propaganda, Gewalt, Sex, Verfälschung aller Grundwerte, die das Wesen des Menschen ausmachen.

Sie kontrollieren die Mode: Homosexuelle werden dazu angehalten, jeglichen ästhetischen Sinn zu pervertieren, selbst auf der elementaren Ebene der Kleidung. Die Jugendlichen von heute sind bluejeansfarbene, kartoffelige und bunte Kuhhirten. Frauen werden kleidungstechnisch und psychologisch hommassisiert.

Die Juden kontrollieren das Gold und seine Manipulation, die den Kurs und den Wert der nationalen Währungen festlegt. Zu nennen sind: Rothschild, Bleichroeder, Kuhn, Loeb & Cie, Japhet, Seligmann, Lazard und andere. In diesem Jahrhundert kontrollierten die Sassoons das Opium in der ganzen Welt. Heute verwaltet die jüdische Hochfinanz die Drogen.

➤ Alfred Mond (*Lord Melchett*) kontrolliert das Nickel.

➢ Louis-Louis Dreyfus kontrolliert den Weizen.

Die Juden kontrollieren die drei von ihnen gegründeten proletarischen Internationalen. Die Juden kontrollieren die Geheimgesellschaften: Freimaurerei, Bilderberger, CFR, Trilaterale, in denen alle Politiker versklavt sind, die meist auch Mitglieder dieser Organisationen sind. Die Juden kontrollieren die UNO, wie sie früher den Völkerbund kontrollierten (siehe Dokument am Ende des Buches). Die Juden üben direkt oder indirekt einen gewaltigen Einfluss auf die Regierungen der westlichen Nationen aus. (direkt: England: Hore-Belisha, Sassoon etc. Frankreich: Léon Blum, Jean Zay, Georges Mandel-Rothschild, Pierre Mendès-France, Michel Debré, Laurent Fabius usw.).

➢ Vereinigte Staaten: Morgenthau, Perkins, Baruch, Colonel House usw. 1999 waren zehn der Berater des US-Präsidenten Juden.

➢ Belgien: Vandervelde, Hymans, etc.

➢ Russland: Kaganowitsch und praktisch alle, die die Revolution mit ihren Gulags und Hinrichtungen gemacht und verwaltet haben.

Was den indirekten Einfluss betrifft, so ist dieser ideologischer und finanzieller Natur.

Die "*Jewish Encyclopedia*", die von einem Komitee von Juden verfasst wurde, liefert uns eklatante Details über das Wirtschaftsleben dieses Jahrhunderts und ihre Macht. Seit Beginn des Industriezeitalters wurden die Staatsanleihen und die Anleihen der großen Unternehmen, z. B. der Eisenbahnen, von den Juden finanziert. Seit Beginn des 19. Jahrhunderts haben sie die Vorherrschaft im internationalen Finanzwesen.

Auch hier erfahren wir, dass die Sterns und Goldsmids fast ausschließlich Portugal finanzierten. Baron Hirsh finanzierte die Eisenbahnen in der Türkei. Die Rothschilds die von Frankreich. Strousberg die von Rumänien. Poliakov, Speyer & Cie die von Russland. Kuhn Loeb & Cie, nicht zu vergessen ein bedeutender Teil des amerikanischen Eisenbahnnetzes.

Das vielleicht größte zeitgenössische Unternehmen, das von Juden finanziert wurde, so berichtet uns die Encyclopedia, war der große Nildamm, der von Sir Ernest Cassel finanziert wurde.

Bereits 1902, so gaben die Juden zu, kontrollierte ihr Stamm die Vorherrschaft auf dem internationalen Markt in den wichtigen Ländern. *"Die Aktivität der Juden auf dem internationalen Markt steht in direktem Zusammenhang mit ihrer Arbeit als Makler für ausländische Wertpapiere, mit der weltweiten Bewegung der Edelmetalle, die zum größten Teil in ihren Händen liegen".*

Ebenfalls in der Encyclopedia: Die Rothschilds kontrollieren Quecksilber, Barnato Frères und Werner, Bett & Co. kontrollieren Diamanten (Aus späterer Zeit wissen wir, dass Oppenheimer Diamanten in Südafrika kontrollierte).

Lewisohn und Guggenheim kontrollieren das Kupfergeschäft und in erheblichem Maße auch den Silbermarkt. Man kann hinzufügen, dass die Interessen Graustein und Dreyfus den Markt für Holzzellstoff und Papier kontrollieren.

Die Macht eines einzelnen jüdischen Finanziers lässt sich wie folgt messen, immer der Jüdischen Enzyklopädie entnommen: Es handelt sich um das Beispiel von Jacob-H. Schiff, der Lenin und Trotzki 1917 finanzierte. Unter der Leitung von Schiff führte seine Firma um 1897 den finanziellen Wiederaufbau der Union Pacific Railroad durch. Im Jahr 1901 begann er einen Kampf gegen die Grand North Company um den Besitz der Northern Pacific Railway. Dies führte zu einer Panik an der Börse (9. Mai 1901), in der die Firma Loeb, Kuhn & Cie den Markt in ihrer Hand hielt. Schiffs Mäßigung und Weisheit in dieser Situation verhinderten eine Katastrophe und führten dazu, dass seine Firma den größten Einfluss in der Finanzwelt der Eisenbahnen hatte. Sie kontrollierte mehr als 22.000 Eisenbahnmeilen und $1.321.000.000 an Lagerbeständen für Eisenbahnmaterial. Er finanzierte große Emissionen der Union Pacific der Pennsylvania Railroad, der Baltimore & Ohio, der Norfolk & Western, der Western Union Telegraph und mehrerer anderer. Sie finanzierte und zeichnete teilweise die drei großen Kriegsanleihen Japans in den Jahren 1904 und 1905.

Das gesamte Kapital der kanadischen Banken zusammengenommen, das die Ersparnisse von Millionen Kanadiern darstellte, reichte nicht einmal an die Hälfte des Vermögens dieser jüdischen Bank heran, das das Vermögen von fünf Personen darstellte.

Während die jüdischen Agitatoren die Zerstörung der nationalen Banken fordern, die die Ersparnisse der Kanadier verwahren, sprechen sie nie von der Zerstörung jener monströsen internationalen Banken, die Revolutionen und den Kommunismus finanzierten.

Aus der jüdischen Enzyklopädie erfahren wir auch, dass das Haus Sasoon, die Rothschilds des Orients, das Monopol auf dem Opiummarkt der Welt besitzt, in Asien riesige Monopole für Textilien, Spinnereien, Färbereien, Seide, Baumwolle usw. kontrolliert, ganz zu schweigen von mächtigen Organisationen für Banken, Versicherungen, Maklergeschäfte, Handel usw. Die Rothschilds des Orients haben auch eine eigene Niederlassung in Kalkutta. Niederlassungen befinden sich in Kalkutta, Shanghai, Kanton, Hongkong, Yokohama, Nagasaki, Bagdad, etc.

Die jüdische Familie Pereire aus Frankreich ist laut der jüdischen Enzyklopädie in Spanien weit verzweigt und hat starke Interessen in vielen Ländern. Hier einige Unternehmen, die sie gegründet hat, an denen sie ein Monopol besitzt oder an denen sie beteiligt ist: Crédit Foncier de France, Société Générale du Crédit Mobilier, Chemin de Fer du Midi, Chemin de Fer du Nord de l'Espagne, Gaz de Paris, Omnibus de Paris, Compagnie Générale Transatlantique, Éclairage de Paris, Assurances Union und Assurances Phénix d'Espagne, Chantiers navals de Saint-Nazaire, Crédit Mobilier d'Espagne, Banque de Tunis, Banque Transatlantique, Chemin de fer Paris-Argenteuil-Auteuil, Cie des Quais de Marseille, Gaz de Madrid, Banque Ottomane Impériale, Eisenbahngesellschaften in der Schweiz, Russland, Österreich, Portugal, etc.

Die Familie Bischoffsheim aus Paris und Brüssel besitzt: die Société Générale, die Banque des Pays Bas, den Crédit foncier colonial, die Société du Prince Impérial, die Banque Franco-Égyptienne, die Union du Crédit (Brüssel), das Comptoir des prêts sur marchandises (Antwerpen), die Union du Crédit (Lüttich), die Banque Nationale, etc.

Die Familie Strauss aus New York kontrolliert mehrere Banken und Finanzinstitute, die Geschäfte von R.H. Macy, Töpfereien und Glaswaren (Quelle: Jüdische Enzyklopädie). Seligman Brothers aus New York, seit 1876 Finanzagent des Staatssekretariats der US-Kriegsmarine, waren an allen amerikanischen Staatsanleihen interessiert. Sie leiteten das Syndikat, das die Panamakanal-Anleihen in Amerika verteilte.

1879 absorbierten die Rothschilds und Jesse Seligman allein die Anleihe der US-Regierung in Höhe von 150.000.000 Dollar. Sie verwalteten in großem Maße die Finanzen des amerikanischen Bürgerkriegs zwischen Nord und Süd. 1877 weigerte sich Richter Hilton, Seligman und seine Familie aus rassistischen Gründen in seinem Grand Union Hotel in Saratoga zu empfangen. Es wird geschätzt, dass dieser Vorfall den Ruin des Geschäfts A.T. Stewart, der damals von Hilton geführt wurde und später in den Besitz von John Wanamaker aus Philadelphia überging. (Quelle: Jüdische Enzyklopädie).

Das gilt für alle Länder, ob es sich nun um die sagenhaft reichen Rothschilds handelt, die in der Lage sind, jede englische Regierung zu zerstören, die es wagt, sie herauszufordern, oder ob es sich um reiche internationale Bankiers wie:

Camondo	Fould	Montagu	Stern
Bleichroeder	Warschauer	Mendelssohn	Gunzburg
Japhet	Lazard	usw.	

Neben ihnen sind die Fords, die Mellons und die Carnegies finanzielle Zwerge. Die jüdische Presse berichtet uns nur von den christlichen Finanziers, verschweigt aber mit größter Sorgfalt die Namen und die unerhörte Macht dieser internationalen Erpresser. Ihre Macht steht in keinem Verhältnis zur jüdischen Bevölkerung und zur jüdischen Produktion.

Der Purzelbaum, den einige kleine Juden in der französischen Finanzkatastrophe von Panama, neben anderen berühmten Betrügereien, geschlagen haben, verdeutlicht die Größe der größten Haie:

- ➢ Die Insull-Brüder (55 Millionen)
- ➢ Staviski (450 Millionen)
- ➢ Lévy (120 Millionen)

Die Juden sind also die unangefochtenen Herrscher der globalen Hochfinanz.[33] Dies ermöglicht ihnen, ihre Kontrolle über die Lebensmittelpreise, internationale Organisationen aller Art, die Weltpropaganda und die Regierungen zu festigen. Es ist unmoralisch, dass eine einzige "Rasse"[34] auf diese Weise so viel Macht über alle Ethnien der Erde besitzt. Die Zeiten sind vorbei. Es gibt zwei Möglichkeiten: Entweder wird diese kolossale Krake vernichtet oder die Menschheit wird mit der Krake verschwinden. Sie ernährt sich von allen arbeitenden Völkern. Die lokalen Kontrollen der Judenheit (Alkohol, Pelze, Fleisch, Schlachthäuser, Möbel, Konfektion, Gastronomie, Gold, Nickel, Papier usw.) machen nur einen winzigen Teil ihrer Macht aus. Die größte Macht ist die, die die Masse nicht sieht, deren traurige Wirksamkeit aber jeden Tag vor unseren Augen aufbricht, wie die beiden Weltkriege, für die sie die volle Verantwortung tragen. (Versailler Vertrag, ausgehandelt von den Brüdern Warburg, die gleichzeitig die Kriegsparteien und die bolschewistische Revolution finanzierten, Kriegserklärung an Hitler im Jahr 1933 durch die amerikanische Judenschaft).

DER ZAR IM SCHLOSS DER ROTHSCHILDS

Der *"Canadian Jewish Chronicle"* vom 7. September 1935 berichtete: "*Die palastartige Residenz der Rothschilds befand sich stets in einem Zustand salomonischer Pracht, wie ihn kein Kalif hätte aufrechterhalten können, ohne sein Königreich in Armut zu stürzen. In der Tat wird mindestens die Hälfte der Schätze der Erde in den Gewölben der Rothschilds aufbewahrt. Rothschild übt seine Macht über Agenturen aus, die für andere Sterbliche unzugänglich sind. Könige fürchten ihn und die Festung Sewastopol wäre nie gefallen, wenn er sich für Russland eingesetzt hätte. Dieser Mann kontrolliert das Schicksal der Nationen: Er ist der Herr Israels".

---

[33] Ich plane für das Jahr 1999 ein Buch über den jüdischen Finanzier Soros: "*Ein Beispiel für die Auswirkungen der Beschneidung am achten Tag: der jüdische Finanzier Soros*".

[34] Mangels eines anderen Wortes. Das Wort "Sekte" würde besser passen. Wir wissen nämlich, dass die Juden weder eine Rasse noch eine ethnische Gruppe sind und dass ihre (hier finanzielle) Besonderheit ausschließlich von der Beschneidung am 8. Tag herrührt.

"TAG"

In der New Yorker *Judenzeitung* vom 9. April 1936 heißt es: "*Die Juden in Amerika bilden aufgrund ihrer Zahl, ihrer Interessen und ihrer Geschicklichkeit eine große politische Kraft. Sie gehört ihnen von Rechts wegen. Sie werden sie so einsetzen, wie sie es für richtig halten. Was werden Sie diesbezüglich tun?*"

"JUDEN MÜSSEN LEBEN"

In seinem Buch "*Juden müssen leben*" zögert der Jude Samuel Roth nicht, die Juden als "Rasse der Geier" zu bezeichnen, die alle anderen Nationen verfolgt. Der Fall von Samuel Roth ist durchaus erbaulich. Der New Yorker Jude, Autor und Buchhändler ließ 1934 bei der Golden Hind Press ein 320 Seiten starkes Buch mit Illustrationen von John Conrad herausgeben. Zuvor hatte er bereits zwei Bücher zur Verteidigung der Juden gegen Antisemiten veröffentlicht: "*Europe*" (Liveright, 1919) und "*Now and for Ever*" (Macbride, 1925). Durch die Untersuchung der Gründe, warum die Juden immer und überall unbeliebt waren, nachdem er sie geprüft und ihre Schläge erlitten hatte, änderte Roth seine Meinung um 180° und gab den Antisemiten völlig Recht. Sobald sein Buch erschienen war, griffen die Juden ihn heftig an und versuchten, ihn als verrückt hinzustellen. Es gelang ihnen nicht. Hier einige wichtige Auszüge aus seinem Buch

"*Disraeli warf das Wort in den Raum, dass die Völker die Juden haben, die sie verdienen. Man könnte auch sagen, dass die Juden die Feinde haben, die sie verdienen.*

Die Geschichte der Juden war tragisch, tragisch für die Juden selbst, aber nicht weniger tragisch für die Völker, die unter ihr litten.

Unser größtes Laster ist heute wie in der Vergangenheit das Trittbrettfahren.

Wir sind ein Volk von Geiern, das von der Arbeit und der guten Natur des Rests der Welt lebt. Aber trotz unserer Fehler hätten wir der Welt nicht so viel Schaden zugefügt, wenn unsere Anführer nicht von einem bösen Genie beseelt wären. Unser Parasitismus könnte einen guten Nutzen haben, wenn man ihn als den einiger parasitärer Keime betrachtet, die für den regelmäßigen Blutfluss in den Arterien wichtig sind. Die Schande Israels rührt nicht daher, dass wir Bankiers und die Kleidermacher der Welt sind, sondern von der gewaltigen Heuchelei und Grausamkeit, die uns von unseren Führern und von uns dem Rest der Welt auferlegt wird.

Das erste aller jüdischen Gesetze und dass die Juden leben sollen. Es ist gleichgültig, wie, zu welchem Zweck und mit welchen Mitteln sie leben. Sie müssen leben, und wenn sie nicht durch die Kraft der Armeen erobern können, kehren sie zu ihren alten Eroberungsmethoden durch Betrug, Lügen und Verführung (Pimping) zurück.[35]

Daher muss erneut bekräftigt werden, dass der Antisemitismus einfach ein elementarer Instinkt der Menschheit ist. Es handelt sich um einen wichtigen Instinkt, mit dem eine Rasse versucht, sich gegen die totale Zerstörung zu verteidigen.[36] Der Antisemitismus ist nicht, wie die Juden uns glauben machen wollen, ein handelndes Vorurteil.

Es ist schlicht und einfach der Selbsterhaltungstrieb, den jeder Mensch bei seiner Geburt mitbringt, so wie der Instinkt, der uns blinzeln lässt, wenn uns etwas ins Auge geht.

Der Antisemitismus ist ein ebenso automatischer, ebenso sicherer Instinkt. Von alters her wurden Juden von den Nationen, in die sie aufgenommen werden wollten, frei und freundlich, fast schon mit Freude aufgenommen. Nie mussten Juden beim ersten Mal eine Petition einreichen, um in ein Land aufgenommen zu werden. Man muss nur die Geschichte der jüdischen Penetration in Europa und Amerika studieren, um davon vollkommen überzeugt zu sein. Überall wurden sie willkommen geheißen, man half ihnen, sich niederzulassen und sich an den Angelegenheiten der Gemeinde zu beteiligen. Doch schon bald schlossen sich die Aktivitäten des Landes aufgrund ihrer ungerechten Praktiken vor ihnen. Dann wurden sie schmählich aus dem Land vertrieben. In der gesamten Geschichte gibt es keine einzige Ausnahme. Es gibt keinen einzigen Fall, in dem die Juden die bitteren Früchte des Wütens ihrer Verfolger nicht voll und ganz verdient hätten. Wir kommen in die Nationen und geben vor, den Verfolgungen entkommen zu wollen,

---

[35] Dieses Wort ist sehr streng, denn im Englischen ist "*a pimp*" eine Makrele.

[36] Genau das gilt für die gesamte Menschheit im Jahr 2000, in dem wir uns praktisch befinden.

wir sind die tödlichsten Verfolger, die in den Annalen des Bösen auftauchen.

Das Judentum ist wie eine moralische Geschlechtskrankheit. Die Ergebnisse für die Völker, die sich davon infizieren lassen, sind ausnahmslos verräterisch und ungesund. Wer daran zweifelt, braucht nur einen Blick auf ein beliebiges europäisches Volk in jüdischer Hand zu werfen. Wenn Sie sich noch mehr überzeugen wollen, werfen Sie einen Blick auf das, was derzeit in Amerika geschieht.

In Ustcha, im österreichischen Polen, wo ich geboren wurde, schickte der Jude Reb Sholom seine Frau jeden Sonntag und am Weihnachtstag mit dem Kirchenschlüssel in die Kirche, und wenn die Zinsen nicht bezahlt wurden, weigerte sie sich, den Gläubigen die eiserne Tür zu öffnen. Von frühester Kindheit an lernte ich, dass der einzige Grund des Juden im Geschäftsleben darin bestand, aus den Nichtjuden das Maximum herauszuholen. Wenn die Gojim gerupft worden waren, dann waren die Geschäfte gut. Je größer der Schaden war, der bei einem Geschäft gegen einen Goj begangen wurde, desto tiefer erschien dem Juden, dem ich zuhörte, die Freude. Die Verachtung des Juden für die Gojim war ein integraler Bestandteil der jüdischen Psychologie.

In der Vorstellung der Juden ging es nicht um ihre Überlegenheit gegenüber den Gojim. Der Fall war einfach: Sie waren Juden und die Gojim waren nur Gojim. Ihre Überlegenheit lag im rechtmäßigen Besitz der Dinge, darin bestand sie. Was den Gojim gehörte, war nur ein vorübergehender Besitz, den die dummen Gesetze der Gojim auf Dauer zu stellen versuchten. Hat Gott nicht seit Anbeginn der Zeit gewollt, dass alle guten Dinge auf der Erde den Juden gehören? Es ist die Pflicht des Juden, sich immer daran zu erinnern, besonders bei seinen Geschäften mit den Gojim.

Juden bekehren andere nicht zu ihrer Religion, weil sie besonders davon überzeugt sind, dass sie alle Reichtümer der Erde erben werden, und sie wollen so wenig Erben wie möglich, die diese Reichtümer teilen.[37] *Wir verachten den Goi und hassen seine Religion.*

---

[37] Es sei darauf hingewiesen, dass alle Juden, ob sie nun ihrer Religion folgen oder nicht, immer noch diese religiösen Gebote befolgen: die Beschneidung am

Nach den Geschichten, die jüdischen Kindern in die Ohren gesummt werden, betet der Nichtjude dummerweise ein hässliches Geschöpf namens Joisel (Jesus) an und hat noch Dutzende anderer Namen, die zu hässlich sind, um sie zu wiederholen. Dieser Yoisel war ein Mensch und ein Jude gewesen. Doch eines Tages wurde er verrückt und verkündete in seinem erbärmlichen Wahn, dass er der Messias selbst sei (der Rest, der im "Sepher Toldoth, Jeschu" oder "Leben Jesu durch die Juden" zu lesen ist, ist zu blasphemisch, um wiedergegeben zu werden). Diese außergewöhnliche Karikatur des Gründers der christlichen Religion war für mich eines der unglaublichsten Abenteuer meines Lebens.

Da alle Güter, die der Jude sieht, geschaffen wurden, um Israel zu bereichern, muss ihm ein gutes Mittel zur Verfügung stehen, um sie dem grobschlächtigen Goj zu entreißen, der sie besitzt. Der Jude kann dieses unehrliche Gefühl nicht besiegen. Es handelt sich um einen echten Instinkt. So wurde der junge Isaak erzogen, und was ein kleines jüdisches Kind einmal gelernt hat, vergisst es nie wieder. Um zu wissen, wie ein jüdisches Kind erzogen wird, muss man in einem jüdischen Haus leben.

Das Grundlegende an der jüdischen Mentalität ist folgendes: Die Bewahrung der jüdischen Kultur und Religion ist in erster Linie ein Deckmantel. Was der Jude durch die jüdische Erziehung wünscht und erhofft, ist, in seinem Kind das lebendige Bewusstsein zu kultivieren, dass es ein Jude ist und dass es als solcher den alten Krieg gegen die Gojim fortsetzen muss, ohne sich jemals zu assimilieren. Der Jude muss sich immer daran erinnern, dass er ein Jude ist und nichts anderes, und dass er seine einzige Loyalität dem jüdischen Volk schuldet. Er kann ein guter Amerikaner sein, wenn es sich "lohnt", ein guter Amerikaner zu sein. Er kann sogar als guter Chinese posieren. Dagegen kann keine mit einem Nichtjuden eingegangene Verpflichtung als gültig angesehen werden, wenn sie gegen die Interessen seiner grundlegenden Identität verstößt. Der junge Jude lernt zuerst, dass er ein Jude ist. Dann lernt er, dass die Tatsache, Jude zu sein, ihn von allen anderen Völkern der Erde

---

achten Tag und das Annehmen von Zinsen von Nichtjuden durch Wucher (was unter Juden verboten ist). Außerdem hat sich ihre Religion kein Jota verändert und ist per Definition fundamentalistisch. Die katholische Religion hingegen ist durch ihre modernistische Entwicklung, die sie praktisch im Marxismus ertränkt hat, grotesk geworden.

unterscheidet. Dem jungen Juden wird stark das Gefühl eingeprägt, dass er ein Profi sein muss.[38]

Der schlimmste Zustand, in den er geraten könnte, wäre, wenn er gezwungen wäre, zu arbeiten und seinen Lebensunterhalt mit körperlicher Arbeit zu verdienen. Es wäre eine schändliche und erniedrigende Situation. Die Verachtung des Juden für Handarbeit ist eine zweite Natur, ein angeborenes Gefühl. Der Jude betrachtet den freien Beruf nicht wie die anderen Völker. Es gibt keine traditionelle Ehrerbietung für den Beruf. Er betrachtet sie (Jura, Medizin) wie ein Gangster eine neue Erpressung: Wie viel kann er für weniger Arbeit bekommen, was ihn aber nicht daran hindert, aufgrund seiner analytischen und mnemotechnischen Qualitäten sehr kompetent zu sein. Was wird aus den jungen Juden, die keine freien Berufe erreichen können? Wenn sie sich keinen Zeitungskiosk leisten können oder nicht genug Cleverness für den Handel haben?

So werden sie zu kleinen Dieben, Banditen, Streikbrechern, Würfelspielern, Hausierern und Rauschgiftschmugglern, Agenten des Weißen Handels, Entführern und "Erpressern" aller friedlichen Gemeinden in Amerika.

Die anderen Rassen haben auch ihre Schurken, aber sie werden es durch die harte Notwendigkeit des Lebens: Der Jude sieht darin eine Karriere. Nichts, was der Jude tut, ist für das Wohlergehen Amerikas von wesentlicher Bedeutung.[39] *Ganz im Gegenteil, man kann sagen, dass alles, was er tut, den besten Interessen der Nation zuwiderläuft. Er trägt nicht einmal an Arbeitskräften zum allgemeinen Wohlstand bei, außer denen, die er in seine "Sweatshops" und in die Fallen lockt, die er selbst stellt... In der Literatur trägt er nur durch Obszönität, Journalismus, der in*

---

[38] Man kann nicht sagen, dass diese Ausbildung im 20. Jahrhundert so sehr angewandt wird. Die Beschneidung am achten Tag reicht aus, um einen Soros hervorzubringen, der in den 1990er Jahren noch unbekannt war und an der Schwelle zum Jahr 2000 in die Volkswirtschaften bis hin nach Burma investiert und sie aus dem Gleichgewicht bringt und bei Regierungen, die von den Rothschilds und Murdochs unterstützt werden, den freien Verkauf von Drogen in allen Ländern plant.

[39] Wir werden im zweiten Teil sehen, dass Nichtjuden wie Benjamin Franklin sich dessen sehr wohl bewusst waren: "Wenn ihr den Juden die Staatsbürgerschaft gebt, werden eure Kinder euch verfluchen".

intimen Angelegenheiten herumschnüffelt, und sogar durch Erpressung bei. Dies entspricht durchaus der nationalen Tradition. Wir sind immer noch eine Nation von geschäftigen Faulenzern. Im Geschäftsleben hat der Jude nur einen Code, nämlich die Fähigkeit, etwas aus dem Nichts zu erschaffen und sich durch den Handel mit Dingen, die er nicht gemacht hat, zu bereichern.

Amerika ist voll von Geschäften, die christliche Namen tragen, in Wirklichkeit aber Juden gehören und von ihnen betrieben werden. Besser als jeder andere weiß der Jude, wie man die Armen und die Mittelschicht enteignet.[40] Wir sehen also den Juden als Geschäftsmann, Förderer, Kreditgeber und Verkäufer par excellence, als Urheber und Hauptanstifter eines Kreditsystems, durch das sich ein Wucher von nationalem Ausmaß wie ein Monster mit Millionen von Händen über Millionen von Kehlen erhebt, um die Ehre und Bewegungsfreiheit eines fleißigen Volkes zu erwürgen.

Als der talentierte jüdische Dichter Henri Heine sagte "Das Judentum ist keine Religion, sondern ein Unglück", dachte er vielleicht nur an sein persönliches Unglück, doch heute muss man das Unglück für die ganze Welt berechnen.

Keine Religion der Welt bietet ein so widersprüchliches, bösartiges und unvernünftiges Schauspiel wie die Rezitation des Kol Nidre-Gebets in den Synagogen am Abend des Jom-Kippur-Festes. Was auch immer er mit seinem Nachbarn unternommen hat, ob materiell oder moralisch, der Jude macht Gott im Voraus klar, dass dies unter einer ausdrücklichen Bedingung geschieht: Die Ausführung muss Gott wohlgefällig sein, andernfalls wird der Jude sie als nichtig, wirkungslos, völlig nutzlos betrachten, als ob sie nie erwähnt worden wäre, als ob nichts darüber verhandelt worden wäre. Das spekulative Argument, dass dieses Gebet ausschließlich religiöser Natur sei, ist offensichtlich unehrlich.

---

[40] In dieser jüdischen Welt sind die Mittelschichten durch jüdische Spekulationsgeschäfte und die Tatsache, dass die Politiker aller Parteien gekauft sind und nichts dagegen unternommen haben, praktisch verschwunden - im Gegenteil. Verträge wie Maastricht, Amsterdam oder Nizza werden die weltweite Unterwerfung der Gesamtheit der Nichtjuden unter die Juden vollenden. Dies geschieht in der völligen Bewusstlosigkeit der Gojim, die von den Juden, ihrem Laizismus, ihrer Chimifizierung, ihrem Marxismus, ihrem Freudianismus, ihrer Pornographie und der zum System erhobenen Laxheit radikal zombifiziert wurden.

Wenn der Autor nur die Pflichten gegenüber Gott hätte verstehen wollen, hätte er nicht geschrieben

"Verpflichtungen und Verbindlichkeiten jeglicher Art". *Auch andere Erklärungen sind nicht sinnvoller oder aufrichtiger. Durch das Rezitieren des Kol Nidre leugnet der Jude die Verantwortung für das Verbrechen, noch bevor er es überhaupt begangen hat. Kann man an dem schrecklichen und bösartigen Einfluss zweifeln, den dies auf seinen Charakter als Bürger und menschliches Wesen ausüben kann?*

Wir leben in einer radikal verjudeten Zivilisation. Der Stempel des jüdischen Geistes und Temperaments hat unsere Institutionen tief durchdrungen. Wenn die Juden jemals aus Amerika vertrieben werden,[41] dann wegen der gemeinen Praktiken jüdischer Ärzte und Anwälte.

Der Jude ist ein Nomade mit einer Vorliebe für Immobilien. Ich verstehe Immobilien unabhängig von Land als Boden, der bebaut und fruchtbar gemacht werden muss. Der Jude kennt nur eine Verwendung für den Besitz von Land oder anderen Dingen: die Spekulation. Die zivilisierten Völker verbinden mit dem Besitz von Land eine Art heiliges Gefühl, eine "Heiligkeit", die der Jude verletzen wird, wann immer er kann. Herzl [der Gründer des Zionismus] war sicherlich der erste ehrliche Jude seit 2000 Jahren. Ein Jude ohne Juckreiz nach Geld oder Immobilien.

Die Anwesenheit der Juden im Theater (und jetzt auch im Kino, wo sie alles besitzen) ist ein Hindernis für seine geistige Entwicklung. Die Geschichte des Theaters und der Künste beweist, dass sie nur dann blühen konnten, wenn die Juden sich nicht einmischten. Von dem Moment an, als der Jude das Theater betrat, fiel eine Art Impotenz auf die Bühne. In Amerika herrscht der Jude über das Theater. Für ihn bedeutet das Theater nur zwei Dinge: eine einfache Möglichkeit, Geld zu verdienen, und ein Marktplatz für hübsche Frauen. Das Hurenhaus erhält seine Rekruten vom Impresario, und in 19 von 20 Fällen ist dieser ein Jude. Der Überschuss an diesen

---

[41] Es ist kaum möglich, dass sie es sind, denn Finanziers, Anwälte und Ärzte haben alle Macht an sich gerissen.

Der Autor dieser Zeilen war vor einigen Jahrzehnten noch optimistisch. Heute verbieten rassistische Gesetze, die als antirassistisch bezeichnet werden, dass man auch nur das Wort "Jude" ausspricht (Loi Fabius-Gayssot).

reizenden Geschöpfen wird zusammen mit unserem Überschuss an Baumwolle, Kartoffeln und Kupfer nach Japan, China, Panama, Südamerika und in jeden Hafen in den dunklen Regionen des Pazifiks verschifft. Das Kino in jüdischen Händen ist zu einem vulgären und obszönen Spektakel geworden. (Die Filmindustrie verbreitet am Ende des 20. Jahrhunderts massenhaft Gewalt und Pornografie und wirkt als Zersetzungsagent für alle grundlegenden menschlichen Werte).

Der Jude ist körperlich unrein und verschmutzt jeden Ort, den er bewohnt,[42] auch nur vorübergehend. Ich sage dies ohne Bosheit, denn es ist eine Feststellung aus meinem eigenen Leben unter meinen Mitmenschen. Im Kampf um die Zivilisation gibt es immer einen Kampf zwischen der Welt und Judas: Die Welt bemüht sich, sich zu erheben, aber Judas zieht sie von unten herauf."

EIN UNÜBERWINDBARER ABGRUND

In einem 1924 veröffentlichten Buch *"Ihr Gojim"* schreibt Maurice Samuels, ein Jude und zionistischer Führer:

"zwischen Gojim und Juden gibt es einen unüberwindlichen Abgrund. Ihr Leben ist eine Sache, unser Leben ist eine andere. Dieser erste Unterschied ist radikal unvereinbar: Es gibt einen Abgrund, der trennt. Wo immer sich der Jude befindet, stellt er ein Problem dar. Er ist eine Quelle des Unglücks für sich selbst und für die Menschen in seiner Umgebung.

Überall sind Juden in höchstem Maße Fremde. In Ihren Akademien sind sie unbestreitbar ein fremder Geist. Sie akzeptieren Ihre Regeln von Gut und Böse nicht, weil sie sie nicht verstehen. Für die jüdische Lebensweise sind die Gojim ohne Moral. Die beiden Lebensauffassungen sind einander im Wesentlichen fremd: Sie sind Feinde. Unser Judentum ist kein Credo, sondern eine Gesamtheit. Ein Jude ist in allen Dingen jüdisch. Wir können uns keine Dualität vorstellen, Religion und Leben, das Heilige und das Profane. Ich könnte sagen: "Wir und Gott sind zusammen aufgewachsen. Im Herzen eines jeden frommen Juden ist Gott ein Jude. Nur Juden können auf diese Weise die Universalität Gottes verstehen. Meines

---

[42] Es ist bemerkenswert, dass ein Jude ohne Badezimmer (reiche Juden haben manchmal fünf oder zehn davon in ihrem Haus) nicht sauber ist. Das lässt sich leicht feststellen.

Wissens kenne ich kein Land mit einer Geschichte, das nicht zu irgendeinem Zeitpunkt antisemitisch gewesen wäre.

Sie könnten sagen: "Lasst uns Seite an Seite existieren und einander tolerieren". Aber die beiden Gruppen sind nicht nur unterschiedlich, sie stehen sich auch in tödlicher Feindschaft gegenüber. In Ihrer Welt muss ein Mann seinem Land, seiner Provinz und seiner Stadt gegenüber loyal sein. Für den Juden ist Loyalität etwas Unverständliches.

Wir Juden legen wenig Wert auf das Jenseits. Wir danken Gott, dass er uns anders gemacht hat als euch. Der Instinkt des Juden ist es, dem Goi zu misstrauen. Der Instinkt des Nichtjuden ist es, dem Juden zu misstrauen. Wenn ihr mit uns Seite an Seite steht, seid ihr Angeber, Feiglinge, vulgäre Massen. Wir sind nicht aus eigenem Willen unter euch, sondern wegen eurer Taten. Wir sind Eindringlinge unter euch, weil wir sind, was wir sind, und wir haben mehr Grund, euch zu hassen, als ihr Grund habt, uns zu hassen. Liberale Juden, radikale Juden, modernistische Juden, agnostische Juden werden zum dominierenden Element der Judenheit. Wir haben unzählige Revolutionäre hervorgebracht, die Bannerträger der weltweiten Armeen der "Befreiung".

Die Ablehnung der jüdischen Religion ändert nichts an einem Juden. Wir Juden, die Zerstörer, werden immer die Zerstörer bleiben. Nichts, was Sie tun, wird unsere Bedürfnisse und Forderungen befriedigen. Wir werden immer zerstören, weil wir eine Welt für uns allein wollen".

JUDEN BILDEN DAS RASSISTISCHSTE ALLER VÖLKER

Die Tatsache, dass sie seit achtzig Generationen daran festhalten, ihre rassische und spirituelle Identität zu bewahren, zeugt von einer konstanten Disziplin von erstaunlicher Strenge und Stärke.

DIE GESELLSCHAFT DER NATIONEN, EINE JÜDISCHE ORGANISATION

Die kanadische Regierung hat Kanada mit der Begründung in das Wettrüsten verwickelt, dass das Land dazu verpflichtet sei, weil es sich durch seine Mitgliedschaft im Völkerbund der Idee der *"kollektiven Sicherheit"* verschrieben habe. *"Kollektive Sicherheit"* bedeutet *"kollektiver Krieg"*, wenn der Völkerbund der Meinung ist, dass seine Interessen dies erfordern. Die Welt geriet während der italienisch-äthiopischen Affäre an den Rand eines solchen kollektiven Krieges. Dass der Krieg nicht stattfand, lag daran, dass die Briten noch nicht ausreichend bewaffnet waren, wie Staatsmänner zu dieser Zeit sagten. Was ist der Völkerbund? Was ist sein Ursprung? Was sind seine Interessen? Lassen wir die Juden es selbst sagen.

DR. KLEE, JÜDISCH

Dieser jüdische Anwalt aus New York äußerte sich am 19. Januar 1936 in einer öffentlichen Rede zu diesem Thema:

"Der Völkerbund war keineswegs das Werk von Präsident Wilson. Er ist eine vorwiegend jüdische Schöpfung, auf die Juden stolz sein können Die Idee dazu stammt von den Weisen Israels. Sie ist ein reines Produkt der jüdischen Kultur". (siehe auf den vorherigen Seiten, was ein jüdischer Bankier aus New York über die Rolle des Völkerbunds sagt).

JESSE E. SAMPTER, JÜDISCH

Dieser Jude in *"Guide to Zionism"* erklärt dort: *"Der Völkerbund ist ein altes jüdisches Ideal."*

MAX NORDAU, JÜDISCH

Dieser zionistische Führer, der von dem Juden Litman Rosenthal in seinem Buch *"Wenn Propheten sprechen"* (When prophets speak) zitiert *wird*, äußerte sich folgendermaßen über den Völkerbund: *"Bald muss vielleicht eine Art Weltkongress einberufen werden."* Diese Worte wurden 1903 ausgesprochen. Zur gleichen Zeit sagte Nordau: *"Lassen Sie mich Sie die Sprossen hinaufsteigen, die höher und höher führen: Herzl, der Zionistenkongress, das englische Uganda-Angebot, der künftige Weltkrieg, die Friedenskonferenz, auf der mit Englands Hilfe ein freies, jüdisches Palästina geschaffen werden soll."*

NAHUM SOKOLOV, JÜDISCH

Dieser zionistische Führer erklärte am 22. August 1922 in Karlsbad: *"Der Völkerbund ist eine jüdische Idee und Jerusalem wird eines Tages die Hauptstadt des Weltfriedens werden. Was wir Juden nach einem 25-jährigen Kampf erreicht haben, verdanken wir dem Genie unseres unsterblichen Führers Theodor Herzl."*

LUCIEN WOLF, JÜDISCH

In seinem Bericht an den American Jewish Congress über seine Arbeit als jüdischer Bevollmächtigter bei der Friedenskonferenz: *"Wenn der Völkerbund unterginge, würde das gesamte Gebäude, das von den jüdischen Delegationen aus England und Amerika 1919 so mühsam errichtet wurde, zusammenbrechen."*

LENNHORR, JÜDISCH

In der *"Wiener Freimaurer Zeitung"* Nr. 6, 1927, erklärte dieser Jude: *"Man hat Recht, die Freimaurerei (jüdisches Instrument), mit dem Völkerbund in Verbindung zu bringen. Der Völkerbund wurde aus freimaurerischen Ideen geboren."*

"JUDISCHE RUNDSCHAU"

Diese jüdische Zeitung erklärte in ihrer Nr. 83, die 1921 erschien: *"Der genaue Sitz des Völkerbunds ist weder Genf noch Den Haag. Ascher Ginsberg träumte von einem Tempel auf dem Berg Zion, wo die Vertreter aller Nationen einen Tempel des Friedens besuchen werden; der ewige Friede wird erst dann eine reale Tatsache sein, wenn alle Völker der Erde zu diesem Tempel gegangen sind."*

SIR MAX WAECHTER, JÜDISCH

In einer Rede vor dem Londoner Institut im Jahr 1909: *"Alle Staaten müssen zusammenkommen und die Verfassung einer Föderation der Länder Europas auf der Grundlage eines einzigen Tarifs, einer einzigen Währung, einer einzigen Sprache und einer einzigen Grenze aufstellen."*

Anmerkung des Verfassers hierzu: 1999 sind wir bereits dort, mit dem Ruin Europas, einer monströsen Arbeitslosigkeit. Mit *"einer einzigen Sprache"* werden sie es schwer haben. Das jüdische Ideal zeichnet sich dadurch aus, dass es entweder verdreht oder völlig verrückt ist: Alles, was derzeit in Europa wird, läuft auf den Ruin und das Nichts hinaus. Ein Europa, gewiss, aber kein jüdisches Europa der Banken und Technokraten, die von einer Finanzwelt manipuliert werden, die niemandem Rechenschaft ablegt und keine nationalen Initiativen mehr zulässt. Ein Europa der Nationen, das alle seine nationalen Merkmale beibehält, und nicht ein Volk von Kuhhirten in Bluejeans, die formlose Masse der Hochfinanz.

LENIN, JUDE

Er schrieb 1915 im "*Sozialdemokraten*" Nr. 40, einer russisch-jüdischen Zeitung: "*Die Vereinigten Staaten der Welt und nicht nur Europas werden durch den Kommunismus verwirklicht, der das Verschwinden aller Staaten, selbst der rein demokratischen, herbeiführen wird.*"

EMIL LUDWIG, JÜDISCH

In seinem Werk "*Genie und Charakter*" erklärte der jüdische Schriftsteller: "*Wenn die Vereinigten Staaten von Europa eine Realität sind, wird Woodrow Wilson vom Volk zu ihrem Gründer ernannt werden (weil er den Völkerbund ins Leben gerufen hat).*"[43]

AUF DEM GROßEN INTERNATIONALEN FREIMAURERKONVENT

Bei diesem Treffen am 28., 29. und 30. Juni 1917, noch bevor offiziell an den Völkerbund gedacht wurde, schlugen die Juden und Freimaurer Folgendes vor: "Es ist angebracht, die glückliche Stadt von morgen zu errichten. Zu diesem wahrhaft freimaurerischen Werk wurden wir eingeladen. Was stellen wir fest? Dieser Krieg hat sich zu einem gewaltigen Streit der organisierten Demokratien gegen die militärischen und despotischen Mächte entwickelt.

In diesem Sturm ist die jahrhundertealte Macht der Zaren von Großrussland bereits untergegangen. Andere Regierungen werden ebenfalls vom Atem der Freiheit mitgerissen werden. Daher ist es unerlässlich, eine übernationale Autorität zu schaffen. Die

---

[43] Interessanterweise überlebte dieser raffinierte Jude die Welt, die seine Mitmenschen für ihn bereiteten, nicht und drückte sich durch Selbstmord aus.

Freimaurerei, die Arbeiterin des Friedens, hat sich zum Ziel gesetzt, diese neue Organisation zu studieren: den Völkerbund."

BEIM KONVENT DES GROßEN ORIENTS

Laut dem 1932 veröffentlichten offiziellen Protokoll, Seite 3: *"Ist nicht in den Logen der Funke übergesprungen, der das Aufblühen des Völkerbundes, des Internationalen Arbeitsamtes und all der internationalen Organisationen bewirkte, die den mühsamen, aber fruchtbaren Entwurf der Vereinigten Staaten von Europa und vielleicht der Welt darstellen?*[44]

AUF DEM KONGRESS DES AMERICAN JEWISH COMMITTEE

Laut dem *Jewish Communal Register* von 1918 (Quelle: *Jewish Guardian* vom 6. Februar 1920) widersetzte sich das American Jewish Committee auf dem Kongress von 1909 erfolgreich einem Gesetzentwurf, der verlangte, dass sich die Fragen der Volkszählung nach der Rasse der Einwohner der Vereinigten Staaten erkundigen sollten.

DIE FRIEDENSKONFERENZ

Die Konferenz, auf der der *Vertrag von Versailles* (1919) ausgearbeitet wurde, war dank der einflussreichen anglo-jüdischen Delegation ein Triumph für die Rechte der Juden. Der *Berliner Vertrag* (1818) wurde über vierzig Jahre lang als die Charta der Emanzipation der Juden in Osteuropa gefeiert, doch seine Größe wird nun durch das großartige Werk der jüngsten Friedenskonferenz zugunsten der jüdischen Minderheiten in den Staaten des neuen Europa in den Schatten gestellt. Das feierliche Treffen der Nationen in Paris bot eine goldene Gelegenheit, die alte ostjüdische Frage zu lösen. Die jüdische Gemeinschaft erkannte schnell die Größe der Chance, die sich ihr bot, und ergriff sie sofort mit beiden Händen. Wenn man bedenkt, dass diese Hände die von Lucien Wolf waren, der fast ein ganzes Jahr lang in Paris die Fäden zog, versteht man, dass die Arbeit der anglo-jüdischen Delegation auf der

---

[44] Sehen Sie 1999, zu welchem weltweiten Elend, zu welchem moralischen und biologischen, wie ökologischen Zusammenbruch diese schönen Pläne geführt haben! Aber wir machen weiter: Der jüdische Wahnsinn ist selbstmörderisch.

Friedenskonferenz von einem vollen und durchschlagenden Erfolg gekrönt wurde.

Die Freimaurerei als jüdisches Instrument

Wenn man einem Juden irgendwo den Zutritt verweigert, dann geht das Geschrei über Antisemitismus los. Im Gegensatz dazu ist die Freimaurerloge B'nai B'rith im Namen des Antirassismus ausschließlich für Juden geöffnet. Sie ist die Freimaurerloge mit den meisten Mitgliedern. (5 bis 600.000 im Jahr 1999).

Die Juden stellen die Freimaurerei als eine unpolitische Wohltätigkeitseinrichtung dar. Diese beschwichtigende Erklärung ist umso absurder, als viele prominente Juden keinen Hehl daraus gemacht haben, dass es sich um eine Organisation handelt, die sie für Zwecke manipulieren, die sie ebenfalls nicht verheimlichen. Was ihr Handeln betrifft, so kann jeder sehen, dass es politisch ist, und die einfachste und spektakulärste Demonstration war die öffentliche Erklärung der Freimaurerei, die von allen Parteien verlangt, das geringste Bündnis mit dem Front National abzulehnen, obwohl diese Partei die einzige ist, die ein Programm gegen die allgemeine Zersetzung und für die Wiederherstellung der elementaren Werte vorlegt.

Wenn die Judenheit alle nationalen Währungen kontrolliert, indem sie das Gold kontrolliert, wenn sie die Preise für Rohstoffe und Lebensmittel durch ihre großen internationalen Handelsorgane kontrolliert, wenn sie die Weltmeinung durch das Verlagswesen, die Presse und das Kino kontrolliert, wenn sie das Proletariat durch die sozialistischen Internationalen kontrolliert, dann kontrolliert sie auch die Menge der Politiker und Geschäftsleute in allen Ländern durch die Freimaurerei. Sie kontrolliert die industrielle Ernährung, die den Organismus degeneriert, durch die massive Chemisierung der Produkte. Die Päpste haben die Freimaurerei stets als "*Synagoge des Satans*" bezeichnet. Es ist kein Zufall, dass das Wort "Synagoge" so verwendet wird. Das grundlegende Ziel der Freimaurerei ist die Entchristianisierung und Judaisierung.

Sie setzt die säkulare, d. h. in Wirklichkeit atheistische Schule durch,[45] überall dort, wo ihre Mitglieder an die Macht kommen. Sie predigt ihren Anhängern die Anbetung des "Großen Architekten des Universums", einer unpersönlichen Gottheit, die von Rabbinern geformt wurde, und ignoriert den christlichen Gott der Heiligen Dreifaltigkeit. Das erklärte Ziel der Freimaurerei ist "**der Wiederaufbau des salomonischen Tempels**", d. h. des jüdischen Welttempels auf den Ruinen aller anderen Religionen. Die Freimaurerei hat den Juden geholfen, den Arabern Palästina wegzunehmen. Sie zwingt die englische Regierung, Waffengewalt anzuwenden, um die jüdische Macht dort zu sichern; sie hat sich vorgenommen, England zu zwingen, es zu einem autonomen Dominion für die Juden zu machen. Wenn sie kann, wird sie bald dabei helfen, den salomonischen Tempel auf den Trümmern des Neuen Testaments dort wieder aufzubauen. Dies gelang ihr 1999 so gut wie.

BENJAMIN DISRAELI, JÜDISCH

In seinem Roman "*Das Leben des Sir George Bentinck*" bestätigt uns Benjamin Disraeli, der Reichsmacher, der Premierminister von Königin Victoria war (sie verdankte ihm ihren Titel als Kaiserin von Indien): "*An der Spitze all dieser Geheimgesellschaften, die provisorische Regierungen bilden, stehen Juden.*"

"DIE ISRAELITISCHE WAHRHEIT"

Diese jüdische Zeitung veröffentlichte 1861 eine interessante Ansicht über die Freimaurerei, (Band V, Seite 74): "*Der Geist der Freimaurerei ist der Geist des Judentums in seinen grundlegendsten Überzeugungen. Das sind seine Ideen, das ist seine Sprache, das ist*

---

[45] Es ist absolut offensichtlich, dass ein Kind, das unter dem Vorwand der Religionsfreiheit keine moralische und religiöse Ausbildung erhält (es gibt keine Moral ohne Religion), automatisch zu einem Schläger, Drogensüchtigen, Arbeitslosen, Hirnlosen, Diskomusikkunden usw. gemacht wird. Man muss nur die Augen ¼ Sekunde öffnen, um das festzustellen. Schauen Sie sich am Ausgang der Schulen diese Herden von Kuhhirten in Bluejeans an, die krankmachende Musik hören, ohne Ideale sind und in Drogen und Selbstmord enden. Die Zahl der Analphabeten und Ungebildeten nimmt jedes Jahr zu, ebenso wie die Arbeitslosigkeit, die eine Begleiterscheinung des Sozialismus in all seinen Formen ist.

fast seine Organisation. Die Hoffnung, die die Freimaurerei erleuchtet und stärkt, ist die Hoffnung, die Israel erleuchtet und stärkt. Ihre Krönung wird dieses wunderbare Haus des Gebets aller Völker sein, dessen Zentrum und triumphierendes Symbol Jerusalem sein wird."

BERNARD SHILLMANN, JÜDISCH

In *"Hebraic influences on masonic symbols"* (Hebräische Einflüsse *auf Freimaurersymbole*), das 1929 veröffentlicht und von der Londoner *"The Masonic News"* zitiert wurde, äußert sich Bernard Shillmann wie folgt: *"Obwohl ich mich in keiner Weise mit den hebräischen Einflüssen auf die gesamte Symbolik der Freimaurerei befasst habe, hoffe ich, hinreichend bewiesen zu haben, dass die Freimaurerei als Symbolik vollständig auf einer Bildung beruht, die im Wesentlichen jüdisch ist."*

BERNARD LAZARE, JUDE

In *"Der Antisemitismus und seine Ursachen"*, Seite 340, erklärt er: *"Die martinézistischen Logen* [Logen, die von dem portugiesischen Juden Martinez de Pasqually gegründet wurden] *waren mystisch, während die anderen Orden der Freimaurerei eher rationalistisch waren, so dass man sagen kann, dass die Geheimgesellschaften beide Seiten des jüdischen Geistes präsentierten: Den praktischen Rationalismus und den Pantheismus. Diese Tendenzen führten zu demselben Ergebnis: der Schwächung des Katholizismus."*

LUDWIG BLAU, JÜDISCH

Dieser Rabbiner, Doktor der Philosophie und Professor an der Talmudhochschule in Budapest (Ungarn), erklärte: *"Der jüdische Gnostizismus ging dem Christentum voraus. Es ist eine erwähnenswerte Tatsache, dass die Führer der gnostischen Schulen und die Begründer gnostischer Systeme* (aus denen die Freimaurerei hervorging), *von den Kirchenvätern als Juden bezeichnet werden."*

ISAAC WISE, JÜDISCH

Dieser Rabbiner erklärte in *"The Israelite of America"* vom 3. August 1866: *"Die Freimaurerei ist eine jüdische Institution, deren*

Geschichte, Grade, Ämter, Losungen und Erklärungen vom Anfang bis zum Ende jüdisch sind."

BERNARD LAZARE, JUDE

"Es ist sicher, dass es an der Wiege der Freimaurerei Juden gab. Einige Riten beweisen, dass es sich um kabbalistische Juden handelte."

"THE JEWISH HISTORICAL SOCIETY" (DIE JÜDISCHE HISTORISCHE GESELLSCHAFT)

Laut dieser Gesellschaft für jüdische Geschichte (Quelle: *Transactions* of Vol 2, Seite 156): *"Das Wappen der Großloge von England besteht vollständig aus jüdischen Symbolen".*

"THE FREE MASON GUIDE"

In diesem 1901 in New York veröffentlichten Werk heißt es: *"Die Freimaurer errichten ein Gebäude, in dem der Gott Israels für immer leben wird".*

"ENCYCLOPEDIA OF FREEMASONRY" (ENZYKLOPÄDIE DER FREIMAUREREI)

In diesem Werk, das 1908 in Philadelphia veröffentlicht wurde, erfahren wir: *"Jede Loge ist und muss ein Symbol des jüdischen Tempels sein; jeder Meister in seinem Stuhl ein Vertreter des jüdischen Königs; jeder Freimaurer ein Vertreter des jüdischen Arbeiters."*

RUDOLPH KLEIN, JÜDISCH

In *"Latomia"* vom 7. August 1928, einer freimaurerischen Publikation, äußerte sich Rudolph Klein wie folgt: *"Unser Ritus ist vom Anfang bis zum Ende jüdisch: Die Öffentlichkeit sollte daraus schließen, dass wir direkte Verbindungen zur Judenheit haben."*

REV. S. MAC GOWAN

In *"The Free-Mason"* aus London, das am 2. April 1930 veröffentlicht wurde, erklärte dieser Geistliche: *"Die Freimaurerei ist auf dem alten Gesetz Israels gegründet. Israel hat die moralische Schönheit hervorgebracht, die die Grundlage der Freimaurerei bildet"*.

"SYMBOLISMUS"

Aus dieser *Freimaurer-Zeitung*, (Paris, Juli 1928): *"Die wichtigste Aufgabe des Freimaurers ist es, die jüdische Rasse zu verherrlichen. Sie können sich darauf verlassen, dass die jüdische Rasse alle Grenzen auflöst"*.

"THE TEXT BOOK OF FREE-MASONRY" (DAS TEXTBUCH DER FREIMAUREREI)

In diesem in London veröffentlichten Lexikon findet sich auf Seite 7 folgende Definition: *"Der Eingeweihte des Meisterritus wird ein demütiger Vertreter König Salomons genannt."*

"ALPINA"

In dieser Zeitschrift, die das offizielle Organ der Schweizer Freimaurerei ist, findet sich folgender Hinweis: *"Gehen Sie in die Spiegelgalerie in Versailles, dort können Sie die unsterbliche Erklärung der Menschenrechte* (Vertrag von Versailles) *lesen. Es ist unser Werk: Freimaurerische Symbole zieren den Briefkopf des Dokuments"*.

"ANDERSONS KONSTITUTIONEN"

In dem Gründungstext der modernen Freimaurerei *"That which was lost. A treatise of Free-Masonry and the English mystery"*, das James Anderson 1723 verfasste, findet sich auf Seite 5 folgende Erklärung: *"Es ist jetzt einfach, aber auch ungerecht, die Gründer dafür zu kritisieren, dass sie die jüdischen Traditionen in die Freimaurerei eingeführt haben. Sie hatten einen großen Schritt getan, indem sie das Neue Testament um des Vorteils der Harmonie zwischen Christen und Juden willen unterdrückten."*

SAMUEL UNTERMEYER, JUDE UND FREIMAURER

Bei einem Treffen, über das *"The Jewish Chronicle"* am 14. Dezember 1934 berichtete, ließ Samuel Untermeyer folgende Resolution verabschieden: *"Der jüdische Boykott Deutschlands muss fortgesetzt werden, bis die deutsche Regierung den Logen ihren Status und ihr Eigentum, dessen sie beraubt worden waren, zurückgegeben hat."*

FINDEL, JUDE UND FREIMAURER

Zitat aus dem Buch *"Die Juden als Freimaurer"*, geschrieben von dem Juden und Freimaurer Findel: *"Es handelt sich weniger um einen Kampf um die Interessen der Menschheit als um einen Kampf um die Interessen und die Herrschaft des Judentums. Und in diesem Kampf erweist sich das Judentum als die herrschende Macht, der sich die Freimaurerei unterwerfen muss. Das sollte uns nicht überraschen, denn auf verborgene und sorgfältig getarnte Weise ist das Judentum in der Tat bereits die herrschende Macht in vielen Großlogen in Europa.*

Was Deutschland betrifft, so darf man nicht vergessen, dass das Judentum Herr über die Finanz- und Handelsmärkte ist, Herr über die Presse an den politischen und freimaurerischen Glauben, und dass Millionen Deutsche finanziell seine Schuldner sind."

"THE JEWISH TRIBUNE" (DIE JÜDISCHE TRIBÜNE)

In New York City veröffentlichte Zeitung. Auszug aus der Ausgabe vom 28. Oktober 1927, Bd. 97, Nr. 18: *"Die Freimaurerei basiert auf dem Judentum. Eliminiere die jüdischen Lehren aus dem freimaurerischen Ritual und was bleibt übrig"?*

"DIE JÜDISCHE ENZYKLOPÄDIE"

Ausgabe 1903, Band 5, Seite 503: *"Die Fachsprache, die Symbolik und die Riten der Freimaurerei sind voll von jüdischen Ideen und Begriffen... Im schottischen Ritus werden die Daten offizieller Dokumente nach dem Kalender und den Monaten des jüdischen Zeitalters bezeichnet und es wird das alte hebräische Alphabet verwendet. Der Einfluss des jüdischen Sanhedrin ist heute in der Freimaurerei größer als je zuvor."* (Abgedruckt von O. B Good, M. A. *"The Hidden Hand of Judah"* (Die verborgene Hand Judas), 1936.

"B'NAI B'RITH MAGAZIN"

Den Rabbiner und Freimaurer Magnin zitierend (Bd. 43, S. 8): *"Die B'nai B'rith sind nur eine Notlösung. Überall dort, wo die Freimaurerei ohne Gefahr bekennen kann, dass sie sowohl in ihrer Natur als auch in ihren Absichten jüdisch ist, genügen die gewöhnlichen Logen der Aufgabe."*

Anmerkung: Die B'nai B'rith sind Logen, die für Nichtjuden verboten sind und in die daher nur Juden aufgenommen werden können. 1874 unterzeichnete Albert Pike (für den schottischen Ritus) ein Bündnis mit Armand Lévy (für die BB), und in diesem geheimen Vertrag verpflichteten sich die BB, 10 % ihres Einkommens für die universelle Freimaurerei zu spenden.

WARUM KÖNNEN JUDEN NIEMALS DIE STAATSANGEHÖRIGEN IRGENDEINES LANDES SEIN?

UNBEGRENZTE BEWEISE, DIE SIE LIEFERN

DR. CHAÏM WEIZMAN, JÜDISCH

In seinem Pamphlet "*Great Britain, Palestine and Jews*" erklärte der große zionistische Führer: "*Wir sind Juden und nichts anderes: eine Nation unter den Nationen.*"

LUDWIG LEWINSOHN, JÜDISCH

In seinem Buch "*Israel*", das 1926 erschien, erklärte dieser Jude: "*Der Jude bleibt Jude. Assimilation ist unmöglich, weil der Jude seinen nationalen Charakter nicht ändern kann. Was immer er tut, er ist Jude und bleibt Jude. Die Mehrheit hat diese Tatsache entdeckt, wie sie sie früher oder später entdecken musste. Juden und Nichtjuden erkennen, dass es keinen Ausweg gibt. Beide glaubten an einen Ausweg: Es gibt keinen, keinen*".

"ISRAEL MESSENGER"

Zu lesen in der Ausgabe vom 7. Februar 1930 dieser jüdischen Zeitung aus Shanghai: "*Das Judentum und der jüdische Nationalismus gehen Hand in Hand. Die Juden waren immer eine Nation, selbst wenn sie aus ihrer angestammten Heimat vertrieben und verstreut wurden. Die jüdische Rasse ist eine reine Rasse.*[46]

---

[46] Es sei noch einmal daran erinnert, dass dies ein Mythos im abwertendsten Sinne des Wortes ist: Die jüdische Besonderheit kommt ausschließlich von der Beschneidung am achten Tag und von nichts anderem. Übrigens abgesehen von

Die jüdische Tradition ist eine ununterbrochene Tradition. Juden haben sich immer als Angehörige der jüdischen Nationalität verstanden. Darin liegen die Unbesiegbarkeit und die Solidarität des jüdischen Volkes in der Diaspora".

JESSE E. SEMPTER, JÜDISCH

"Judentum, der Name der nationalen Religion der Juden, wird von ihrer nationalen Bezeichnung abgeleitet. Ein irreligiöser Jude bleibt ein Jude".

"JEWISH ENCYCLOPEDIA" (JÜDISCHE ENZYKLOPÄDIE)

Der Jude Dr. Cyrus Adler sagt, dass alle Juden, unabhängig von ihrer religiösen Zugehörigkeit, Teil der jüdischen Rasse sind.

"NEW YORK TRIBUNE"

Rabbi Wise erklärte dort am 2. März 1920: *"Wenn der Jude einem anderen Glauben die Treue schwört, lügt er."*

MAX NORDAU, JÜDISCH

In seinem Buch *"Das jüdische Volk"* erklärt Max Nordau: *"Die Juden sind ein Volk, ein einziges Volk. Herzl erkannte den Bankrott der Assimilation".*

"JEWISH CHRONICLE"

Rabbi M. Schindler erklärte dort in der Ausgabe vom 28. April 1911: *"Fünfzig Jahre lang war ich entschieden für die Assimilation der Juden, und ich habe daran geglaubt. Aber der amerikanische*

---

ihren oft karikaturhaften Zügen und ihrem spekulativen und amoralischen Geist, variiert ihr somatisches Erscheinungsbild je nach Nation, in der sie sich seit langem befinden. Es gibt also keine jüdische Ethnie. Was die Rassen betrifft, so wissen wir, dass es sie nicht gibt. Die weißen, gelben, roten und schwarzen Großrassen sind das Ergebnis der hormonellen Anpassung an eine feste Umgebung. Dasselbe gilt für Ethnien, die Juden nicht für sich beanspruchen können.

Schmelztiegel wird niemals die Verschmelzung eines einzigen Juden hervorbringen".[47]

"ISRAELITISCHE ARCHIVE"

Auszug aus dieser Pariser Veröffentlichung vom 24. März 1864: "...*dieses im Weltleben einzigartige Wunder eines ganzen Volkes, das seit 1800 Jahren über alle Teile des Universums verstreut ist, ohne sich mit den Völkern, in deren Mitte es* lebt, *in irgendeiner Weise zu vermischen oder zu verschmelzen...*".

LEVY-BING, JÜDISCH

"*Die gesamte jüdische Religion beruht auf der nationalen Idee*".

BERNARD LAZARE, JUDE

In einer Rede vor dem Bund russischer Israeliten am 7. März 1897: "Was ist das Band, das uns vereint, die wir aus den verschiedensten Ländern kommen? Es ist unsere Eigenschaft als Juden: Wir bilden also eine Nation."

"PRO-ISRAELISCH"

Für diese zionistische Vereinigung in Paris: "*Israel ist eine Nationalität, wie Frankreich. Der wahre Jude assimiliert sich nicht*".

MAX NORDAU, JÜDISCH

"*Wir sind weder Deutsche, noch Engländer, noch Franzosen. Wir sind Juden! Eure christliche Mentalität ist nicht die unsere*".

NAHUM SOLOLOW, JÜDISCH

---

[47] Dies ist sicher, wenn sie die Beschneidung nicht radikal abschaffen. Andernfalls werden sie innerhalb von ein oder zwei Generationen assimiliert, da die Wiedergewinnung des fehlenden interstitiellen Potenzials praktisch sofort erfolgt. In tausend Jahren hingegen werden alle Neger weiß sein (in den USA).

Dieser zionistische Führer sagte in: "*Zionism in the Bible*", S. 7 und 8: "*Moses' Grundgedanke ist die Zukunft der jüdischen Nation und der ewige Besitz des gelobten Landes. Kein Sophismus kann diese Tatsache unterdrücken... Es ist seltsam und traurig komisch, wenn Juden, die den Monotheismus befürworten, behaupten, Deutsche, Ungarn usw. seien der Meinung Moses', wenn nicht Blasphemie, so doch Spott. Es spielt keine Rolle, ob sich die Juden als Religion oder als Nation bezeichnen: Die jüdische Religion kann nicht vom jüdischen Nationalismus getrennt werden*".

S. ROKHOMOVSKY, JÜDISCH

erklärte in "*Le Peuple Juif*" (*Das jüdische Volk*) vom 21. April 1919: "*Wir haben das Recht, das zu sein, was wir sind: Juden. Heute mehr denn je: Wir möchten es laut und deutlich bekräftigen. Wir sind eine Nation.*"

"DAS ISRAELITISCHE UNIVERSUM"

Diese Pariser Zeitschrift zitierte in ihrer Ausgabe vom 15. Mai 1918 aus den Bulletins des Zentralkomitees der Ligue des Droits de l'Homme et du Citoyen, Comité des questions juives (Ausschuss für jüdische Fragen). Laut diesem Ausschuss: "*Das Judentum ist ein nationales und kein religiöses Band. Es beruft sich daher auf das Recht der Völker, über sich selbst zu bestimmen.*[48] *Das Nationalgefühl eines russischen Juden oder eines rumänischen Juden ist weder russisch noch rumänisch, sondern jüdisch.*"

"ISRAELITISCHE ARCHIVE"

Diese Zeitschrift aus Paris veröffentlichte 1864 den folgenden Text: "*Israel ist eine Nationalität. Das Kind israelitischer Eltern ist ein Jude. Durch die Geburt fallen ihm alle jüdischen Pflichten zu. Nicht durch die Beschneidung erhalten wir die Eigenschaft, Jude zu sein.*

---

[48] Beiläufig sei angemerkt, dass keine Nation jemals das Recht auf Selbstbestimmung haben wird, um beispielsweise das monarchische Regime zu wählen. Nationen haben nur dann ein Recht auf Selbstbestimmung, wenn sie nicht in der Lage sind, sich selbst zu versorgen. In diesem Fall haben sie ein Recht auf ihren "Nationalismus". Die anderen hingegen werden diktatorisch zur Demokratie gezwungen, d. h. zur jüdischen Diktatur.

Wir sind nicht Juden, weil wir beschnitten sind, sondern wir lassen unsere Kinder beschneiden, weil wir Juden sind. Wir erwerben den jüdischen Charakter durch unsere Geburt und können diesen Charakter nicht verlieren oder ablegen. Ein Jude, der die israelitische Religion verleugnet, auch wenn er sich taufen lässt, hört nicht auf, Jude zu sein. Alle jüdischen Pflichten obliegen ihm".

"JEWISH CHRONICLE"

Ausgabe vom 8. Dezember 1911, Seite 38: *"Der jüdische Patriotismus ist nur ein Mantel, den er sich umhängt, um dem Engländer zu gefallen. Juden, die sich damit brüsten, gleichzeitig patriotische Engländer und gute Juden zu sein, sind schlichtweg lebende Lügen."*

WODISLAWSKI, JÜDISCH

Artikel in *"Jewish World"* vom 1. Januar 1909: *"Lasst uns die Maske abnehmen, lasst uns also zur Abwechslung einmal den Löwen von Judas spielen. Reißen wir uns unseren falschen Patriotismus aus. Ein Jude kann nur ein einziges Vaterland anerkennen: Palästina".*

" SUNDAY CHRONICLE "

Diese Zeitung aus Manchester veröffentlichte am 26. September 1915 auf Seite 4 den folgenden Text: *"Ob wir in diesem Land eingebürgert sind oder nicht, wir sind keineswegs Briten. Wir sind Nationalitäten, Juden, der Rasse und dem Glauben nach, und keine Briten".*

"JEWISH WORLD" (JÜDISCHE WELT)

Auszug aus seiner Ausgabe vom 15. Januar 1919, Seite 6: *"Der jüdische Nationalismus ist eine jüdische Angelegenheit, die von jüdischen Prinzipien regiert werden muss und nicht den Bequemlichkeiten oder Forderungen irgendeiner Regierung, wie wichtig diese auch sein mag, untergeordnet werden darf. Als Volk haben die Juden untereinander keine Kriege geführt. Englische Juden, gegen deutsche Juden oder französische Juden gegen österreichische Juden; die Judenheit in Loyalitäten zu internationalen Unterschieden zu teilen, scheint uns die Aufgabe des gesamten Prinzips des jüdischen Nationalismus zu sein."*

THEODOR HERZL, JÜDISCH

Der große zionistische Führer erklärt in seinem Buch *"Der Judenstaat"*: *"Die jüdische Frage ist ebenso wenig eine soziale wie eine religiöse Frage. Sie ist eine nationale Frage, die nur gelöst werden kann, indem man sie zu einer Frage der Weltpolitik macht."*

LÉON. LEVY, JÜDISCH

Der Präsident der B'nai B'rith im Jahr 1900 äußerte sich in seinem von der B'nai B'rith herausgegebenen *"Memorial"* wie folgt: *"Die Judenfrage wird sich nicht durch Toleranz lösen lassen. Es gibt wohlmeinende Leute, die sich damit brüsten, einen Geist der Toleranz gegenüber den Juden zur Schau zu stellen. Es steht fest, dass die Rasse und die Religion der Juden so sehr miteinander verschmolzen sind, dass man nicht weiß, wo das eine anfängt und das andere aufhört.*

Es gibt keinen schlimmeren Fehler als die Behauptung, das Wort Jude habe eine religiöse Bedeutung und nicht die einer Rasse. Es ist nicht wahr, dass Juden nur wegen ihrer Religion Juden sind. Ein Eskimo oder ein amerikanischer Indianer könnte die jüdische Religion annehmen: Sie würden dadurch nicht zu Juden werden. Die Zerstreuung der Juden hat in ihnen nicht die nationale Idee der Rasse zerstört. Wer kann schon sagen, dass die Juden keine Rasse mehr bilden?[49]

Blut ist die Grundlage und das Substrat der Idee der Rasse, und kein Volk auf der Erdoberfläche kann eine größere Reinheit und Einheit des Blutes für sich beanspruchen als die Juden. Die Religion begründet keine Rasse. Ein Jude, der seiner Religion abschwört, bleibt ein Jude. Die Juden sind nicht assimiliert: Sie haben ihr Blut in andere Rassen eingeflossen, aber sie haben nur sehr wenig fremdes Blut in ihre eigene Rasse aufgenommen."

---

[49] Sie haben nie eine Rasse gebildet: Wie wir immer wieder betonen, verdanken sie ihre Besonderheit ausschließlich der Beschneidung am achten Tag, dem ersten Tag der ersten Pubertät, die 21 Tage dauern wird.

"JEWISH WORLD" (JÜDISCHE WELT)

Aus seiner Ausgabe vom 22. September 1915: *"Niemand würde es wagen zu behaupten, dass das Kind eines Japaners oder Inders ein Engländer sei, nur weil es in England geboren wurde, und die gleiche Argumentation gilt für Juden."*

"JEWISH WORLD" (JÜDISCHE WELT)

Auszug aus seiner Ausgabe vom 14. Dezember 1922: *"Der Jude bleibt Jude, auch wenn er die Religion wechselt. Ein Christ, der die jüdische Religion annimmt, wird dadurch nicht zum Juden. Denn die Eigenschaft des Juden hängt nicht von der Religion, sondern von der Rasse ab, und ein freidenkender Jude oder Atheist bleibt ebenso Jude wie jeder Rabbiner."*

RABBINER MORRIS JOSEPH

Auszug aus seinem Buch *"Israel als Nation"*: *"Um die jüdische Nationalität zu verneinen, müsste man die Existenz der Juden verneinen."*

ARTHUR D. LAWIS, JÜDISCH

Text veröffentlicht von der *"West London Zionist Association"*: *"Die Juden als eine religiöse Sekte zu betrachten, die der der Katholiken oder Protestanten ähnelt, ist eine Ungenauigkeit. Wenn ein Jude getauft wird, wird kaum jemand glauben, dass er kein Jude mehr ist. Sein Blut, sein Charakter, sein Temperament und seine intellektuellen Eigenschaften werden in keiner Weise verändert"*.

LÉON SIMON, JÜDISCH

"Die Vorstellung, dass die Judenheit eine religiöse Sekte ist, die mit Katholiken oder Protestanten vergleichbar ist, ist Unsinn."

MOSES HESS, JÜDISCH

Auszug aus seinem Buch *"Rom und Jerusalem"*: *"Die jüdische Religion ist vor allem der jüdische Patriotismus. Jeder Jude, ob er will oder nicht, ist solidarisch mit der gesamten jüdischen Nation vereint."*

" JEWISH CHRONICLE "

Auszug aus seiner Ausgabe vom 11. Mai 1923: *"Die erste und dringlichste Pflicht einer Nation wie eines Individuums ist die Pflicht zur Selbsterhaltung. Die jüdische Nation muss vor allem auf sich selbst achten".*

" JEWISH COURIER "

Auszug aus der Ausgabe vom 17. Januar 1924: *"Die Juden mögen die Sprache und die Kleidung der Länder annehmen, in denen sie leben, aber sie werden niemals ein Teil der einheimischen Bevölkerung werden."*

G. B STERN, JÜDISCH

Auszug aus seinem Buch *"Debatable Ground"*: *"Die Juden sind eine Nation. Wenn es nur einen theologischen Unterschied gäbe, hätte er dann so starke Unterscheidungen in den Gesichtszügen und im Temperament verursacht? Würde es etwas an der Krümmung der Nase ändern, wenn man in die Synagoge statt in die Kirche geht? Gewiss, wir sind eine Nation, eine zerstreute Nation, aber durch die Rasse die einigste Nation der Welt".*

S. GERALD SOMAN, JÜDISCH

Rede eines Abgeordneten, zitiert in *"The World Jewry"*, an die siebzehn jüdischen Abgeordneten des Unterhauses: *"Ihr könnt keine englischen Juden sein. Wir gehören einer eigenen Rasse an. Unsere Mentalität ist jüdisch und unterscheidet sich absolut von der der Engländer. Genug der Ausflüchte! Lasst uns offen bekräftigen, dass wir internationale Juden sind".*

Wie jeder sehen kann, ohne dass es all dieser Erklärungen bedarf, assimilieren sich die Juden nicht in den Ländern, die sie aufnehmen. Sie weigern sich, sich mit den nationalen Interessen, dem nationalen Kapital zu verbinden, außer um zu ihren Gunsten auszubeuten. Sie kennen wirklich nur das jüdische Interesse.

Ihre Religion ist eine nationale und rassische Angelegenheit. Sie können nicht wirklich Franzosen, Engländer, Kanadier usw. sein, sie bleiben immer ausschließlich und fanatisch Juden. Sie bilden einen Staat im Staat, und das Tragische ist, dass ihr Staat international ist und dazu tendiert, alle Nationen, die ihrer Hegemonie unterworfen sind, von unten her zu vereinen.

Warum kann der Jude kein gewöhnlicher Mensch sein? Warum ist er so intensiv partikularistisch?[50]

Christen haben einen detaillierten Kodex religiöser und moralischer Praktiken, den Katechismus. Die Juden haben einen entsprechenden Kodex, der Talmud genannt wird. Er besteht aus mehreren Bänden, die in zwei große Teile gegliedert sind: die Mischna und die Gemara. Beide wurden von dem berühmten Rabbiner Josef Caro zu einem einfacheren Buch kodifiziert: dem Schulchan Aruk. Enzyklopädien, Zeitungen und jüdische Führer behaupten kategorisch, dass der Talmud für alle Juden heute oder morgen wie gestern Gesetzeskraft hat.

Zu Beginn des Jahrhunderts übersetzte Abbé Auguste Rohling, ein Arzt und Hebraistengelehrter, zahlreiche Passagen aus dem Talmud. Er hatte zehntausend Francs für jeden geboten, der ihm beweisen konnte, dass auch nur ein einziges Wort seiner Übersetzung unrichtig war. Die Übersetzung war von einem anderen gelehrten Arzt, dem Abbé Lamarque, überarbeitet worden. Sie wurde in vielen Büchern und Zeitungen in ganz Europa und in vielen Sprachen abgedruckt. Nie hat jemand seine Übersetzung in Frage gestellt. Hier also einige Passagen aus diesem "Katechismus", die in einem Buch von Abbé Charles, Doktor der Theologie, ehemaliger Professor für Philosophie, Pfarrer von Saint Augustin in Frankreich, mit dem Titel "*Juste solution de la Question juive*" (*Gerechte Lösung der Judenfrage*) wiedergegeben wurden.

➢ Die Bibel ist Wasser, aber die Mischna ist Wein und die Gemarra ist aromatischer Wein. (*Masech Sopharim*, 13 b)

---

[50] Wir haben es immer wieder gesagt: Die Ursache und die Beschneidung am achten Tag. Aber wir werden nun sehen, wie die Auswirkungen der Beschneidung durch die Psychologie verstärkt werden. Diese Verstärkung ist zwar nicht kausal, aber dennoch nicht zu vernachlässigen: Das werden wir gleich sehen.

➢ Wer die Worte der Rabbiner verachtet, ist des Todes würdig.

➢ Man muss wissen, dass die Worte der Rabbiner süßer sind als die der Propheten. (*Midras Misle*, Fol 1)

➢ Die Worte der Rabbiner sind die Worte des lebendigen Gottes (*Bochai ad Pent* fol 201, cab. 4).

➢ Die Furcht des Rabbiners ist die Furcht Gottes (*Yadchaz hileh, Talmud, Thora*, Perq. 5-1).

➢ Die Rabbiner haben die Oberhoheit über Gott (Tr. 6 *Madkatan* 16).

➢ Alles, was die Rabbiner auf der Erde sagen, ist ein Gesetz für Gott (Tr. *Rosh-Hasha*)

➢ Diejenigen, die das Gesetz der Rabbiner studieren, sind frei von allem in der Welt (*Sahra* 1. 132 a).

➢ Wer den Talmud studiert, wird nie in Not geraten, aber er wird die Kunst der Täuschung aus ihm schöpfen. (Tr. 19 *Sota* 216)

➢ Wenn der Jude von den Sätzen und Lehren des Talmuds auf die Bibel übergeht, wird er nicht mehr glücklich sein. (Tr. chag. Fol.10b)

➢ Wenn die Juden dem Talmud folgen, werden sie essen, während die Nichtjuden arbeiten. Andernfalls werden sie selbst arbeiten (Tr. *Beras chor* 351-b).

➢ Wer die Bibel ohne Mischna und ohne Gemara (*Talmud*) liest, gleicht jemandem, der keinen Gott hat (*Sepher, Safare Zedeq*, Fol.9).

➢ So denkt Israel über sich selbst: Zuerst weint Gott jeden Tag über die Schuld, die er begangen hat, als er sein Volk ins Exil schickte (Tr. *Berachot*, ol.3a.).

➢ Die Seelen der Juden sind Teile Gottes, von der Substanz Gottes, so wie ein Sohn von der Substanz seines Vaters ist. (Tr. *Sela* 262a)

➢ Daher ist eine jüdische Seele teurer, Gott wohlgefälliger als alle Seelen der anderen Völker der Erde. (*Sela I.C.* und *Sefa* Fol 4)

➢ Die Seelen der anderen Völker stammen vom Teufel ab und ähneln denen von Tieren. Der Goi ist der Samen eines Viehs. (Traktat *Jebammoth. Sefa und Sela id. Sepher Hannechamma.* Fol 221. Kol. 4. *Jalqût.* Fol 154b)

➢ Alle Gojim kommen in die Hölle. (*T. Sepher Zerov Hamor.* Fol 27b und Bachai 34. *Masmia Jesua.* Fol 19.Col.4)

➢ Die Juden werden die zeitliche Herrschaft über die ganze Welt haben. (*Perus Hea-misma. Ad Tr. Sab. Ic*)

➢ Alle Christen werden ausgerottet (*Sepher Zerov Ha-Mor.* Fol. 125 b).

➢ Alle Schätze der Völker werden in jüdische Hände übergehen (*Sanhedrin*, Fol. 110 b).

➢ Denn alle Völker werden ihnen dienen und alle Königreiche werden ihnen untertan sein. (*Sanhedrin*, Fol. 88b und *Kethuboth*, Fol. 111b)

➢ Gott hat die Erde vermessen, er hat die Gojim den Juden ausgeliefert (*Baba Quamma*, Fol. 37b).

➢ Die Gojim wurden erschaffen, um dem Juden Tag und Nacht zu dienen. Gott schuf sie in Menschengestalt zu Ehren des Juden, denn es kann einem Fürsten (und jeder Landsmann von Juda dem Gehängten ist ein Fürst) nicht anstehen, von einem Tier in Form eines Vierbeiners bedient zu werden. (*Sepher Nedrasch Talpoth*, Warschauer Ausgabe, 1875, Seite 225)

➢ Die Besitztümer der Gojim sind herrenlose Dinge: Sie gehören dem ersten Juden, der vorbeikommt. (*Pfefferkorn*, Diss. Philos. Seite 11)

➢ Ein Nichtjude, der von einem Juden auch nur weniger als einen Heller stiehlt, soll getötet werden (*Jebammoth*, Fol. 47b).

➢ Es ist jedoch einem Juden erlaubt, einen Nichtjuden zu bestehlen. (*Babattez*, Fol. 54b)

➢ Denn das Eigentum eines Nichtjuden ist gleichbedeutend mit einer verlassenen Sache. Der wahre Besitzer ist der Jude, der es zuerst nimmt (*Baba Bathra*, Fol. 54b).

➢ Wenn ein Jude einen Prozess gegen einen Nichtjuden führt (sagt der *Talmud* zum jüdischen Magistrat), wirst du deinem Bruder Recht geben und dem Fremden sagen: "So will es unser Gesetz".

➢ Wenn die jüdische Siedlung einige dieser Gesetze durchsetzen konnte,[51] werden Sie Ihrem Bruder noch Recht geben und dem Ausländer sagen: So will es unser Gesetz. Wenn aber Israel im Land nicht mächtig ist oder der Richter kein Jude ist, dann müsst ihr den Ausländer mit Intrigen quälen, bis der Jude seine Sache gewonnen hat. (*Tr. Baba Gamma*, Fol. 113a)

➢ Wer einem Nichtjuden den Gegenstand zurückgibt, den er verloren hat, wird bei Gott keine Gnade finden, denn er stärkt die Macht der Nichtjuden. (*Sanhedrin*, Fol. 76b)

➢ Gott hat befohlen, gegenüber den Gojim Wucher zu betreiben, denn wir müssen ihm auch dann Unrecht tun, wenn er uns nützt. Wenn ein Nichtjude Geld braucht, wird ein Jude ihn meisterhaft zu betrügen wissen. Er wird den Wucherzins hinzufügen, bis die Summe so hoch ist, dass der Goy sie nicht mehr bezahlen kann, ohne sein Eigentum zu verkaufen, oder bis der Jude einen Prozess beginnt und von den Richtern das Recht erhält, das Eigentum des Goys in Besitz zu nehmen. (*Sepher, Mizv.* Fol. 73-4)[52]

---

[51] In diesem Fall denkt man an Scheidung, religionsfreie Schulen (Laizismus), Diebstahl von Eigentum der Kongregationen.

Aber am schlimmsten ist das Weltkreditsystem, das der allgemeine Wucher ist, der die Ursache all unserer Übel, all unserer physischen, moralischen, intellektuellen und ökologischen Verschmutzungen ist...

[52] Dieser allgemeine Wucher wird Kredit genannt. Er ist die Ursache all unserer Übel. Er ist unter anderem die Ursache dafür, dass die französischen Bauern, die früher 50 % der Bevölkerung ausmachten, innerhalb von 50 Jahren auf 5 % geschrumpft sind.

Ein reiches Land ist ein Agrarland und kein Industrieland. Ein Agrarland ernährt seine Bevölkerung, ein Industrieland verschmutzt sie. Der Kredit ist

> Man muss den ehrlichsten unter den Gojim töten.[53]

> Wer das Blut der Gojim vergossen hat, bringt Gott ein Opfer dar

> (*Nidderas Bamidebar rabba*, S. 21)

> Drei Juden zusammen reichen aus, um ihre Landsleute von jedem Eid zu entbinden

> (*Rosch-Haschana*)

> Der berühmte Jude Frank sagt, dass es in der Kabbala unmöglich ist, die vielen Texte der Mischna und des Talmuds im Allgemeinen zu erklären. Die Kabbala lehrt jedoch Folgendes: Der Jude ist also der lebendige Gott. Gott inkarniert; er ist der himmlische Mensch. Die anderen Menschen sind irdisch, von niederer Rasse. Sie existieren nur, um dem Juden zu dienen. Sie sind kleine Tierkinder (*Ad Pent,* Fol. 97-3).

DAS KOL NIDRE GEBET

Hier ist der Wortlaut dieses ganz besonderen Gebets, das die Juden von ihren Verpflichtungen befreit, zitiert in der *Jüdischen Enzyklopädie*, Band 7, und in den gängigen Gebetbüchern. Der folgende Text wird dreimal von den Juden am Abend des Festes der großen Vergebung, Jom Kippur, rezitiert.

"*Von allen Gelübden, Verpflichtungen, Eiden oder Anathems, Verpflichtungen aller Art, die wir seit diesem Tag der Vergebung bis zum selben Tag des nächsten Jahres gelobt, geschworen, vereidigt oder zu denen wir uns verpflichtet haben, bereuen wir im Voraus alle von ihnen. Sie sollen als freigesprochen, vergeben, kraftlos, nichtig und von keiner Wirkung sein. Sie sollen uns nicht mehr binden und keine Kraft mehr haben. Gelübde sollen nicht mehr als Gelübde anerkannt werden, Verpflichtungen sollen nicht mehr verbindlich sein, und Eide sollen nicht mehr als Eide gelten.*"

---

auch die Ursache für die galoppierende Demografie wie für alle Umweltverschmutzungen.

[53] Es ist bemerkenswert, dass Menschen mit gesunden und traditionellen Ansichten nun offiziell als "Bastarde" bezeichnet werden.

Dieses Gebet wird damit begründet, dass es sich um Verpflichtungen gegenüber Gott handeln würde. Aber warum wird das Gebet dann nicht abgeändert? Und wenn man sich Gott gegenüber so verhalten kann, was kann man dann den Gojim gegenüber tun, *"dem gemeinen Samen des Viehs"*?

Folgen dieser Psychopathologie

Was an allen Texten vor dieser Seite auffällt, ist ihr schwerer psychopathologischer Charakter. Paranoia, Größenwahn, bestialischer und rassistischer Egoismus. Wenn all dies von der Beschneidung herrührt, wie wir gesagt haben und wie es in anderen meiner Bücher behandelt wird, dann ist es ganz offensichtlich, dass diese pathologische Mentalität auch wirkt, um diesen grauenhaften Partikularismus zu verstärken. Die Auswirkungen der Beschneidung werden durch die Psychopathie, die sie verleiht, noch verstärkt: Ein immenser Teufelskreis.

Hier sind einige Symptome, die durch die folgenden Aussagen hervorgehoben werden, die leider nicht erschöpfend sind:

Klatskin, jüdisch

Aus dem 1916 veröffentlichten Buch *"Der Jude"* dieses Zionistenführers: *"Nur der jüdische Kodex regelt unser Leben. Wann immer uns andere Gesetze auferlegt werden, empfinden wir sie als harte Unterdrückung und meiden sie. Wir bilden in uns selbst eine geschlossene rechtliche und wirtschaftliche Körperschaft. Eine dicke, von uns errichtete Mauer trennt uns von den Völkern, unter denen wir leben, und hinter dieser Mauer befindet sich der jüdische Staat."*

Jacob Braffmann, jüdisch

Dieser ehemalige Rabbiner erinnert in seinen beiden Büchern *"Jüdische Bruderschaften"* (Vilna, 1868) und *"Buch des Kahal"* (Vilna, 1969) daran, dass Juden den Anweisungen des Kahal und des Beth-Din gehorchen müssen, auch wenn diese gegen die Gesetze des Landes verstoßen.

Marcus Éli Ravage, jüdisch

Auszug aus dem *"The Century Magazine"* vom Januar 1928: *"Wir sind Eindringlinge, wir sind Störenfriede. Wir sind Subversive. Wir haben in Ihrem persönlichen Leben ebenso wie in Ihrem öffentlichen Leben Zwietracht und Verwirrung gestiftet".*

JAMES DARMESTETER, JÜDISCH

Dieser Historiker des Orients, Autor des 1892 erschienenen Buches *"Die Propheten Israels"*, schrieb Folgendes: *"Der Jude ist der Arzt des Ungläubigen, alle Aufrührer des Geistes kommen zu ihm im Schatten oder unter freiem Himmel. Er ist am Werk in der riesigen Werkstatt der Blasphemie des großen Kaisers Friedrich und der Prinzen von Schwaben und Aragonien. Voltaires Sarkasmus ist nur das letzte Echo eines Wortes, das zehn Jahrhunderte zuvor im Schatten des Ghettos und noch früher, zur Zeit des Celsus und des Origenes, an der Wiege der Religion Christi geflüstert wurde."*

KURT MUNZER, JÜDISCH

Auszug aus seinem Buch *"Die Wege nach Zion"*, das 1910 erschien: *"Man soll uns hassen, man uns vertreiben, unsere Feinde sollen über unsere körperliche Debilität triumphieren. Es wird unmöglich sein, uns loszuwerden. Wir haben die Herzen der Völker zersetzt, und wir haben die Rassen infiziert und entehrt, ihre Kraft gebrochen, alles verwest, alles zersetzt durch unsere verschimmelte Zivilisation. Keine Möglichkeit, unseren Geist auszurotten".*

OTTO WEININGER, JUDE

Auszug aus seinem Buch *"Geschlecht und Charakter"*: *"Was den Juden in der Französischen Revolution auszeichnet, ist, dass er ein Element der Zersetzung ist."*[54]

BERNARD LAZARE, JUDE

Auszug aus seinem Buch *"Der Antisemitismus und seine Ursachen"*: *"Der Jude entchristlicht nicht nur, er judaisiert auch. Er zerstört*

---

[54] Otto Weininger, Doktor der Philosophie, schämte sich so sehr, Jude zu sein, nachdem er die Judenfrage in ihrer ganzen Tragweite studiert hatte, dass er sich in jungen Jahren das Leben nahm.

den katholischen und protestantischen Glauben. Er provoziert zur Gleichgültigkeit. Er zwingt denjenigen, deren Glauben er ruiniert, seine Vorstellung von der Welt, der Moral und dem Leben auf. Er arbeitet an seinem jahrhundertealten Werk: der Vernichtung der Religion Christi."[55]

RENÉ GROOS, JÜDISCH

Zitat aus "*Le Nouveau Mercure*", Mai 1937: "*Es gibt, das ist eine Tatsache, eine jüdische Verschwörung gegen alle Nationen.*"

M. J OLGIN, JÜDISCH

Auszug aus einem Artikel, der in der deutschsprachigen jüdischen Zeitung "*Freiheit*" in New York am 10. Januar 1937 veröffentlicht wurde: "*Gemäß der jüdischen Religion ist der Papst allein aufgrund der Tatsache, dass er das Oberhaupt der katholischen Kirche ist, ein Feind des jüdischen Volkes. Die jüdische Religion ist, wie wir uns erinnern, gegen das Christentum im Allgemeinen und gegen die katholische Kirche im Besonderen.*"

MEDINA IVRIT, JÜDISCH

Auszug aus "*The Jewish State*", Prague, Nr. 33, 27. September 1935: "*In unseren Herzen herrscht nur ein Gefühl: Rache. Wir befehlen unseren Herzen, alle anderen Gefühle zu verbannen und uns nur von diesem einen Gefühl leiten zu lassen: dem der Rache. Unser Volk, dem die Welt die höchsten Vorstellungen verdankt, hat heute nur noch einen einzigen Wunsch: zu rauben, zu zerstören, zu boykottieren.*"

KOPPEN, JÜDISCH

Auszug aus der jüdisch-marxistischen Zeitschrift "*La Révolution surréaliste*", erschienen am 15. Dezember 1920:

---

[55] An der Schwelle zum Jahr 2000 gelang ihnen das. Man muss sich die "Reue" von Monseigneur de Béranger, einem kommunistischen Bischof, ansehen! (vgl. meine "*Reue der Reue*")

"(...) jedes Mal, wenn Sie auf der Straße einem Diener der P... (schändlicher Ausdruck für die Heilige Jungfrau) begegnen, in diesem Tonfall, der keinen Zweifel an der Qualität Ihres Ekels lässt. Aber das Beleidigen von Priestern hat neben der moralischen Befriedigung, die es im Augenblick verschafft, keinen anderen Zweck, als Sie in diesem Geisteszustand zu erhalten, der es Ihnen an dem Tag, an dem Sie frei sind, ermöglichen wird, jeden Tag zwei oder drei Tonnen dieser gefährlichen Verbrecher spielend zu erschießen."

BARUCH LEVI, JÜDISCH

Brief an Karl Marx, abgedruckt in "*La Revue de Paris*" vom 1. Juni 1928, Seite 574:

"In der neuen Organisation der Menschheit werden sich die Kinder Israels über den ganzen Erdball ausbreiten und überall ohne Widerspruch das führende Element werden, besonders wenn es ihnen gelingt, den Arbeitermassen die feste Kontrolle einiger weniger unter ihnen aufzuzwingen. Die Regierungen der Nationen, die die Weltrepublik bilden, werden unter dem Deckmantel des Sieges des Proletariats mühelos in die Hände der Juden übergehen. Das Privateigentum wird dann von den Regierenden der jüdischen Rasse abgeschafft werden, die überall die öffentlichen Gelder kontrollieren werden. So wird sich das Versprechen des Talmuds erfüllen, dass, wenn die Zeit des Messias kommt, die Juden das Eigentum aller Völker der Erde besitzen werden."

DR. EHRENPREIS, OBERRABBINER

Kommentar des Oberrabbiners von Schweden, veröffentlicht in "*Judisk Tidskrift*", Nr. 6, August-September 1929: "*Theodor Herzl sah 20 Jahre im Voraus, bevor wir sie selbst erlebten, die Revolutionen voraus, die der Große Krieg mit sich brachte, und er bereitete uns auf das vor, was kommen würde.*"

Man kann feststellen, dass die Juden in der Tat gut informiert sind. Die ahnungsvollen "*Protokolle der Weisen von Zion*", von denen einige sagen, sie seien eine Fälschung und andere sagen, sie seien von der Polizei des Zaren oder von Herzl geschrieben worden, hat auf jeden Fall eine wesentliche Realität, die sich nicht um die Details der Autoren schert: Er kündigte 20 Jahre im Voraus die Ereignisse an, die eingetreten sind und die sich seitdem durch ein Meer von Schrecken verschärft haben, das diese "Fälschung" oder "Wahrheit" bei weitem übertrifft).

DER ZUSAMMENBRUCH RUSSLANDS

"BRITISH ISRAEL TRUTH"

Kommentar, der 1906 von den Juden Dinnis Hanau und Aldersmith verfasst wurde (das Datum dieses Dokuments ist erschreckend bemerkenswert). *"Die vollständige, endgültige und triumphierende Rückkehr der Juden wird nach dem Zusammenbruch Russlands stattfinden. Wir können erhebliche Veränderungen von dem kommenden großen Krieg erwarten, der über den Nationen Europas aufgehängt ist. Gemäß unserer Interpretation der Prophezeiungen wird das türkische Reich zerstückelt werden, und eine Großmacht wie England kann nicht zulassen, dass eine andere Macht Palästina besetzt."*

IST DIE TOTALITÄRE JUDEOPATHIE TOLERIERBAR?

Die Juden gestehen uns selbst, was jeder weiß, nämlich dass sie die Weltfinanz, den Großhandel und die internationale Politik, die großen Propagandainstrumente, die Künste und die Literatur kontrollieren und alle Länder der Welt beherrschen wollen. Über den Handel und die Bekleidungsindustrie kontrollieren sie den Markt für Frauenarbeit. Dieses letzte Detail ist wichtig in Bezug auf das Blut der Rasse, mit dem sich einige Juden brüsteten, es zu verunreinigen.[56]

---

[56] Das alles ist geschehen. Die Gojim sind verdorben, Frauen werden nun zu Klonen von verjudeten Humanoiden gemacht. Kinder ohne Mutter (geschieden oder außerhäuslich arbeitend) sind der Kriminalität, krankmachender Musik, Drogen, Selbstmord und Arbeitslosigkeit ausgeliefert. Die Jugendlichen sind nur noch blue-jeaneux, verängstigte Kuhhirten ohne Ideale, biotypologische Rückstände, physikalisch-chemische Amalgame, die von der Gewinn- und Verlustkasse der totalitären jüdischen Pseudo-Demokratien regiert werden.

Wie sind die Juden geistig qualifiziert, eine solche Hegemonie auszuüben?[57]

Sehen wir uns die Antwort an, die sie uns geben:

"JEWISH ENCYCLOPEDIA" (JÜDISCHE ENZYKLOPÄDIE)

Unter der Überschrift *"Nervenkrankheiten"*, Band 9, heißt es, dass Juden anfälliger für Nervenkrankheiten sind als die anderen Rassen und Völker, in deren Mitte sie leben. Hysterie und Neurasthenie sind die häufigsten Krankheiten.

Einige Ärzte, die Juden behandelt haben, behaupten, dass die meisten von ihnen ein Neurasthenie- oder Hysteriesyndrom aufweisen. Tobler behauptet, dass alle Jüdinnen in Palästina hysterisch seien.

Und Raymond sagt, dass in Warschau, Polen, Hysterie sowohl bei Männern als auch bei Frauen häufig vorkommt. Die Bevölkerung allein dieser Stadt ist die unerschöpfliche Quelle männlicher Hysteriker für alle Kliniken in Europa.

In Bezug auf Österreich und Deutschland wird derselbe Zustand der Neurose bei Juden von Kraft Ebing angeprangert, der sagt, dass Nervenkrankheiten, insbesondere Neurasthenie, Juden mit außergewöhnlicher Schwere befallen.

Biswanger, Erb, Joly, Mmobius, Lowenfeld, Oppenheim, Ferré, Charcot, Bouveret und fast allen anderen Spezialisten für Nervenkrankheiten sagen in ihren Studien über Neurasthenie und Hysterie dasselbe und betonen die Tatsache, dass Hysterie, die bei den männlichen Mitgliedern anderer Rassen so selten ist, bei Juden sehr häufig vorkommt.

Die Jüdische Enzyklopädie fügt hinzu, dass das Studium der talmudischen Theologie in einem frühen Alter einen gewissen Anteil an der Ätiologie dieser Pathologie hat.

---

[57] Die intellektuelle Redlichkeit lässt mich vor dem, was hier gesagt wird, zurückschrecken, aber die Ursache kennen wir: Das Verschwinden der Eliten der Vorsehung, der traditionellen Regime und die enorme spekulative Macht der Juden, die auf die rituelle Beschneidung am achten Tag zurückzuführen ist, gibt ihnen automatisch alle Macht. Das ist die einzige Realität.

BERNARD LAZARE, JUDE

Aussage zitiert von Maingnial in *"La Question Juive"*, 1903: *"In dem Maße, wie die Welt für sie sanfter wurde, zogen sich die Juden - zumindest die Masse - in sich selbst zurück, sie verengten ihr Gefängnis, sie knüpften engere Bande. Ihr Verfall war unerhört, ihre intellektuelle Erschlaffung wurde nur von ihrer moralischen Erniedrigung übertroffen."*

DR. HUGO GANZ, JÜDISCH

Dieser jüdische Arzt *aus* Rumänien schrieb in *"Reiseskizzen aus Rumänien"*, Berlin 1903, Seite 138: *"Dem allzu ausschließlichen Studium der Theologie verdanken diese Unglücklichen ihre schmalen Brüste und ihre schmalen, schwachen Glieder. Es ist die Jagd nach immerwährenden Geschäften, die ihnen die charakteristische Schlauheit verleiht und dem Antisemitismus seine Daseinsberechtigung verschafft. Es ist auch möglich, dass sie an einem "Kopfüberschuss" leiden.*

Anmerkung des Autors: Es ist offensichtlich, dass dieser Arzt die Auswirkungen der Beschneidung nicht kannte, die allein für diese "zerebral-somatischen" hormonellen Ungleichgewichte verantwortlich ist.

THÉODORE REINACH, JUDE

Autor des Artikels "Jude" in der *Großen Enzyklopädie*, Seite 273, Band 21: *"Die lange Spezialisierung der Juden auf den Geldhandel erklärt ihre erbliche Überlegenheit in dieser Branche und in allen damit verbundenen Beschäftigungen sowie die Häufigkeit der Fehler, die sie hervorbringt: Verbissenheit, übermäßiges Gewinnstreben, Finesse, die in Doppelzüngigkeit ausartet, die Neigung zu glauben, dass alles käuflich ist und dass es legitim ist, alles zu kaufen.*

Die plötzliche intellektuelle und religiöse Emanzipation brachte noch andere unausgeglichene Wirkungen hervor: Indem der Jude die Bande zerriss, die ihn an das traditionelle Judentum fesselten, fand er in seinem entleerten Gewissen keine Bremse und keinen moralischen Führer mehr, die ihn hätten aufhalten können. Er gibt sich wie ein entfesseltes Pferd der ganzen Zügellosigkeit seiner

Phantasie und Logik, allen Exzessen des Denkens und Handelns hin. Die Berliner Gesellschaft seit dem Ende des letzten Jahrhunderts hat bemerkenswerte Beispiele für diesen Radikalismus oder vielmehr moralischen *Nihilismus geboten."*

DR. RUDOLF WASSERMAN, JÜDISCH

Aus seiner Abhandlung *"Studie über die jüdische Kriminalität"*: *"Bei den Juden ist es der Verstand, bei den Gojim ist es die Hand, das Instrument des Vergehens. Der Christ verwirklicht den kriminellen Erfolg durch direkte körperliche Aktivität: Raub, Diebstahl, tätliche Angriffe auf Güter oder Personen. Der Jude hingegen verwirklicht sein Delikt auf indirekte Weise, indem er eine andere Person durch Täuschung und List psychisch dazu verleitet, ihm einen unrechtmäßigen Vorteil zu gewähren."*

CERFBEER AUS MEDELSHEIM, JÜDISCH

Auszug aus seinem Buch *"L'Église et la Synagogue"*, erschienen 1847, Seite 230: *"Die Israeliten in Frankreich sollen sich vorsehen; sie laufen zweifellos einer katastrophalen Reaktion entgegen, deren Auswirkungen wir durch unseren Rat und unsere Warnungen verhindern möchten. Sie bemerken nicht, wie locker und verlassen die Moral bei ihnen ist. Wie sehr schmutzige Ideen und die Gier nach leichtem Gewinn sie in die Irre führen, indem sie sie blenden. Ein einfacher Vergleich der statistischen Berechnung wird die Wahrheit und die Tragweite unseres Gedankens leicht verständlich machen."*[58]

WUCHER VERSCHAFFTE DEN JUDEN DIE HÄLFTE DES ELSASS

In seinem Buch *"Les Juifs"* (Die Juden), Paris, erschienen 1857, Seite 39, sagt dieser Autor: *"Es ist die große Plage unserer Zeit. Der Wucher wird in unseren ländlichen Gebieten mit der gleichen Schamlosigkeit wie die Straflosigkeit begangen. Der Kleinbesitz wird von diesem alles zerfressenden Krebsgeschwür aufgefressen. Es würde einen ganzen Band füllen, um die schändlichen und*

---

[58] Das ist die Arbeit, die ich versuche, indem ich sie anschreie, die Beschneidung am achten Tag zu beenden, die ihren grundlegenden Partikularismus im Laufe der Jahrhunderte und in allen Ländern berücksichtigt.

heimtückischen Mittel aufzuzählen, die die Juden anwenden, um alle Grundstücke, die ihre Begierde wecken, an sich zu ziehen, und wir wissen nicht, ob sich im Geist unserer modernen Gesetze einige Bestimmungen finden lassen, die stark genug sind, um den Fortschritt dieses Übels aufzuhalten, wenn man sich gezwungen sieht, sich an die Legislative zu wenden. Es sind nicht mehr die Juden, die sich mit dem Sack des Schmerzes bedecken, es sind die Bauern auf unseren Feldern, die um die Missetaten Israels trauern."[59]

OSCAR FRANK, JÜDISCH

Auszug aus seinem Buch *"Die Juden"*, Leipzig, 1905 Seite 84: *"Zu allen Zeiten wurde der jüdische Wucher von den Dichtern stigmatisiert. Im 16. Jahrhundert war der jüdische Wucherer eine bekannte Figur. In den Karnevalsspielen war der Jude als Wucherer und Betrüger die Rolle, die dem Publikum besonders gut gefiel. In diesem Fall hatten die Schriftsteller keine Schwierigkeiten, ihm aus dem Leben gegriffene Züge zu verleihen (Seite 98): ein Mann, der generell das christliche Umfeld, in dem er sich aufhält, täuscht und von dem Wunsch inspiriert wird, sich zu bereichern. Aus diesem Grund herrscht fast überall die Meinung vor, dass der Jude der Ausbeuter des christlichen Volkes ist."*

GRAETZ, JÜDISCH

So drückt es der große Historiker des jüdischen Volkes aus, der von dem Philosemiten Bonsirven in seinem Buch *"Auf den Ruinen des Tempels"* auf Seite 324 zitiert wird: *"Die Mängel der talmudischen Lehrmethode, die Subtilität, die Art und Weise des Argumentierens, die Spitzfindigkeit, drangen in das praktische Leben ein und entarteten zu Doppelzüngigkeit, Verschlagenheit und Illoyalität. Für die Juden war es schwierig, sich untereinander zu täuschen, weil sie eine annähernd gleiche Erziehung genossen hatten und daher die gleichen Waffen benutzen konnten. Aber gegenüber den Nichtjuden wandten sie oft List und unlautere Mittel an"*.

---

[59] Ich zähle nicht die Anzahl der Bauern, die in meinem einzigen, kurzen Leben zum Beispiel von der "Crédit Agricole" ruiniert wurden. Die Bank als Ganzes ist der Henker der Bauern, ihr Vernichter. Innerhalb von 50 Jahren sind sie von 50 % der französischen Bevölkerung auf 5 % geschrumpft!

Dr. Rudolf Wasserman, jüdisch

Aus der "*Zeitschrift für Sozialwissenschaft*", 12. Jahrgang, 1909, Seite 663: "*Wir besitzen umfangreiches Zahlenmaterial, das zeigt, dass besonders die Juden anfällig für Gehirnkrankheiten* sind (Statistiken), *und die Fachleute erkennen dies einstimmig an (Fallzitate). Bei Juden ist das Nervensystem der 'locus minoris resistentiae'* (Ort des geringsten Widerstandes)".

Dr. M. J. Guttmann, jüdisch

Aus "*Zeitschrift für Demographie*", 3. Jahrgang, H 4 - 6, Seite 112: "*Dementia praecox ist eine Geistesstörung, die bei den Juden eine ganz außerordentliche Häufigkeit aufweist.*"

Kreppel, jüdisch

Auszug aus seinem Buch "*Les Juifs et le Judaïsme d'aujourd'hui*", Edition Amalthéa, 1925, Seite 387: "*Was die Demenz betrifft, so wurde festgestellt, dass in den öffentlichen und privaten Irrenanstalten der Anteil der Juden den der Christen um das Dreifache übersteigt.*"

Die pathologische Entwicklung der jüdischen Persönlichkeit aufgrund der rituellen Beschneidung ist absolut offenkundig.

Hat Nietzsche nicht gesagt: "*Es sind die Kranken, die die Bosheit erfunden haben"*?

Die jüdische Spekulations- und Parasitenkrankheit wird mit der Abschaffung der Beschneidung am achten Tag sofort aufhören.

Die französische Flagge aus der Sicht des Juden Jean Zay

Jean Zay, Mitglied der Loge "*L'Indépendance*" in Orléans, Minister im Kabinett Sarrault und Léon Blum, unterzeichnete am 6. März

1924 in einer Pariser Zeitung den folgenden Artikel, in dem er leider zwei kleine Details vergaß:[60]

Die Flagge

> Es sind fünfzehnhunderttausend, die für diesen Dreck gestorben sind. Fünfzehnhundert in meinem Land, fünfzehn Millionen in allen Ländern. Fünfzehnhunderttausend tote Männer, Mein Gott!
>
> Fünfzehnhunderttausend tote Männer, von denen jeder eine Mutter, eine Geliebte, Kinder, ein Haus, ein Leben, eine Hoffnung und ein Herz hatte.
>
> Was ist das für ein Wrack, für das sie gestorben sind?
>
> Fünfzehnhunderttausend Tote, mein Gott, fünfzehnhunderttausend Tote für diese Schweinerei, fünfzehnhunderttausend Aufgerissene, Zerfetzte, Vernichtete im Mist eines Schlachtfeldes, fünfzehnhunderttausend, von denen wir nie wieder hören werden, die ihre Lieben nie wiedersehen werden.
>
> Schreckliches Stück Bettlaken, an deinen Schaft genagelt, ich hasse dich heftig.
>
> Ja, ich hasse dich in der Seele, ich hasse dich für all das Elend, das du darstellst, für das frische, herb riechende Menschenblut, das unter deinen Falten hervorspritzte, ich hasse dich im Namen der Skelette.
>
> Sie waren fünfzehnhunderttausend.
>
> Ich hasse dich für alle, die dich grüßen, ich hasse dich wegen der Kämme der Feiglinge und der Huren, die ihre Hüte vor deinem Schatten durch den Schlamm ziehen.
>
> Ich hasse in dir all die jahrhundertealte Unterdrückung, den bestialischen Gott, die Herausforderung an die Menschen, die wir nicht zu sein wissen.

---

[60] Jean Zays Weinen hätte seinen Wert, wenn er erwähnen würde, dass dieser Krieg jüdischen Ursprungs ist und von Juden finanziert wurde, wie die bolschewistische Revolution, und wenn er die zig Millionen Leichen des russischen Kommunismus erwähnen würde, in dem kaum noch von einer Flagge die Rede ist.

Ich hasse deine schmutzigen Farben, das Rot ihres Blutes,[61] das Blau, das du vom Himmel gestohlen hast, das Weiß bleiche deiner Reue.

Lass mich, niederträchtiges Symbol, allein weinen, lass mich mit großen Schlägen die fünfzehnhunderttausend jungen Männer beweinen, die gestorben sind, und vergiss nicht, trotz deiner Generäle, deines Eisens und deiner Siege, dass du für mich von der niederträchtigen Rasse der Fackelträger bist.

(Die rote Fackel des Marxismus wird 200 Millionen Menschen töten) Wer profitierte vom Bolschewismus?

Die bolschewistische Revolution war vollständig jüdisch: Ideologen (Marx, Lassalle), Finanziers (Warburg, Loeb usw.), Politiker (Lenin, Trotzki, Kerenski usw.), Gefängnis- und Konzentrationslager-Henker, (Kaganowitsch, Frenkel, Yagoda usw.).

Das in den USA veröffentlichte offizielle Jahrbuch der Judenheit (Regierung Israels) listet stolz die folgenden Juden auf, die im Jahr 5678 der hebräischen Zeitrechnung in Russland Macht ausübten:

---

[61] Die französische Flagge ist weiß mit einer Lilie in der Mitte. Dieses Rot der Flagge, das sie beim bolschewistischen Aufkommen vollständig bedecken wird, ist jüdisch. Wie die Revolution von 89, wie die finanziellen Ursprünge des Großen Krieges (14-18).

Als die Fahne noch weiß war, ließen sich nur Aristokraten in Kriegen töten, die gerechtfertigter waren als streng wirtschaftliche Kriege zum Nutzen der Hochfinanz. Das Unglück ist, dass das Volk, das dies nicht versteht, für das Pathos eines solchen Textes, der es ins Nichts führt, empfänglich sein kann...

Aaronson, Führungskraft in Witebsk;

Alter, Führungskraft in Kamenetz;

Apfelbaum, genannt Zinovief, Leiter in Petrograd;

Bekerman, Magistrat in Radom;

Bernstam, Magistrat in Petrograd;

Bernstein, Kommissar für Kohle;

Bloch, Justizministerium;

Boff, genannt Kamgoff, Leiter in Petrograd;

Bothner, Polizeichef von Moskau;

Bramson (Abrahamson), Führungskraft in Petrograd;

Braunstein, genannt Trotzki, Diktator in der Armee;

Brodsky, Richter in Petrograd;

Cohen, Richter in Lodz;

Davidowitsch, Richter in Petrograd;

Dickstein, Staatsanwalt in Petrograd;

Dalbrowsky, Kommissar in Petrograd für jüdische Angelegenheiten;

Eiger, Kommissar für polnische Angelegenheiten;

Fisher, Stadtrichter in Petrograd;

Friedman, Bürgermeister von Odessa;

Friedman, Justizkommissar in Petrograd;

Geilman, Kommissar der Bank;

Ginzburg, Führungskraft in Kolomensky;

Greenherg, Chef der Moskauer Polizei;

Greenberg, Kurator des Bezirks Petrograd;

Grodski, Richter in Petrograd;

Grusenberg, Ermittler in Marineangelegenheiten des alten Regimes, Kommissar für die neue Marine;

Gunzburg, Kommissar für Lebensmittelversorgung;

Guitnik, Handelskommissar in Odessa;

Gurevitch, Stellvertreter des Kommissariats für Inneres;

Halperin, Generalsekretär der Regierung;

Hefez, stellvertretender Justizkommissar;

Hurgin, Vizekommissar für jüdische Angelegenheiten;

Kachnin, Arbeitskommissar in Kherson;

Kalmanowitsch, Staatsanwalt in Minsk;

Kantorowitsch, Abgeordneter in Petrograd;

Kerenski, Abgeordneter;

Lichtenfeld, Richter in Warschau;

Luria, Bankkommissar;

Mandzin, Staatsanwalt;

Minor, Vorsitzender des Moskauer Stadtrats;

Per, Richter in Warschau;

Perlmutter, Mitglied des Staatsrats von Polen;

Podghayetz, Bürgermeister von Moghilev;

Gutterman, Kommissar für Lebensmittelversorgung in Saratow;

Halpern, stellvertretender Bürgermeister von Kolomensky;

Hillsberg, Richter in Lublin;

Isaacson, Kommissar für die Marine;

Kahan, Richter in Petrokov;

Kaminetski, Richter in Petrograd;

Kempner Richter in Lodz;

Lazarowitsch Bürgermeister von Odessa;

Lublinsky, Richter in Petrograd;

Maldelbert, Bürgermeister von Zitomir;

Meyerowitch, Kommissar für das Heer;

Nathanson, Mitglied des Staatsrats von Polen;

Prelman, Richter in Saratow;

Pfeffer, Mitglied des Staatsrats von Polen;

Poznarsky, Richter am Kassationsgericht;

Rabinowitz, Arbeitskommissar in Tavrida;

Ratner, Verwalter der Siedlung Nachichevanskz;

Rundstein, Richter am Kassationsgericht;

Sacks, stellvertretender Kommissar für Bildung;

Schreider, Bürgermeister von Petrograd;

Stechen, Senator;

Sterling, Richter in Warschau;

Unsehlicht, Kommissar in Petrograd;

Weinstein, Verwalter von Minsk;

Yonstein, Bürgermeister von Oriel;

Zitzerman, Staatsanwalt in Irkutsk.

Rafes, stellvertretender Kommissar für lokale Angelegenheiten in der Ukraine;

Rosenfeld, genannt Kameneff, Abgeordneter;

Phineas Rutenberg, stellvertretender Befehlshaber der Petrograder Miliz;

Schreiber, Staatsanwalt in Irkutsk;

Silvergarb, Kommissar für jüdische Angelegenheiten in der Ukraine;

Steinberg, Kommissar für Justiz;

Trachtenberg, Richter in Petrograd;

Vinaver, Abgeordneter;

Warshavsky, Handelskommissar in Petrograd;

Wegmeister, Mitglied des Staatsrats von Polen;

SYMBOLIK DER GESCHLOSSENEN FAUST UND DES ERHOBENEN ARMS MIT OFFENER HAND

Wenn Juden ihr Rachefest Purim feiern, das an die Ermordung von 70 000 Nichtjuden erinnert, machen sie alle zusammen den Gruß der geschlossenen Faust, der der bolschewistische Gruß sein wird. Dieses Zeichen ist religiös und rassistisch. Es ist die Antithese zum religiösen Kreuzzeichen und zum Gruß der Freundschaft zwischen den lateinischen und sächsischen Rassen. Der ausgestreckte und erhobene Arm mit offener Hand bedeutet: "*Ich komme als Freund, offenherzig, keine Waffen versteckend*".

In den von den Juden gegründeten sozialistisch-kommunistischen Internationalen, von denen sie sich aufgrund der geistigen Unzulänglichkeit der meisten Menschen leider sehr logisch die weltweite Hegemonie erhoffen, haben sie den Gruß der geballten Faust auferlegt, der eine natürliche Erscheinungsform ihrer psychopathischen Mentalität ist. Es ist der Gruß der Rache, der feindliche Gruß der Zivilisation und der weißen Rasse, die einen solchen Gruß akzeptieren muss: den Gruß der jüdischen Rache und Herrschaft.

Wie ich mich aus meiner Kindheit erinnere, wie sie sich über die "dummen Gojim" lustig gemacht haben.

Sie müssen lachen, wenn sie sehen, wie so viele entchristianisierte Gojim ihrer Sache dienen und mit erhobenem Arm und verkrampfter Faust in ihren eigenen Selbstmord marschieren...

GEFAHR!

Schlom Ash, informiert uns, dass die geringste Erschütterung des Sowjetregimes den Tod der Juden bedeuten würde. In der "*Jewish World*" vom 19. Juni 1922 aus London berichtet er uns: "*Nicht nur in revolutionären Kreisen, sondern sogar in der Roten Armee ist der Antijudaismus so stark, dass nur die von den Bolschewiki auferlegte eiserne Disziplin und die Furcht vor der Todesstrafe die Soldaten und Frauen davon abhält, überall Pogrome zu beginnen. In Russland hassen alle - Bauern, Soldaten, Frauen, Stadtbewohner - die Juden. Alle Juden in Russland sind einstimmig der Meinung, dass der Sturz der Sowjets und der Übergang der Macht in andere Hände das größte Unglück wäre, das den Juden widerfahren könnte. Die Flamme des Antisemitismus brennt in Russland heute heller als je zuvor*".[62]

---

[62] 1998 änderte sich nichts daran, dass im November ein kommunistischer General öffentlich zu Pogromen aufgerufen hatte. Die Duma weigerte sich zunächst, ein Gesetz gegen derartige Demonstrationen zu verabschieden. (Später wurde das Gesetz verabschiedet). Es sei daran erinnert, dass Stalin in diesem jüdischen Sowjetregime ein nationales Pogrom geplant hatte, das durch seinen Tod verhindert wurde (Historische Sendung auf Kanal V, 1998).

Neville Chamberlain enthüllt, dass die Vereinigten Staaten und das Weltjudentum England in den Krieg gezwungen hatten.

James Vincent Forrestal, Wall-Street-Banker, ehemaliger Botschafter der Vereinigten Staaten in England zwischen 1937 und 1940, Untersekretär im Marineministerium unter Roosevelt und Verteidigungsminister unter Truman, bezieht sich im folgenden Auszug auf das Gespräch, das er mit Joseph Kennedy (dem Vater des späteren Präsidenten der Vereinigten Staaten) geführt hat. Forrestal wusste zu viel und wird nach dem Krieg "Selbstmord" begehen, indem er aus dem Fenster des Militärkrankenhauses stürzt, in dem er stationär behandelt wurde.

"Als ich mit Joseph Kennedy, Roosevelts Botschafter in Großbritannien in den Jahren vor dem Zweiten Weltkrieg, Golf spielte, fragte ich ihn nach den Gesprächen, die er seit 1938 mit Roosevelt und Neville Chamberlain geführt hatte. Er sagte mir, Chamberlains Meinung sei gewesen, dass England nicht kampfbereit sei und nicht mit Hitler in den Krieg ziehen könne. Kennedys Meinung war, dass Hitler gegen Russland gekämpft hätte, ohne mit England in Konflikt zu geraten, wenn nicht Bullit, der amerikanische Botschafter in Frankreich, Druck auf Roosevelt ausgeübt hätte, damit man den Deutschen in der polnischen Frage gegenübertritt.

Weder die Franzosen noch die Engländer hätten Polen ohne die ständigen Intrigen Washingtons zu einem Kriegsgrund gemacht. Bullitt wiederholte Roosevelt, dass die Deutschen es nicht wagen würden, zu kämpfen. Kennedy sagte, dass sie kämpfen und Europa einnehmen würden.

Neville Chamberlain erklärte, dass Amerika und das Weltjudentum England gezwungen hätten, in den Krieg einzutreten".

Quelle: *"James Forrestal Diaries"*, herausgegeben von Malter Millis, unter Mitarbeit von U. S. Duffield, New York. The Viking Press, MCMLI, Oktober 1951. Am selben Tag in Kanada von der Mac Millan Cie of Canada Limited veröffentlicht.

KOMMUNISMUS UND JUDENFEINDSCHAFT IN KANADA

Fred Rose, der mit bürgerlichem Namen Rosenberg hieß, wurde nach dem Krieg der Spionage für die Sowjets beschuldigt und zu sechs Jahren Zuchthaus verurteilt. Nach seiner Freilassung setzte er seine Arbeit in der Tschechoslowakei fort.

➢ Der kommunistische Führer in Kanada war 1966 der Jude W. Kashtan.

➢ Der kommunistische Führer in Québec ist der Jude Samuel Walsh.

EIN LEBENSWICHTIGES INTERESSE

Der Jude Alfred Nossig schrieb in seinem Buch "*Integrales Judentum*" Berlin 1922: "*Die moderne sozialistische Bewegung ist zum größten Teil ein Werk von Juden, die ihr den Stempel ihres Gehirns aufdrückten. Es waren auch Juden, die einen grundlegenden Anteil an der Führung der ersten sozialistischen Republiken hatten. Die meisten jüdischen Sozialistenführer standen dem Judentum jedoch fern.*

Trotzdem hing die Rolle, die sie spielten, nicht nur von ihnen allein ab. In ihnen wirkte unbewusst das alte eugenische Prinzip des Mosaismus, das Blut des alten apostolischen Volkes lebte in ihrem Gehirn und in ihrem sozialen Temperament. Der heutige Weltsozialismus bildet das erste Stadium der Erfüllung des Mosaismus, den Beginn der Verwirklichung der von unseren Propheten angekündigten zukünftigen Welt.

Nur wenn es einen Völkerbund gibt, nur wenn die alliierten Armeen wirksam zum Schutz aller Schwachen eingesetzt werden, können wir erwarten, dass die Juden in der Lage sein werden, ihren Nationalstaat in Palästina ungehindert zu entwickeln, und ebenso wird nur ein Völkerbund, der vom sozialistischen Geist durchdrungen ist, es uns ermöglichen, sowohl unsere internationalen als auch unsere nationalen Bedürfnisse zu erfüllen.

Aus diesem Grund haben alle jüdischen Gruppen, ob Zionisten oder Anhänger in der Diaspora, ein vitales Interesse am Sieg des Sozialismus. Sie müssen ihn nicht nur wegen seiner Identität mit dem Mosaismus fordern, sondern auch aus taktischem Prinzip."

KARL MARX, BEGRÜNDER DES KOMMUNISMUS

Bernard Lazare, ebenfalls in seinem bemerkenswerten Buch "*Der Antisemitismus und seine Ursachen*", berichtet über Marx: "*Er war ein Abkömmling einer Linie von Rabbinern und Doktoren, der die ganze logische Kraft seiner Vorfahren erbte. Er war ein klarer und deutlicher Talmudist, den die albernen Kleinigkeiten der Praxis nicht in Verlegenheit brachten. Er war ein Talmudist, der sich mit Soziologie beschäftigte und seine angeborenen Fähigkeiten als Exeget auf die Kritik der politischen Ökonomie anwandte.*

Er war von jenem alten hebräischen Materialismus beseelt, der immer wieder von einem abgelehnten Paradies auf Erden träumte und die ferne und problematische Hoffnung auf ein Eden nach dem Tod immer wieder zurückwies. Aber er war nicht nur ein Logiker, sondern auch ein Revoluzzer, ein Agitator, ein erbitterter Polemiker, und er nahm seine Gabe des Sarkasmus und der Invektive von dort, wo Henri Heine sie genommen hatte: aus den jüdischen Quellen."

SYSTEMATISCHER BOYKOTT ALLER BÜCHER, DIE SICH NICHT FÜR DIE JUDEN AUSSPRECHEN, BEREITS SEIT 1895

Saulus, ein Jude, leitet in der Mainzer Zeitung "*Wucherpille*" vom Januar 1895 eine Praxis ein, die heute auf totalitäre Weise fortbesteht: die Unmöglichkeit, etwas über Juden zu sagen, das für sie ungünstig ist, ohne mit Geld- und Gefängnisstrafen belegt zu werden (Loi Fabius-Gayssot: ein Jude und ein Kommunist): "*Wenn ein Buch erscheint, das uns feindlich gesinnt ist, kaufen wir es nicht, und die Ausgabe wird bald in den Stampfer wandern. Der Publizist ist nichts mehr: Wir müssen nur noch die Verschwörung des Schweigens gegen ihn organisieren*".

(Heute könnte kein Publizist ein noch so geniales Buch veröffentlichen, das gegen Juden gerichtet ist: Die jüdische Zensur ist radikal und absolut. Sie verkleidet sich als Antirassismus, während sie überall die "Libanisierung" aller Länder aufbauen).

DAS SCHICKSAL RUSSLANDS ENTSCHIED SICH 1913

Im Zusammenhang mit dem Prozess um einen Ritualmord in Kiew veröffentlichte die jüdische Zeitung "*Hammer*" in ihrer Ausgabe Nr. 274 im Oktober 1913 folgende Kommentare: "*Die russische Regierung hat beschlossen, in Kiew eine entscheidende Schlacht gegen das jüdische Volk zu schlagen. Vom Ausgang dieses titanischen Kampfes hängt das Schicksal nicht des jüdischen Volkes ab, denn das jüdische Volk ist unbesiegbar, sondern das des russischen Staates. "Sein oder Nichtsein", so stellt sich die Frage für Russland. Der Sieg der russischen Regierung ist der Anfang ihres Endes. Es gibt kein Entkommen, das müssen Sie sich immer wieder vor Augen führen. Wir werden in Kiew vor der ganzen Welt demonstrieren, dass die Juden nicht zulassen werden, dass man sie zum Gegenstand des Spotts macht. Wenn die Juden bislang aus taktischen Erwägungen die Tatsache verschwiegen haben, dass sie die Revolution in Russland anführen, so muss jetzt, nach der Haltung der russischen Regierung beim Kiewer Prozess, unsere Taktik aufgegeben werden. Wie auch immer der Fall ausgehen wird, es gibt keine Rettung mehr für die russische Regierung. Dies ist die jüdische Entscheidung und sie wird sich erfüllen".*

(beachten Sie, dass die jüdisch-amerikanische Finanzierung der bolschewistischen Revolution schon vor dem Ende des 19. Jahrhunderts begann)

ÜBER DIE BIBEL

Über dieses heilige Buch voller Massaker, Verbrechen, Blut, Täuschungen und Lügen hielt Rabbi Leonard Levy am 7. November 1909 eine nicht uninteressante Predigt: "*Früher glaubte man, dass jedes Wort in der Bibel die absolute Wahrheit sei. Dies ist nicht mehr der Fall. Die Arbeit der Forscher hat festgestellt, dass die Bibel von Anfang bis Ende ein Produkt der menschlichen Intelligenz ist, das gewisse Fehler und ungenaue Ansichten enthält, die auf die Fehlbarkeit ihrer Autoren, die Menschen waren, zurückzuführen sind. Dies ist ein äußerst wertvolles Ergebnis*".

ÜBER JAPAN

In seinem Buch "Asiaten" schreibt der österreichische Jude Landberger Folgendes: "*Wir spannen unser Netz über ganz Japan. Wir üben einen entscheidenden Einfluss auf alle Liebesinstrumente in diesem Land aus. Alle werden die Melodien spielen, die wir ihnen geben. Stellen Sie sich ein Land wie einen gigantischen Körper vor. Derjenige, der die Bauchfunktionen dieses Körpers reguliert, hat ihn in seiner Gewalt. Sehen Sie endlich, was ich will? Der Kampf um die Weltherrschaft zwischen Amerika und Japan muss so geführt werden, dass Japan absorbiert wird. Amerika truscht nicht nur die Liebe, sondern nimmt das Land durch seinen am stärksten entwickelten Instinkt ein. In einem Land, in dem der fleischliche Akt eine natürliche Funktion des Körpers ist, die allen anderen Funktionen gleicht, muss man nur geschickt vorgehen, um den nötigen Impuls zu provozieren, und die entfesselte Sexualität wird sich in einem Rausch erschöpfen, dessen Dauer wir festlegen werden. Durch die ständige Erneuerung der verführerischen Erregungsprozesse kann man diesen Rausch dauerhaft machen und dieses Land zum meistbesessenen Land machen."*

Dies ist zweifellos ein Beispiel für die jüdische Kultur, wie ich sie in meinem Leben, das das 20. Jahrhundert umfasst, beobachtet. Es ist jedoch zu beachten, dass der jüdische Autor, wenn er sagt *"Wir Amerikaner"*, dies eine Usurpation ist, da es in Amerika einerseits das amerikanische Volk und die jüdische Regierung gibt. Diese Ideen sind jüdisch und nicht amerikanisch. Ebenso gehört Freuds psychoanalytische Farce nur zur Freudschen Pathologie und nicht zu Österreich.[63]

Was der verderbliche jüdische Geist in Japan, einem noch relativ gesunden Land, zu tun droht, hat er in den westlichen Ländern mit riesigem Erfolg bei all jenen getan, die ihren Glauben verloren hatten. Wir haben auf den vorherigen Seiten gesehen, wie *"die Juden fassungslos über die Dummheit der Gojim sind"*. Wenn die Juden ein Volk durch Sklavenhandel, Pornografie, Filme, subversive Mode, Theater und verrottete Kunst entwürdigen und demoralisieren, tun sie dies aus Berechnung und führen einen bewussten Plan aus. Sie können die Völker nur dann besiegen, wenn diese geschwächt sind und alle ihre Werte verloren haben. Wie Nietzsche sagte: *"Die Juden können nichts gegen ein Volk ausrichten, das körperlich und moralisch gesund ist"*.

---

[63] Siehe *Freud hat gelogen* von Dr. J. Gautier, der den Freudismus entmythologisiert hat, um diejenigen zu entmystifizieren, die einen solchen Schwindel ernst nehmen (Editions de la Vie Claire).

WAS SIE FÜR DIE MENSCHHEIT GETAN HABEN

LATZIS, JÜDISCH

Dieser Anstifter des roten Terrors in Russland begründete ihn mit Klassenhass: "*Wir werden nicht nur Individuen, sondern die Bourgeoisie als Klasse ausrotten. Es ist sinnlos, uns nach Beweisen für die kriminellen Handlungen der Angeklagten zu erkundigen. Ihr Schicksal wird durch die Klasse, der sie angehören, und durch die Erziehung, die sie genossen haben, entschieden*".

DR. FROMER, JÜDISCH

Auszug aus seinem Buch "*Das Wesen des Judentums*", Berlin, 1905, Seite 35: "*Die anarchische Situation zeigt, dass die konsequent angewandte jüdische Religion mit der Aufrechterhaltung eines geordneten Staates im Wesentlichen unvereinbar ist, dass sie mit den Vertretern einer anderen Lebensauffassung nicht in dauerhaftem Frieden leben kann. Und diese Schlussfolgerung gilt mit gleicher Kraft für die Religion, die auf der streng orthodoxen Grundlage bleibt, und für die Religion, insofern sie versucht, sich so gut wie möglich an den Geist unserer Tage anzupassen.*"

Derselbe Autor: "*Wenn man die Anschuldigungen der Rhetoriker liest, gegen die sich Josephus verteidigt, wundert man sich, dass ein dreihundertjähriges Zusammenleben und die intensivste Teilnahme an der Zivilisation der Mitbürger in Ägypten keine Grundlage schaffen konnte, die einen Kompromiss und ein freundschaftliches Einvernehmen ermöglichte, dass die Juden in ihrer Art zu denken, zu sein und zu fühlen ihren Mitbürgern so völlig fremd und unsympathisch geblieben sind.*"[64]

---

[64] In Ägypten nannte man sie "*die Ungeheuerlichen*" und karikierte sie mit Eselsköpfen. Sie wurden mit all ihren Geschäften und denen, die sie den Ägyptern gestohlen hatten, vertrieben. Moses wurde wegen Mordes verurteilt

Derselbe Autor: "*Seit dieser Zeit [der Überlieferung der Schriften des Aristoteles] haben die Juden nichts für die Menschheit getan oder versucht, etwas zu tun. Wo liegt der Sinn der jüdischen Mission, die erfüllt wird, wenn die modernen Juden jede neue Bewegung dadurch ruinieren, dass sie mit ihrem Wort und ihrer Tätigkeit daran teilnehmen?*".

EINIGE BEZEICHNENDE ÄUßERUNGEN VON JUDEN

"*An der Börse gibt es einen Moment, in dem man, um zu gewinnen, Hebräisch sprechen können muss*" (Rothschild).

Frage: Warum arbeiten Sie, obwohl Sie so reich sind, immer noch daran, noch reicher zu werden? "*Sie kennen nicht die Freude, die es bereitet, einen Haufen Christen unter den Füßen zu spüren.*

Der Jude Mires 1860: "*Wenn ihr Katholiken uns in fünfzig Jahren nicht aufgehängt habt, bleibt euch kein Strick mehr übrig, um euch aufzuhängen*[65]

"*Le Peuple Juif*", 20 Tamouz, 1936: "*Die Infiltration jüdischer Einwanderer, die von der scheinbaren Sicherheit angezogen werden, sowie die aufsteigende soziale Bewegung der einheimischen Juden wirken mächtig zusammen und drängen auf einen Kataklysmus.*"

Thédore Herzl in "*Der Judenstaat*": "*Je länger der Antisemitismus auf sich warten lässt, desto wütender muss er ausbrechen.*" (Genau

---

und verbannt (er konnte nicht hingerichtet werden, da er ein Prinz war), aber er wurde aus dem Exil zurückgerufen, um das Volk an einen anderen Ort zu führen und Ägypten zu befreien, das ihre Anwesenheit nicht mehr ertragen konnte.

[65] Dies ist perfekt formuliert, aber völlig unvollständig: In Wirklichkeit wird die Ablehnung der Gesetze des Lebens und der Natur durch Wucher und Kommunismus zu vielgestaltigen Krebsarten führen (galoppierende Demographie der farbigen Ethnien, moralische, ästhetische und kriminelle Ausrottung, zunehmender Wahnsinn in geometrischer Progression, Homosexualität und Pädophilie, Arten- und Wasserschwund usw.). In Wirklichkeit werden die Juden ohne eine sofortige und radikale Abschaffung der Beschneidung am achten Tag über ein Reich der Ruinen oder noch schlimmer über das Nichts herrschen, wie Adolphe Hitler vorhergesagt hatte. Heute, im Jahr 2000, kann das jeder verstehen, denn die jüdische Herrschaft hat nichts Okkultes mehr an sich.

das ich der tauben jüdischen Gemeinde seit Jahren zu, mit dem kategorischen Imperativ, ihre Beschneidung abzuschaffen).

Die katholischen Fantasten, die seit Jahrzehnten mit Ritus und Tradition bis zur Lächerlichkeit herumhantieren, sollten über den Ausspruch eines Rabbiners nachdenken: "*Wenn ich Katholik wäre, wäre ich ein Fundamentalist, denn als Jude bin ich mit Sicherheit ein Fundamentalist*". Man sollte auch über die Aussage von Dr. Mayer Abner von B'nai B'rith, Abgeordneter der Bukowina in der rumänischen Kammer, nachdenken, die der *Ostjüdischen Zeitung* vom 14. Juli 1929 (Nr. 1235) abgedruckt wurde: "*Für alle Juden ohne Ausnahme sind die Thora, der Talmud und seine systematische Zusammenfassung, der Schulchan Aruch, die unbestreitbare und anerkannte Quelle des jüdischen religiösen Lebens. In der Tat kann es bei uns Juden keine dogmatischen Unterschiede geben. Unsere Stärke liegt in der starren Aufrechterhaltung der dreitausendjährigen Tradition*".

GRUNDLEGENDE KORRUPTION

Ein neues, weltweit aktives soziales Programm ist heute praktisch verwirklicht. Es handelt sich dabei um das von der "*Weltliga für Sexualreform*" ausgearbeitete Programm, dessen Vorsitzender der jüdische Arzt Imianitoff aus Belgien war.

Sehen wir uns die zehn Punkte dieses Programms an, die im Jahr 2000 praktisch normativ sind:

➢ Politische, wirtschaftliche und sexuelle Gleichheit von Männern und Frauen.

➢ Befreiung der Ehe und insbesondere der Scheidung von den tyrannischen Regeln der Kirche und des Staates. (Man beachte, dass vom Naquet-Gesetz über die Scheidung bis hin zur pathogenen Pille und der freien Abtreibung von Simone Veil alles jüdisch ist).

➢ Kontrolle der Empfängnis, sodass der Fortpflanzung bewusst und mit einem genauen Verantwortungsbewusstsein zugestimmt wird.

➢ Verbesserung der Rasse durch die Anwendung der Methoden der Eugenik und der Säuglingspflege. (Die Eugenik ist kriminell geworden und in Vergessenheit geraten: Die Geburt von Spinnern ist für die jüdische Hegemonie profitabler).

➢ Schutz von Mädchenmüttern und unehelichen Kindern.

➢ Menschliches und rationales Verhalten gegenüber sexuell Abnormalen, wie z. B. homosexuellen Männern und Frauen, Fetischisten, Exhibitionisten etc.

➢ Prävention von Prostitution und Geschlechtskrankheiten.

➢ Aufnahme von Störungen, die durch den Sexualtrieb verursacht werden, in die Klasse der pathologischen Phänomene und nicht mehr als Verbrechen, Laster oder Sünde betrachtet.

➢ Als kriminell können nur sexuelle Handlungen angesehen werden, die die Freiheit überschreiten oder die Rechte einer anderen Person verletzen. Sexuelle Beziehungen zwischen verantwortungsbewussten Erwachsenen, die im gegenseitigen Einverständnis stattfinden, müssen als private Handlungen respektiert werden, die nur für die jeweilige Person verbindlich sind.

➢ Sexualaufklärung im Sinne größtmöglicher Freiheit und mit Respekt vor sich selbst und anderen.

Zitat von Léon Blum, Jude, Ratspräsident der Volksfrontregierung 1936, in seinem Essay über die Sitten mit dem Titel "*Über die Ehe*": "*Sie werden von ihrem Geliebten mit der gleichen Selbstverständlichkeit zurückkehren, wie sie jetzt vom Unterricht oder vom Teetrinken bei einer Freundin nach Hause kommen.*" (...) "*Die Jungfräulichkeit, die fröhlich und früh abgelehnt wird, würde nicht mehr diesen eigentümlichen Zwang ausüben, der aus Scham, Würde und einer Art von Schrecken besteht.*" (...) "*Ich habe nie herausgefunden, was am Inzest wirklich abstoßend ist, ich stelle nur fest, dass es natürlich und üblich ist, seinen Bruder oder seine Schwester mit Liebe zu lieben.*"

Zitat von Lenins Witwe Krupskaja in der sowjetischen Zeitung "*Outchi Gazetta*" vom 10. Oktober 1929: "*Es ist dringend notwendig, dass der Staat seine systematische antireligiöse Arbeit unter den Kindern wieder aufnimmt. Wir müssen unsere Jungen und Mädchen nicht nur nicht-religiös, sondern aktiv und leidenschaftlich antireligiös machen. Der Einfluss religiöser Eltern zu Hause muss energisch bekämpft werden. Obwohl die*

Sozialisierung der Frauen in Sowjetrussland noch nicht offiziell sanktioniert ist, muss sie Realität werden und das Bewusstsein der Massen durchdringen. Jeder, der versucht, eine Frau gegen einen unanständigen Übergriff zu verteidigen, zeigt daher seine bürgerliche Natur und erklärt sich für das Privateigentum. Sich gegen Vergewaltigung zu stellen, bedeutet, sich gegen die Oktoberrevolution zu stellen".

Anmerkung des Autors: Das alles hat einen so psychopathischen Charakter, dass man kaum glauben kann, dass es wirklich so ist.

Zitat von Karl Marx in *"Deutsch-Franzosiche Jahrbucher"* von 1844: *"Vergeblich sucht man im Labyrinth der jüdischen Seele einen Schlüssel zu ihrer Religion. Im Gegenteil, man muss das Geheimnis seiner Religion im Geheimnis seiner Natur suchen. Was ist die Grundlage des Judentums? Praktische Leidenschaft und Luzifer um des Profits willen. Worauf können wir seine religiöse Verehrung reduzieren? Auf die Erpressung. Wer ist ihr wahrer Gott: Bargeld".*

Zitat des Juden Walter Ratheneau in seinem Buch *"Der Kaiser"* (Paris, 1930): *"In 100 Jahren hat die Französische Revolution die Erde umrundet und sich ohne Einschränkung verwirklicht; Kein Staat, keine Institution, keine Gesellschaft, keine Dynastie wurde von ihr verschont. Die Redeformel der Russischen Revolution ist die Humanität. Ihr geheimer Wunsch: die provisorische Diktatur des Proletariats und idealisierter Anarchismus.*

Sein praktischer Plan für die Zukunft, die Aufhebung der europäischen Schichtung in der politischen Form sozialisierter Republiken. In einem Jahrhundert wird der Plan des Ostens so vollständig verwirklicht sein, wie es heute der Plan des Westens ist. Nachdem unser Planet jahrhundertelang materielle und intellektuelle Schätze aufgebaut, gesammelt, bewahrt, erhalten und angehäuft hat, um dem Genuss einiger weniger zu dienen, kommt nun das Jahrhundert des Abrisses, der Zerstörung, der Zerstreuung und der Rückkehr zur Barbarei. Ruinen hinter uns und Ruinen vor uns. Wir sind eine Übergangsrasse? Zum unwürdigen Misthaufen der Ernte bestimmt", schrieb ich zu Beginn des Krieges. Und doch müssen wir den Weg, den wir eingeschlagen haben, nicht nur gehen, sondern wir wollen ihn auch gehen".

Ein Jude, Paul Mayer, schrieb das *"Fröhliche Lied von der Straße des wandernden Juden"*. Man kann nicht sagen, dass es ihm an Aufrichtigkeit mangelt:

Ich habe kein Zuhause und keine Heimat,
Ich lasse mich nirgends nieder.
Es gibt keine eitle Sehnsucht
Ich kümmere mich nicht um die Kakerlake!
Meine eigene Seele ist verhärtet.
Von allen deinen Schwellen, wie ein Dieb,
Vertreibt mich - ich weiß, dass man mich beneidet
Und sucht mich mit Eifer.
Ich trinke aus euren Lebensquellen
Und ich kenne euren Wert.
Unter dem bescheidenen Lumpen, in dem meine Seele schläft,
Ich verstecke das Gold des Universums.
Die Jungfrau, die du zur Frau haben willst,
Gierig, wende ein Flammenauge
Auf den verfluchten Sohn der Wüsten!
Raucht euren Tabak ohne Wonne,
Sie kauen Ihre schweren Sorgen wieder durch,
Aber hier bin ich, ich, der König der Laster,
Und ich biete euren unerfahrenen Mäulern an
Die Frucht neuartiger Sünden
So spiele ich mit dem Ball,
Dieses subtile Spiel, dieses verhängnisvolle Spiel,
Der dich unterhält und dich packt
Und dessen Geheimnis dir entgeht,
Das orientalische Blutspiel!

DER JEWISH CHRONICLE KOMMENTIERT DAS WERK EINES IRISCHEN THEOLOGEN

Am 23. Oktober 1936 veröffentlichte diese jüdische Zeitung in London den folgenden Artikel: *"Der mystische Leib Christi in der Neuzeit"* über das Werk von R. P. Denis Fahey, Professor für Philosophie und Kirchengeschichte am Senior House of Studies der Blackrock University in Dublin.

"Dieser Priester ist Autor mehrerer theologischer Arbeiten und hat sich ernsthaft über die Ausbreitung säkularistischer Tendenzen in der modernen Welt beunruhigt gezeigt. Daher die Veröffentlichung seines neuen Buches, dessen Hauptziel es ist, den Aspekt der modernen Revolte gegen den göttlichen Plan zur Organisation der menschlichen Gesellschaft aus theologischer und historischer Sicht zu behandeln.

So weit, so gut. Aber leider ist Pater Fahey davon überzeugt, dass alle Unruhen in der Welt heute auf eine außergewöhnliche Allianz zwischen jüdischen Revolutionären und jüdischen Finanziers zurückzuführen sind, um die bestehende Ordnung der Dinge umzustürzen und auf ihren Trümmern eine jüdische Weltherrschaft zu errichten.[66]

Zur Unterstützung dieser kuriosen These bringt R. P. Fahey die ganze gewöhnliche antisemitische Kyrie. Er liefert den dokumentarischen Beweis, dass die Russische Revolution von Jacob Schiff mit 12.000.000 Dollar finanziert wurde. Er druckt eine Liste mit berüchtigten Namen nach, um zu behaupten, dass von 25 Handwerkern des Bolschewismus nur Lenin kein Jude war".

DIE JUDÄO-KOMMUNISTEN DER SPANISCHEN VOLKSFRONT UND 1837

Die Judäo-Kommunisten der Spanischen Volksfront haben die Gruppe von 400 kanadischen Freiwilligen, die in Spanien kämpfen, um die Herrschaft von Stalin, Litvinoff, Kaganowitsch, Karakhan, Ioffe, Rosenberg usw. auszuweiten, nach Joseph Papineau benannt.

Die Juden mochten Papineau sehr, der sich ins Ausland rettete, als seine unglücklichen Kameraden auf das Schafott stiegen. Sie liebten ihn sehr, weil es Papineau war, der in unserer Geschichte am heftigsten für die Emanzipation der Juden kämpfte, d. h. dafür, dass sie 1832 den echten Kanadiern gleichgestellt wurden.

In der "*Jewish Encyclopedia*" erfahren wir unter dem Wort "David", dass es die beiden Söhne des Juden David aus der Rue Notre-Dame waren, die 1837 die Kavallerie gegen unsere Helden von Saint-Eustache und Saint-Denis befehligten.

Aus dem 1926 von den kanadischen Juden herausgegebenen Buch "*Jews in Canada*" erfahren wir, dass es der Jude Benjamin Hart war, der, nachdem er unsere Helden von 1837 hatte ausspionieren lassen, die Haftbefehle gegen die Eingekerkerten unterzeichnete.

Im selben Buch erfahren wir, dass zu dieser Zeit Juden, insbesondere die Familie Franck, die Handelsposten zwischen

---

[66] Heute wissen wir, dass dies übrigens falsch ist: Lenins Mutter war Jüdin, Lenin war also nach jüdischem Gesetz Jude.

Montreal und New York auf dem Richelieu-Fluss kontrollierten. Viele Menschen glauben, dass es diese Juden waren, die es Papineau ermöglichten, indem sie ihn von Post zu Post führten und ihn in der Verkleidung einer Frau in die Vereinigten Staaten flüchten ließen, während die Kleinen und Ungebildeten ihren Prozess durchmachten. Dies wäre die Belohnung der Juden gegenüber Papineau für ihre Emanzipation im Jahr 1832 gewesen.

Die Judäokommunisten erzählen den Kanadiern gern vom Aufstand von 1837, aber sie verschweigen, dass die Opfer dieser Bewegung wegen des Verrats eines Juden verhaftet wurden und dass die Juden von Montreal das Feuer gegen unsere Patrioten befehligten. Das schmutzigste Werk des Jahres 1837 wurde von einem Juden, Benjamin Hart, vollbracht. Wahrscheinlich, weil kein weißer, englischer, französischer, schottischer oder irischer Kanadier dies unter diesen grausamen Umständen hätte tun wollen.

EINHELLIGE AUSSAGEN SOWOHL VON JUDEN ALS AUCH VON NICHTJUDEN

Alles, was in diesem Buch von den Juden gestanden, zugegeben wurde, wurde schon längst von höheren Geistern im Christentum und anderswo zugegeben. Hat das Christentum alles getan, um den Triumph der weltweiten jüdischen Judeopathie zu verhindern? Das ist zu bezweifeln, und der Satz von Julian dem Aposta gewinnt im Jahr 2000 an Bedeutung:

"Wenn das Christentum triumphiert, wird in zweitausend Jahren die ganze Welt von den Juden beherrscht werden".

War dies eine Prophezeiung oder schlichte Logik? Wie dem auch sei: Heilige, allgemeine und lokale Kirchenkonzile, Päpste, Kaiser, Könige, Prinzen aller Länder, berühmte Staatsmänner, protestantische Reformer wie Luther, muslimische Geistliche, Bischöfe, Pastoren aller Glaubensrichtungen, Schriftsteller aller Schulen, wie wir im zweiten Teil dieses Buches sehen werden, berühmte Historiker, Wissenschaftler, Diplomaten, sozialistische, liberale und konservative Führer, Statistiken und offizielle Archive vieler Länder - ALLE haben in Bezug auf die finanzielle und ideologische Perversität der Juden das Gleiche gesagt;

Da aber alle diese Denker nicht zur auserwählten Rasse gehören, beschuldigen die Juden sie des:

- Fanatismus,
- Verfolgungen,
- Obskurantismus,
- Engstirnigkeit,
- Intoleranz,
- Hass,
- Eifersucht

Deshalb war es in diesem ersten Teil des Buches von entscheidender Bedeutung, bedeutende jüdische Persönlichkeiten zu Wort kommen zu lassen:

- Karl Marx
- Benjamin Disraeli,
- Adolphe Crémieux,
- Bernard Lazare,
- Alfred Nossig,
- Max Nordau,
- Emil Ludwig,
- Otto Weininger,
- Kurt Munzer
- Léon Blum
- Oscar Levy,
- Nahum Sokolov
- Walther Ratheneau,
- Theodor Herzl,
- und mir selbst R. D. Polacco von Menasce

Es ist daher grotesk, von Antisemitismus zu sprechen, wenn man das große moderne Elend, ihre Revolutionen, ihre Kriege, ihre Verbrechen, die Krisen der Demoralisierung, die umweltschädlichen und zerstörerischen Folgen ihres Kapitalismus und den Zusammenbruch von allem durch den Rothschildo-Marxismus anprangern will.

Zum Abschluss dieses ersten Teils hier eine sehr explizite, sehr klare Aussage des Juden Bernard Lazare in seinem bereits mehrfach zitierten Buch "*L'antisémitisme et ses causes*":

"*Es schien mir, dass eine so universelle Meinung wie der Antisemitismus, die an allen Orten und zu allen Zeiten, vor der christlichen Ära und danach, in Alexandria, Rom, Antiochia, Arabien und Persien, im Europa des Mittelalters und im modernen Europa geblüht hat, mit einem Wort in jedem Teil der Welt, in dem es Juden gab und gibt, schien es mir, dass eine solche Meinung nicht das Ergebnis einer immerwährenden Laune oder Laune sein konnte, sondern dass es für ihr Aufblühen und ihre Beständigkeit tiefe und ernsthafte Gründe geben musste.*

Welche Tugenden oder Laster brachten den Juden diese universelle Feindschaft ein? Warum wurde er von den Alexandrinern und den Römern, den Persern und den Arabern, den Türken und den christlichen Nationen gleichermaßen misshandelt und gehasst?

Weil der Jude überall und bis zum heutigen Tag ein assoziierbares Wesen war".

Im Jahr 2000 waren die Parameter des Antisemitismus zu keinem Zeitpunkt in der Geschichte so konzentriert; Die jüdische Hysterie, ihre Gesetze, wie das Fabius-Gayssot-Gesetz, sind wahre Kanonen, die auf sich selbst gerichtet sind. Das Verbot, die Verurteilungen, die den Revisionisten auferlegt werden, sind die enormste Werbung, die kostenlos zu ihren Gunsten gemacht wird.

Die Juden sollten selbst den Holocaust aufarbeiten und den arithmetisch-technischen Unsinn der offiziellen Version korrigieren. Und schließlich, um alles zu heilen: Radikale Abschaffung der rituellen Beschneidung, die eine Quelle unkontrollierbarer anarchischer finanzieller und revolutionärer Spekulationen ist.

TRAGISCHER ABSCHLUSS

Die Fakten liegen auf dem Tisch und wir haben keine Fragen mehr zu stellen, sondern nur noch ein Problem zu lösen: die "*Jüdische Frage*". Die einzige Lösung angesichts der geistigen Unzulänglichkeit der meisten Menschen ist die radikale Abschaffung der Beschneidung am achten Tag.

Der jüdische Liberalismus wie auch der jüdische Marxismus werden den Planeten zerstören, wie Hitler es vorausgesagt hatte.

Wir erleben eine allgemeine Verflüssigung unter der jüdischen Herrschaft, die von allen Politikern aller Parteien, die ihre stipendiatischen Handlanger sind, unterstützt wird.

Zwei Weltkriege, Millionen Tote, die herrschende Finanzwelt, der tentakelartige Marxismus, nicht behandelbarer und nicht neutralisierbarer Atommüll, systematische Impfungen, die das Immunsystem zerstören und die Rasse degenerieren, mit Hilfe von therapeutischer und Nahrungsmittelchemifizierung, schrecklich krankmachende Musik, (die ein Jude in Versammlungen unglücklicher Jugendlicher für "Techno"-Musik ausbrütet), Drogen, Kriminalität, Homosexualität und Pädophilie auf dem Vormarsch, Jugendarbeitslosigkeit, Abtreibung, pathogene Pillen, die bei Teenagern Eierstockblockaden, Wachstumsstörungen, Frigidität usw. auslösen. Wälder, Tier- und Pflanzenarten verschwinden, Kinder werden aufgrund mangelnder religiöser Erziehung jeglicher geistiger und moralischer Orientierung beraubt.

Wir befinden uns in einem bodenlosen Abgrund und praktisch in einem überholten Koma...

WAS HABEN DIE JUDEN IN DIESEM ERSTEN TEIL DES BUCHES BEHAUPTET?

Sie bestätigten, dass sie die Welt beherrschen wollen, was sie jetzt auch tun, dass sie das Wirtschafts- und Finanzleben der Welt kontrollieren, dass sie die Macht haben, Krisen und Arbeitslosigkeit zu verursachen, um Einzelpersonen und Staaten zu ruinieren, die Revolution vorzubereiten, dass sie geborene Revolutionäre sind und die Leitung und Durchführung aller großen Revolutionen liefern, dass sie die Schöpfer, Lenker, Verbreiter und Finanziers des Marxismus (Sozialismus, Kommunismus, Bolschewismus) sind, dass sie unbedingt die Nationalitäten und Religionen auslöschen wollen, um die universelle Republik herbeizuführen, d. h. ihre absolute Weltdiktatur durch ihren Zugriff auf die Medien, die Presse, das Fernsehen, das Radio, das Verlagswesen, das Kino und die Nachrichtenagenturen.

Sie arbeiten daran, nationale, soziale und religiöse Gefühle zu töten, um eine von weißen Genies geschaffene Zivilisation zum Einsturz zu bringen, dass sie die Geheimgesellschaften kontrollieren, die die eigentlichen Regierungen sind, die alle politischen und sozialen Umwälzungen zu ihrem Vorteil nutzen, dass sie niemals national sind, sondern unassimilierbare Juden bleiben, die nicht wie die Bürger der Länder denken können, die sie aufnehmen, dass sie die Wurzel aller Unruhen, Störungen, Konflikte und Aufstände in der modernen Welt sind und die anderen judaisieren.

Dass sie praktisch alle Völker zugunsten ihrer Interessen in einen infraethnischen Brei verwandeln wollen, dass sie Völker und Nationen korrumpieren, verrotten, verderben, entwürdigen, herabsetzen. Sie selbst sind es, die dies behaupten: Keine nichtjüdische Kritik ist so tief und klar wie die von den Juden selbst geäußerte.

Nachdem wir uns noch die Aussagen einiger berühmter, vor allem moderner Juden angeschaut haben, werden wir uns die Aussagen berühmter Nichtjuden ansehen.

R. Dommergue Polacco de Menasce, Autor dieses Buches: "*Die internationale finanzielle und marxistische Judenheit ist die Lepra der Menschheit. Faszinierender Wahnsinn Israels! Es brodelt seit 5000 Jahren und heute bricht es den Rekord aller Fälle. Entweder wird es Banker oder Idealist gegen Banker: Rothschild gegen Marx, Marx gegen Rothschild, geniale Dialektik der feindlichen Brüder, die die Bewegungen der Geschichte hervorbringt.*

Durch das Geld Herrscher der Regierungen, durch die Revolution Herrscher der Massen. Ich gestehe meine radikale Verblüffung angesichts des doppelten und grandiosen Amoklaufs Israels, der den Menschen, den Planeten und sich selbst in die Vernichtung führt. Die politische Pseudo-Rechte wird es vorziehen, Selbstmord zu begehen, anstatt dem Einpeitscher der B'nai B'rith den Gehorsam zu verweigern, indem sie sich dem Front National anschließt, der letzten Therapie eines komatösen Frankreichs. Nie zuvor waren die Parameter des Antisemitismus so konzentriert wie am Ende des 20. Jahrhunderts. Aber die Zombifizierung der Gojim und ihrer Pseudo-Eliten in Politik und Justiz ist der Garant des jüdischen "Bigbrotherismus"."

Die folgende Analyse des Nationalsozialismus ergänzt sehr gut die Analyse am Anfang dieses Buches von einem anderen prominenten Juden über die Judenfrage in Deutschland und den Aufstieg Hitlers.

Finkielkraut auf FR3 sagte uns: "*Der Nazismus hat durch ein Übermaß an Gutem gesündigt*". Ein bemerkenswerter, wenn auch ungenauer Satz, denn der Nationalsozialismus hat lediglich die elementaren traditionellen orthodoxen Werte wiederhergestellt. Baron Pierre de Coubertin sagte: "*Hitler ist der konstruktivste Geist seiner Zeit*". Wir kennen Neville Chamberlains Äußerungen über die Verantwortung der Juden für die Kriegserklärung von 1939, die er in einem Brief an seine Schwester wiederholte.

Abba Ahimeir, der Leiter der Betar, sagte: "*Hitler hat Deutschland gerettet, ohne ihn wäre es in weniger als vier Jahren untergegangen. Weder noch Kerenski oder Weimar konnten den Bolschewismus bekämpfen, sondern den Faschismus*".

Als 1979 die Faurisson-Affäre ausbrach, fragte ich mich, warum eine Klarstellung der behaupteten Zahl von sechs Millionen Juden, die angeblich Opfer des Nationalsozialismus waren, bei den "*Marx-Medien*" und der "*Atheisten-Levy-Ssion*" einen solchen Aufruhr auslöste... Diese einfache Reaktion, die in der Geschichte einzigartig ist, was die Zahl der Opfer dieses oder jenes Krieges betrifft, verströmte bereits den Schwindel. Dann ging das Nachdenken los: Sechs Millionen in sieben Lagern in einem Jahr Holocaust 1943/44, der offiziellen Dauer, (Ende 43 wurden die perfektionierten Krematorien installiert!), in einem Land wie der Schweiz! Wo hätte man diese sechs Millionen in sieben Konzentrationslagern untergebracht, darunter Dachau, das ausnahmsweise 60.000 Häftlinge umfasste. In sieben Lagern wären das also maximal 420.000 Häftlinge, und die Zahl ist sogar unmöglich! Keine Spuren von Blausäure in der unauffindbaren Asche. Und das American Jewish Year Book, das die Zahl der Juden im besetzten Europa 1941 auf 3.300.000 festlegt!

Diese Zahl ist zudem ungenau, da viele Juden seit diesem Datum nach Israel, Sowjetrussland, England und in die USA gegangen sind, wie alle Mitglieder der Familie Polacco de Menasce und ich. Ich verfolgte damals die Prozesse gegen Faurisson in Frankreich und Zündel in Kanada. Die arithmetisch-technische Sinnlosigkeit blitzte damals vor meinem geistigen Auge auf. Die meisten deutschen Städte mit mehr als 100.000 Einwohnern waren zu 95 % zerstört: Wie hätten die Lagerinsassen versorgt werden können und nicht zu den Skeletten werden sollen, die man beispielsweise in "*Nacht und Nebel*" sieht? Am Rande des Jahres 2000 schätzt Faurisson die Zahl der Opfer von Auschwitz auf 150.000, alle Ethnien zusammengenommen, und J.-C. Pressac, ein von den Klarsfelds gesponserter Exterminationist, kommt auf 700.000!

Der arithmetisch-technische Unsinn begann zu heulen und heult noch immer. Warum diese verbotene Revision? War Gorbatschow nicht der bedeutendste Revisionist, als er die Nürnberger Lüge aufdeckte, dass die Ermordung der gesamten polnischen Elite in Katyn den Deutschen zugeschrieben wurde, obwohl dieses unerhörte Verbrechen sowjetisch war? Warum sollte niemand außer Gorbatschow das Recht haben, das Urteil eines Siegergerichts in Frage zu stellen, das über die Besiegten urteilt und daher nicht die geringste moralische Glaubwürdigkeit besitzt? Es ist jedoch sicher, dass zwischen Deutschland und Russland, insbesondere in Weißrussland, viele Artgenossen getötet wurden. Aber das sind tragische Kriegsgeschehnisse. Hatten die Juden Hitler 1933 nicht den Krieg erklärt? War das bolschewistische Regime nicht in seiner Essenz jüdisch? Waren Juden nicht die bedingungslose Unterstützer der sowjetischen Soldaten und Partisanen?

Wenn meine Mitmenschen also über den Pseudo-Holocaust gelogen haben, warum sollten sie dann nicht auch über Hitler und alles, was mit ihm zu tun hat, gelogen haben? Es galt also, das Thema zu ergründen, von seiner Teilnahme am Ersten Weltkrieg bis zu seinem Selbstmord im Bunker am Ende des Krieges von 1939-45.

Wir gruben: Jeden Tag werden wir mit der Frage belästigt, ob Hitler für den Krieg und den angeblichen "*Holocaust*" verantwortlich sei. Meine Recherche ging von Verblüffung zu Verblüffung. Alles Wesentliche war falsch. Selbst "*die Lage der Häftlinge war bei weitem nicht schlimmer als in den Gulags*", wie uns Bloch-Dassault selbst verriet. In einigen Lagern wurden Musikzimmer und Schwimmbäder gefunden (Inspektionen des Roten Kreuzes)! Die abgemagerten Skelette, die man in Propagandafilmen sieht, sind die von Häftlingen, die verhungerten, weil die Versorgung durch die Bombenangriffe der Alliierten unmöglich gemacht wurde, die ganze Städte mit Frauen und Kindern dem Erdboden gleichmachten (manchmal, wie in Dresden oder Hamburg, 200.000 Tote bei einem einzigen Bombenangriff), obwohl Hitler lange vor dem Krieg den Nationen eine Absichtserklärung vorgelegt hatte, damit im Kriegsfall die Zivilbevölkerung verschont bliebe. Diese Vereinbarung wurde vom Westen, der der Finanzwelt (von Karl Marx selbst angeprangert: "*Schafft den Verkehr ab, dann schafft ihr den Juden ab*"!!!) und dem jüdischen Marxismus unterworfen ist, abgelehnt... Man kann verstehen, dass Rudolf Heß trotz seines heldenhaften Fluges nie in England empfangen wurde und dass "*dieser Friedensverbrecher*", wie Alain Decaux ihn nennt, mit 90 Jahren ermordet wurde, um zu verhindern, dass unbequeme Wahrheiten explodieren! Warum informiert sich nicht jeder so wie ich? Warum ist das so? Sind die Gojim so dumm, dass die Herrschaft von und die Zombifizierung durch meine Mitmenschen (mit Gayssot und Maastricht) für sie unvermeidlich sind? Selbst Abbé Pierre kann nicht einmal die Integrität und die verfassungsmäßige Meinungsfreiheit seines Freundes Garaudy verteidigen!

Hitler, der in Österreich geboren wurde, das er immer als Teil der germanischen Nation betrachtete, war ein sensibler junger Mann mit einer Berufung und dem Talent eines Malers. Sein Geist war weitreichend, sein Bewusstsein scharf und seine Liebe zum Vaterland unendlich. Er wurde im Ersten Weltkrieg mobilisiert und war ein tapferer Soldat, der von seinen Kameraden geliebt wurde. Als Opfer von Kampfgasen erblindete er vorübergehend. Die Jahre nach dem Krieg sahen ihn materiell und moralisch verelendet, als unerbittlichen Beobachter des Unglücks seines Vaterlandes und sehr versiert in der Ätiologie der schweren Krankheiten, die es zerfressen hatten. Die Ungerechtigkeit der Verträge von Versailles und Trianon ("*Raubverträge*", wie Lloyd George sagte, "*die einen zweiten Weltkrieg vorbereiten*"), die von den Warburg-Brüdern ausgehandelt wurden, die gleichzeitig die Alliierten, Deutschland und die Bolschewistische Revolution finanzierten (kleines Detail), setzte ihm zu. Er erlebte den Horror der Weimarer Republik mit ihren sechs Millionen Arbeitslosen. Er war sich der großen und erschreckenden Rolle, die meine Mitmenschen in der Hochfinanz und im Marxismus spielten, vollkommen bewusst. Das Volk hungerte. Die Blockade hatte Deutschland erdrosselt. Die Mittelschicht besaß nichts. 300.000 Offiziere waren arbeitslos. Jüdische Merkantilisten ruinierten Händler und Arbeiter. Jahrhunderts, wo die Juden fünfzig Jahre später riesige Summen, Meistergemälde und Sammlungen von Kunstgegenständen fordern, stellt sich die Frage: Wer waren die Spekulanten und Wucherer der Weimarer Republik? Eine Bande galizischer Juden - Kutisker, Barmatt, Skalarek - hatte sich auf das sterbende Deutschland gestürzt. Nach ihrer Vertreibung setzten sie in Holland ihre Praktiken fort (die man bei einem Joanovici wiederfindet, der mit den Netzwerken der Résistance kollaborierte und sie später unterstützte). Auf einer Briefmarke stand die Zahl von 12 Milliarden Reichsmark! Für Hitler war die Zerschlagung seines Landes ein unerträglicher Schmerz.

Er setzte all seine Energie ein, um an die Macht zu kommen und sein Land aus der Hölle des Versailler Vertrags und der Weimarer Republik zu befreien. Als er in Landsberg inhaftiert war, wo er "Mein Kampf" schrieb, fragte ihn ein Richter: "Was wollen Sie, Herr Hitler, einen Ministerposten?" und er antwortete: "Ich wäre sehr verächtlich, Herr Richter, wenn ich nur einen Ministerposten wollte". Der Gefängnisdirektor beschreibt ihn als "leutselig, diskret, hilfsbereit, großzügig und von außergewöhnlicher Natur".

So beschloss er, demokratisch an die Macht zu kommen, weil das Volk bei ihm Aufrichtigkeit, Weitsicht und Energie gespürt hatte. Innerhalb von sechs Jahren brachte er sechs Millionen Arbeitslose wieder in den Arbeitsmarkt. Er beseitigte die SA und Röhm, die eine synergetische Aktion zur Wiederherstellung seines Landes verhindert hätten, das durch Rivalitäten einer Verfestigung des

Ruins ausgeliefert gewesen wäre. Er schuf die "Arbeitsfront", die den Klassenkampf ignorierte, ein abwegiges Konzept, das von jüdischen Ideologen erfunden worden war. Diese Front umfasste 25 Millionen Mitglieder und war die größte sozialistische Organisation der Welt. Sie bildete eine echte Volksgemeinschaft von Produzenten. Prof. Goldhagen sagt uns (ARTE, 30. September 1996): *"Ich stimme nicht zu, dass es in der Nazi-Gesellschaft keine Freiheit gab. Je mehr wir über das Dritte Reich erfahren, desto mehr stellen wir fest, dass es eine gewisse Freiheit gab".*

Jeder hatte den Platz im Leben der Nation, der ihm zustand, und eine solche Organisation war mit dem Krieg unvereinbar. Er schuf die Vorstellung von der Würde der Arbeit. In den Fabriken gab es Bibliotheken, Schwimmbäder und bezahlten Urlaub. Die Arbeiter hatten ein kleines Haus, in dem sich die Frauen der Fürsorge für ihre Kinder widmen konnten, die nicht wie unsere Kinder zu Kunden von Killermusik, Drogensüchtigen, Straftätern, Selbstmördern und Arbeitslosen werden würden. Er gab der Jugend den Kult der Ehre, des Vaterlandes und der Ideale zurück. Der kleine "Käfer" von Volkswagen wurde zu einem Volksauto. Er schuf ein spezielles Gesetzbuch zum Schutz von Tieren, denn ihnen zu schaden, wäre eine schwere Strafe gewesen. Er propagierte den Vegetarismus, verbot die Vivisektion, reglementierte die Jagd und organisierte eine bemerkenswerte und effektive ökologische und zoologische Arbeit. Die Naturheilkunde wurde 1939 offiziell anerkannt, während in Frankreich nur die chemische Medizin, die pathogen und teratogen ist, Gesetzeskraft besitzt. Luc Ferry (*Le Nouvel Ordre écologique*) erkennt ein Nazi-Projekt, "dessen Ausmaß mit keinem anderen vergleichbar ist, ein Monument der modernen Ökologie, die Erziehung des Volkes zur Liebe und zum Verständnis der Natur und ihrer Geschöpfe" (...) "Das Nazi-Regime lässt uns Zeuge eines wahren Lobes der Verschiedenheit, einer Rehabilitierung der Vielfalt werden...".

Arbeitgeber und Arbeiter arbeiteten als Gleichberechtigte am Aufbau der Nation mit. *Die "soziale Ehre"* beinhaltete die gewissenhafte Pflichterfüllung und wurde mit Würde und Ansehen belohnt. Die Zahl der Arbeiter, die Anspruch auf bezahlten Urlaub hatten, war doppelt so hoch wie in anderen Ländern. Der Krieg war zwangsläufig aus dem System ausgeschlossen, da Deutschland mit den Nachbarländern fair Güter und Waren austauschte. Der Krieg wurde Hitler von meinen amerikanischen Mitmenschen seit 1933 erklärt. Hitlers Hegemonialbestrebungen sind ein Witz.

Er wollte immer nur die Länder mit deutscher Sprache und deutscher Volkszugehörigkeit wiedervereinigen. Österreich wünschte sich schon lange vor Hitlers Aufstieg den Anschluss an das Deutsche Reich und in der Tschechoslowakei lebten drei Millionen Deutsche im Sudetenland. Hitler nahm das Land unter sein Protektorat, da die Tschechen eine Diktatur ausübten, die von den Slowaken und Ruthenen nicht gern gesehen wurde. Hitler übte nicht wie die USA eine globale Hegemonie aus und hatte nicht wie England ein Reich, über dem die Sonne nie unterging. 1918 hatten die raubgierigen kapitalistischen Mächte Deutschland Togo, Kamerun und Südwestafrika gestohlen, die nur 5% der englischen und französischen Kolonien ausmachten...

Vollkommen uneigennützig besaß Hitler nie mehr als seinen Hund und sein Haus. Es wurde nie davon gesprochen, dass Hitler als Reichskanzler ein Privatvermögen erworben hätte. Was seinen starken Wunsch angeht, die germanische Ethnie zu bewahren, so kann man ihn heute angesichts der globalistischen Hysterie der institutionalisierten Rassenmischung verstehen, während meine Mitmenschen die rassistischsten der Welt sind.

Die sechzehn Vorschläge bezüglich Danzig, die dem polnischen Regierungschef, Oberst Beck, unterbreitet worden waren, waren die vernünftigsten der Welt. Beck hatte sie angenommen, aber England überzeugte ihn unter dem Einfluss des Finanziers Baruch, sie abzulehnen. Hitler unternahm mit Hilfe Mussolinis und des französischen Ministers Yvon Delbos jede erdenkliche menschliche Anstrengung, um den Krieg verhindern (England gab bei den Nürnberger Prozessen zu, dass zu diesem Zeitpunkt der Geschichte der Frieden hätte bewahrt können), während die Deutschen in Posen (Polen) verfolgt und manchmal massakriert wurden. Hitler wurde zum Krieg gezwungen und Frankreich erklärte ihm diesen verfassungswidrig, im sklavischen Schlepptau Englands, da die beiden Kammern nicht einberufen wurden.

Was die heutige Welt betrifft, so ist sie von allen moralischen, physischen und ökologischen jüdisch-kartesischen Verschmutzungen durchdrungen, wobei die Mafia als Investor die erste Wahl ist. Siebzig Departements sind von Pädophilie besetzt.

70 Prozent der Babys in den USA haben keine Väter.[67] Der Kommunismus, der vollständig von meinen Mitmenschen (Ideologen, Finanziers, Politikern, Verwaltern, Gefängnis- und KZ-Henkern) geschaffen wurde, zieht zweihundert Millionen Leichen hinter sich her und hat immer noch das Recht auf Leben. Es stimmt, dass in der heutigen Arithmetik sechs Millionen - selbst echte - Juden mehr sind als zweihundert Millionen Nichtjuden. Der Zohar bestätigt uns das: *"Die Gojim, dieser gemeine Samen des Viehs"*! Man versteht den Satz von Goebbels, als er sich mit seiner Frau und seinen Kindern zusammen mit seinem Führer das Leben nahm: *"Wir werden unsere Kinder nicht in der Hölle leben lassen, die die Juden ihnen bereiten werden"*. Er konnte sich sicherlich nicht den absoluten Horror der Hölle vorstellen, in der er sie zurücklassen würde. Es gab tatsächlich einen Holocaust: Den von sechzig Millionen Opfern in einem Krieg, der Hitler seit 1933 erklärt wurde und der das Joch des Dollars und der Hochfinanz meiner Mitmenschen abschütteln wollte. Dann der Holocaust durch 150 kapitalistisch-marxistische Kriege, die auf das folgten, was man lächerlicherweise *"Befreiung"* nannte.

Und schließlich ein Holocaust mit zweihundert Millionen Toten in einem überwiegend jüdischen Regime. Ist das die Wahrheit? Nein, das ist Antisemitismus! Die Wahrheit zu verkünden, auch wenn sie noch so strahlend ist, ist immer noch *"hässlicher Antisemitismus"*; es ist dumme Niedertracht und kann nur mit Verachtung beantwortet werden.

Lassen Sie uns die Beschneidung am achten Tag stoppen, die durch ihre hormonell-psychischen Auswirkungen die Ursache unserer Mentalität und des daraus resultierenden Antisemitismus seit 5000 Jahren ist, in denen wir zu viel geredet haben, *"Worte des Todes für uns und für andere"* (George Steiner).

"Das Dritte Reich war die einzige Kraft, die in der Lage war, den absoluten kommunistischen Horror zu überwinden" (Solschenizyn).

Das folgende Dokument, ein Brief Hitlers an Daladier, den Ratspräsidenten von 1938 bis 1940, zeigt Hitlers friedfertige Mentalität und seinen Wunsch, alles zu tun, um einen Krieg zu verhindern: Sie erhielt keine Antwort, was man ebenso bedenken sollte wie die Tatsache, dass Rudolf Heß in England nie empfangen

---

[67] *Der Jahrhundertmarsch* vom 28. Mai 1997.

wurde, obwohl er gekommen war, um über Frieden zu sprechen, und dass er schließlich im Alter von 90 Jahren in seinem Gefängnis ermordet wurde!

"Darf ich mir erlauben, Herr Daladier, Sie zu fragen, wie Sie sich als Franzose verhalten würden, wenn nach dem unglücklichen Ausgang eines mutigen Kampfes eine Ihrer Provinzen durch einen Korridor getrennt würde, der von einer ausländischen Macht besetzt ist? Wenn eine große Stadt, sagen wir Marseille, in die Lage versetzt würde, sich nicht mehr als französisch zu bezeichnen, und wenn die in diesem Gebiet lebenden Franzosen derzeit verfolgt, geschlagen, misshandelt oder sogar bestialisch ermordet würden? Sie sind Franzose, Herr Daladier, ich weiß, wie Sie handeln würden.

Ich bin Deutscher, zweifeln Sie nicht an meinem Ehrgefühl und dem Bewusstsein, dass ich meine Pflicht habe, genau so zu handeln. Wenn Sie dieses Unglück hätten, das wir haben, würden Sie verstehen, Herr Daladier, dass Deutschland ohne jeden Grund eingreifen wollte, damit der Korridor durch Frankreich hindurch bestehen blieb? Dass die Rückkehr von Marseille nach Frankreich verboten wurde? Es kann mir auf keinen Fall in den Sinn kommen, Herr Daladier, dass Deutschland aus diesem Grund gegen Sie in den Kampf ziehen würde.

Der Kanzler beendete seinen Brief, indem er hervorhob, wie sinnlos dieser blutige Krieg, den die Alliierten um Polen führten, sein würde, da es eine sichere Tatsache sei, dass, egal wie ein Krieg, der aus diesem Problem entstünde, ausgehen würde, der polnische Staat auf jeden Fall verloren wäre.

Armes Polen, reduziert auf das, was wir wissen. Seine gesamte Elite wurde von den Bolschewiken im Wald von Katyn massakriert und Schiffe wurden gezielt in der Antarktis versenkt! Die Juden fordern nicht für sich selbst Reparationen?! Dieses Land ist bankrott, nicht in der Lage, seinen Zahlungsverpflichtungen nachzukommen, und befindet sich in einer ausweglosen Situation. Es ist wahr, dass Polen im Jahr 2000 nicht das einzige Land ist, das sich in diesem erbärmlichen Zustand befindet!

Da die Juden uns von Rassismus erzählen, lassen Sie uns mit meinem Altersgenossen und Kollegen Israel Shahak einen Blick darauf werfen, was von ihrem "Megarakismus" zu halten ist.

In seinem "*Politischen Testament*" (das Robert Faurisson für eine Fälschung hält, das aber perfekt zu Hitlers Psychologie passt) sagte Hitler: "*Es ist normal, dass jeder den Stolz auf seine Rasse empfindet, und das bedeutet keine Verachtung gegenüber anderen Menschen. Ich habe nie gedacht, dass ein Chinese oder Japaner uns unterlegen wäre. Sie gehören alten Zivilisationen an und ich gebe sogar zu, dass ihre Vergangenheit der unseren überlegen ist. Sie haben Grund, stolz zu sein, so wie wir stolz auf die Zivilisation sind, der wir angehören. Ich glaube sogar, dass es mir umso leichter fallen wird, mit ihnen auszukommen, je stolzer die Chinesen und Japaner auf ihre Rasse bleiben*". Diese Aussagen sind voll von elementarem gesunden Menschenverstand. Wenn Professor Israel Shakak uns mit der wahren Natur der traditionellen jüdischen Schriften vertraut macht, deren Wesen er durchdringen kann, da er Hebräisch kann, finden wir nirgends einen Satz, der auch nur annähernd dieser menschlichen und vernünftigen Sichtweise entspricht.

Ist es daher verwunderlich, dass die Israelis in Deir Yassin 254 Menschen, Männer, Frauen und Kinder, massakriert haben? Diese Vorgehensweisen sind seit vierzig Jahren keineswegs außergewöhnlich, aber niemand hat es je gewagt, Israel offiziell des "Nazismus" zu beschuldigen. Der Fall von Oradour-sur-Glane war nicht nur außergewöhnlich, wie die Vergeltungsmaßnahmen nach der Ermordung Heydrichs oder der hundert Soldaten, die bei einem Attentat in Italien getötet wurden, sondern ich weiß seit über zwanzig Jahren, dass er sich völlig anders abgespielt hat als die von der offiziellen Propaganda aufgezwungene Version (dem deutschen Hauptmann Kämpfe waren zwischen Limoges und Oradour die Augen ausgestochen worden die Zunge von der Résistance herausgerissen worden...). Die Kirche in Oradour wurde nicht niedergebrannt, aber es kam zu einer unerklärlichen Explosion im Glockenturm... (von der Résistance gelagerter Sprengstoff).

In Israel wurden arme Bauern von ihrem Land vertrieben und hatten nur die Wahl zu fliehen oder zu sterben. Offensichtlicher und grausamer Kolonialismus. Diejenigen, die das Grauen anprangerten, wurden ermordet, wie Graf Bernadotte und Lord Moyne. Die Verfahren, die zur Enteignung der Palästinenser angewandt wurden, sind Teil eines gnadenlosen Kolonialismus, eines offenkundigen und unausweichlichen Rassismus.

Das Land, dessen die Palästinenser beraubt sind, darf nicht an einen Nichtjuden verkauft, an einen Nichtjuden verpachtet oder von einem Nichtjuden bearbeitet werden. Die israelische Agrarpolitik führt zu einer methodischen, systematischen Enteignung der arabischen Bauernschaft. Das ist integraler Rassismus. Gesetze zur systematischen und unerbittlichen Enteignung gab es in Nazi-Deutschland nicht. Unter anderem legalisieren das Gesetz über den Landerwerb vom 12. März 1953 und alle weiteren Maßnahmen den Raub, indem sie Araber zwingen, ihr Land zu verlassen, damit jüdische Siedlungen darauf errichtet werden können. Die Massenflucht der arabischen Bevölkerung unter Terror wie in Deir Yassin oder Karf Kassem befreite große Gebiete, die von ihren rechtmäßigen Besitzern und arabischen Arbeitern geräumt und an die jüdischen Besatzer übergeben wurden.

Prof. Israel Shahak gab 1975 eine Liste mit 385 zerstörten und mit Bulldozern bearbeiteten arabischen Dörfern von 475, die 1948 existierten. Um davon zu überzeugen, dass Palästina vor Israel eine Wüste war, wurden Hunderte von Dörfern mit Bulldozern samt Häusern, Zäunen, Friedhöfen, Gräbern usw. dem Erdboden gleichgemacht. Von Juni 1967 bis November 1969 wurden in Israel und im Westjordanland mehr als 20.000 arabische Häuser gesprengt. In der Genfer Konvention vom 12. August 1949 heißt es in Artikel 49: "*Die Besatzungsmacht darf keinen Teil ihrer eigenen Zivilbevölkerung in das von ihr besetzte Gebiet verlegen*". Hitler selbst- hat dieses internationale Gesetz nie gebrochen. Seit Beginn der Intifada wurden 1116 Palästinenser getötet, darunter 233 Kinder. Die UNO beziffert die Zahl der durch Schüsse verletzten Palästinenser auf 80.000. 15.000 Palästinenser werden in israelischen Gefängnissen festgehalten. 20.000 werden jedes Jahr gefoltert, und diese Folter ist seit 1996 legal. All dies ist Teil von Enteignung, Diskriminierung, Apartheid und Rassismus.

Der unglückliche Hitler, der seine Ethnie vor der institutionalisierten Rassenmischung, die wir heute kennen, bewahren wollte, hat den Rassismus nicht erfunden. Wer kam auf die Idee, "*minderwertige Rassen*" zu versklaven? Ein Vertreter des auserwählten Volkes, der gezüchtigt wird, wenn er eine Heidin zur Frau nimmt, der seine Sklaven unter den Gojim auswählt, ohne sich mit ihnen zu vermischen. "*Für tausend Jahre*", sagte Hitler, "*für die Ewigkeit*", sagen die Juden.

Ein einziges Gesetz, eine einzige Rasse, ein einziges Schicksal bis ans Ende der Zeit. *"Und Josua verbrannte Ai zu einem Haufen Asche und ließ die Besiegten Holz hacken und Wasser für die Gemeinde schöpfen.* Alle Männer, Frauen, Kinder und Sklaven unter dem Joch Israels. Aber meistens blieb niemand übrig, der versklavt werden konnte: *"Und sie vernichteten alles, was in der Stadt war: Männer, Frauen, Kinder, Junge und Alte, Rinder, Schafe, Maultiere, mit der Schärfe des Schwertes.*

Der Geruch von Blut ist auf jeder Seite der Bibel zu finden. Die Lehre besagt, dass ein Volk auserwählt werden muss, damit sich sein Schicksal erfüllt. Kein Volk kann die gleiche Herrlichkeit erfahren. Eine wahre Nation ist ein Mysterium, ein einzigartiger Körper, der von Gott gewollt ist. Sein verheißenes Land zu erobern, diejenigen, die sich diesem Weg in den Weg stellen, niederzuschlagen oder zu versklaven, sich selbst als ewig zu bezeichnen: *"Die Posaunen sollen in Zion blasen, die Cherubim des Allmächtigen sollen Feuer und Pest auf unsere Feinde fallen lassen. Sie machten die Stadt und alles, was darin war, völlig dem Erdboden gleich"*.

In Samaria, weil die Samariter die Schrift nicht so gut lesen konnten wie sie, und weil sie ihre eigenen Heiligtümer gebaut hatten; in Terebinthe: Statt 6 Ellen hatten sie 5 oder 7 oder Gott weiß was gebraucht. Durch das Schwert gejagt, jeder Mann, jede Frau, jedes Kind, das Vieh. Massaker an Städten wegen einer Idee oder einer Sache von Worten. Josua, der Gesalbte des Herrn, vernichtete Zehntausende von Menschen und tanzte dann vor der Bundeslade. Woher hat Hitler gelernt, eine Rasse auszuwählen, sie rein und makellos zu erhalten und ihr ein gelobtes Land anzubieten? Wehe den Amoritern, den Jebusitern, den Kenitern, die den Namen Mensch nicht verdienen! Hitlers Rassismus ist eine Minikarikatur des jüdischen Rassismus.

1000 JAHRE! NEBEN DER EWIGEN ZION!

Wie bezaubernd waren doch diese heidnischen Götter, versteckt unter Laub, Felsen und geweihten Quellen: Sie hätten die Natur vor der monströsen Verschmutzung durch den atheistischen Materialismus geschützt. Der jüdische Gott ist der Gott der Rache bis in die dreißigste Generation. Er ist ein Gott der Verträge, der lächerlichen Feilschereien, der Kredite, der Bestechungsgelder, der lächerlichen Trinkgelder. "*Und der Herr gab Hiob das Doppelte von dem, was er zuvor besessen hatte, nämlich tausend Maultiere.* Wer kennt die enorme Rolle, die Juden bis 1870 im Sklavenhandel spielten? (Artikel von Prof. Shahak, der 1967, vor dem Sechstagekrieg, veröffentlicht wurde).

Von den traditionellen jüdischen religiösen Texten kennt man nur das, was in westliche Sprachen übersetzt wurde. Man kennt nicht die Realität der Texte, denn dazu muss man das Hebräische kennen. Prof. Shahak, der das Hebräische perfekt beherrscht, macht uns mit diesen Texten bekannt, deren Rassismus die Grenzen der Vorstellungskraft überschreitet (*Histoire Juive - Religion Juive, le poids de trois millénaires*, Librairie du Savoir, 5, rue Malebranches, 75005 Paris). So muss jeder Jude, der an einem Friedhof vorbeikommt, einen Segen aussprechen, wenn es sich um einen jüdischen Friedhof handelt. Wenn es sich jedoch um einen Friedhof für Nichtjuden handelt, muss er die Mutter der Toten verfluchen. Grundlose Feindseligkeit gegenüber jedem menschlichen Wesen.

Der berühmte jüdische Philosoph Maimonides schrieb über den Rassismus gegen Schwarze: "*Ein Teil der Türken* (d.h. die Mongolen) *und die Nomaden des Nordens, die Schwarzen und die Nomaden des Südens und die, die ihnen in unseren Klimazonen ähnlich sind; ihre Natur ist der der stummen Tiere ähnlich und nach meiner Meinung erreichen sie nicht den Rang von Menschen. Unter den existierenden Dingen sind sie dem Menschen unterlegen, aber den Affen überlegen, da sie in größerem Maße als der Affe das Bild und die Ähnlichkeit des Menschen besitzen*". Was die USA betrifft, so unterstützen die Juden Martin Luther King und die Sache der Schwarzen in Amerika, um taktische Unterstützung im Namen des jüdischen Interesses zu erhalten. Es geht darum, die Unterstützung der schwarzen Gemeinschaft für die jüdische Gemeinschaft und die Politik Israels zu gewinnen. Im Übrigen verfolgt die überall institutionalisierte Rassenmischung (außer in Israel wo weder ein Schwarzer noch ein Nordafrikaner eindringen wird) zwei Ziele: Über eine Welt von undifferenzierten Zombies zu herrschen und ganze Gemeinschaften, und seien sie auch noch so homosexuell, dazu zu bringen, für die Marionetten aller Parteien zu stimmen, bei denen sie alle Fäden in der Hand haben. In Israel ist der Chassidismus, ein Avatar der jüdischen Mystik, eine lebendige Bewegung mit Hunderttausenden von Anhängern, die einen enormen politischen Einfluss haben. Was sagt nun die Hatanja, die

Bibel der Bewegung? Nicht-Juden sind Geschöpfe Satans, in denen es absolut nichts Gutes gibt. Der qualitative Unterschied zwischen Juden und Nichtjuden besteht bereits im Embryonalstadium. Das Leben eines Nichtjuden ist etwas Unwesentliches, denn die Welt wurde nur zum Nutzen der Juden erschaffen. Der Rabbi der Lubawitscher und andere chassidische Führer veröffentlichen ständig die heftigsten Erklärungen und blutrünstigsten Aufforderungen gegen alle Araber. Der Einfluss des Philosophen Martin Buber ist sehr wichtig für den Anstieg des israelischen Chauvinismus und den Hass auf Nichtjuden. Viele Menschen starben an ihren Verletzungen, weil israelische Militärsanitäter unter dem Einfluss des Hasidismus sich weigerten, sie zu behandeln. Yehezkiel Kaufman, Soziologe, befürwortete den Völkermord nach dem Vorbild des Buches Josua.

Hugo Shmnel Bergman befürwortete die Vertreibung aller Palästinenser im Irak. Die Verherrlichung der Unmenschlichkeit wird nicht nur von Rabbinern gepredigt, sondern auch von Personen, die als die größten Denker des Judentums gelten. Die entsetzlichsten Taten, die im Westjordanland begangen werden, sind von jüdischem religiösem Fanatismus inspiriert. Jüdischer Rassismus und Fanatismus sind offensichtlich: Ein Freund von Marx, Moses Hess, der als einer der ersten Sozialisten in Deutschland bekannt und geachtet war, zeigte extremen jüdischen Rassismus und seine Vorstellungen von der "reinen jüdischen Rasse" stehen der "reinen arischen Rasse" in nichts nach.

"Es ist verboten, das Leben eines Nichtjuden zu retten, weil er nicht dein Gefährte ist". Nicht nur etwa 400 Dörfer wurden, wie bereits erwähnt, dem Erdboden gleichgemacht, sondern auch Hunderte muslimische Friedhöfe wurden von Israel zerstört (Shahak-Buch, Seite 84).

Was den Talmud betrifft, so nimmt er kein Blatt vor den Mund: *"Es ist eine religiöse Pflicht, so viele Zinsen wie möglich zu erpressen, wenn man einem Nichtjuden Geld leiht".* Diese spekulativ-parasitäre Mentalität war die Hauptursache für den Antisemitismus zu allen Zeiten und an allen Orten. Weder die Kirche noch der Nationalsozialismus haben das alleinige Recht auf Antisemitismus. Er existierte überall, wie etwa in Persien fünf Jahrhunderte vor Christus.

Die Kirche hat die Juden im Laufe der Geschichte übrigens sehr oft geschützt. Es muss gesagt werden, dass Adel und Krone die Juden benutzten, um die Bauern in der Unterdrückung zu halten. Das ist von Seiten der Gojim absolut niederträchtig, aber die Juden nutzten es aus, um die Bauern für ihre eigenen Zwecke auszupressen. In Ostpolen beispielsweise waren die Juden zur Zeit der Magnatenherrschaft die unmittelbaren Ausbeuter der Bauernschaft und praktisch die einzigen Stadtbewohner. In "*The rise of Christian Europe*" stellt Trevor Roper (Seite 173- 74) fest, dass die Juden die wichtigsten Sklavenhändler zwischen dem mittelalterlichen Europa und der muslimischen Welt waren. Dr. Prinz schrieb: "*Ein Staat, der auf dem Prinzip der Reinheit der Nation und der Rasse beruht, kann von einem Juden, der sich zu seinem eigenen Volk bekennt, nur geehrt und respektiert werden*". Wie man sieht, ist die institutionalisierte Rassenmischung gut für die Gojim, "*den gemeinen Samen des Viehs*" (Zohar). Zum Thema Mord sagt Maimonides: "*Ein Jude, der absichtlich einen Nichtjuden tötet, begeht nur eine Sünde gegen das Gesetz des Himmels und kann nicht vor Gericht bestraft werden*".

"*Die indirekte Ursache für den Tod eines Nichtjuden ist überhaupt keine Sünde*". "*Der beste der Nichtjuden, töte ihn*" (Kommentar des Schulchan Aruch). Aus dem Traktat "*Die Reinheit der Waffen im Lichte der Halacha*" heißt es wie folgt: "*Wenn im Verlauf eines Krieges oder während einer bewaffneten Verfolgung oder eines Überfalls unsere Streitkräfte vor Zivilisten stehen, bei denen man nicht sicher sein kann, dass sie uns nicht schaden werden, können und müssen diese Zivilisten gemäß der Halacha sogar getötet werden... Unter keinen Umständen kann man einem Araber vertrauen, auch wenn er zivilisiert aussieht... Im Krieg, wenn unsere Truppen einen letzten Angriff beginnen, ist es ihnen erlaubt und von der Halacha befohlen, sogar gute Zivilisten zu töten, d. h. Zivilisten, die sich als solche ausgeben*". Der Talmud sagt, dass es verboten ist, den Sabbat zu entweihen, um das Leben eines schwerkranken Gojim zu retten, oder eine Nichtjüdin am Sabbat zu entbinden.

Um das zu glauben, muss man in der Talmud-Enzyklopädie Folgendes lesen: "*Wer mit der Frau eines Nichtjuden fleischlichen Verkehr hat, wird nicht mit dem Tode bestraft, denn es steht geschrieben: "die Frau deines Nächsten und nicht die Frau eines Fremden, und so wie das Gebot "der Mann soll seiner Frau hängen", das an die Gojim gerichtet ist, nicht für einen Juden gilt, so gibt es auch keine heilige Ehe für einen Heiden; die verheiratete Frau eines Gojim ist für die anderen Gojim verboten, aber ein Jude ist von diesem Verbot in keiner Weise betroffen...".*

Aus diesem Zitat sollte man nicht schließen, dass dies den intimen Verkehr zwischen einem Juden und einer Nicht-Jüdin erlaubt, ganz im Gegenteil. Die Hauptstrafe wird jedoch gegen die Frau verhängt. Sie ist es, die hingerichtet werden muss, *auch wenn sie vergewaltigt wurde.* Wenn ein Jude mit einer Nichtjüdin eine sexuelle Beziehung eingeht, egal ob sie ein dreijähriges Kind (sic) oder eine Erwachsene ist, ob sie verheiratet oder heiratsfähig ist, und selbst wenn er selbst ein Minderjähriger ist, der erst neun Jahre und einen Tag alt ist, weil er mit ihr einen freiwilligen Beischlaf vollzogen hat, "*soll sie wie ein Tier getötet werden, weil sich ein Jude wegen ihr in eine schlechte Lage gebracht hat"*. Hinzu kommt, dass Frauen aus allen Nationen als Prostituierte betrachtet werden. *Indirekte Täuschung"* ist erlaubt. Diebstahl auf Kosten eines Nichtjuden ist erlaubt, wenn dieser unter jüdischer Herrschaft steht. Diese Gebote werden nicht befolgt, "*wenn sie den Juden schaden"*. Die gewaltsame Enteignung der Palästinenser durch Juden, die ihnen gegenüber eine erdrückende Übermacht haben, ist verständlich. Wenn die Juden mächtig genug sind, ist es ihre religiöse Pflicht, die Palästinenser zu vertreiben. Es ist offensichtlich, dass nach den völkermörderischen Aufforderungen der Bibel und des Talmuds alle Palästinenser ausgerottet werden müssen. Die talmudische Literatur greift dies vehement auf: "*Du sollst nichts Lebendiges übrig lassen"*. Die Palästinenser in Gaza sind wie die Amalekiter. Die Bibelverse, die zum Völkermord an den Medianiten auffordern, wurden von einem israelischen Rabbi aufgegriffen, um das Massaker von Qubbiya zu rechtfertigen. Die halachistischen Gesetze vermitteln Verachtung und Hass gegenüber dem Goi. Der fromme Jude dankt Gott, "*dass er ihn nicht als Goi geboren hat". "Alle Christen sollen in diesem Augenblick zugrunde gehen!"* Es ist üblich geworden, beim Anblick einer Kirche oder eines Kruzifixes dreimal zu spucken. "*Die Juden sind die Besten des Menschengeschlechts. Sie wurden erschaffen, um ihren Schöpfer zu erkennen und anzubeten, und sie sind es wert, Sklaven zu besitzen, die ihnen dienen.* (Siehe Referenzen in Shahaks Buch). *Wir müssen gegenüber den Juden Barmherzigkeit üben, uns aber solcher Handlungen gegenüber den übrigen Menschen enthalten".* (vgl. Shahak). Shakak, der in Israel lebt, sagt uns: "*Jeder, der in Israel lebt, weiß, wie weit verbreitet und tief verwurzelt die Einstellungen des Hasses und der Grausamkeit gegenüber allen Gojim bei der Mehrheit der Juden im Land sind. Das unmenschliche Gebot, dass Knechtschaft die natürliche Rolle der Gojim sei, wurde in Israel öffentlich, sogar im Fernsehen, von jüdischen Landwirten zitiert, die arabische Arbeitskräfte und insbesondere Kinder ausbeuten".* (Seite 198).

Die Menschenrechte waren immer nur die Rechte des Juden, wie man spektakulär im gesamten Westen sehen kann. Die USA und Kanada unterstützen die israelische Politik bedingungslos. Es gibt nicht eine einzige Reaktion, wenn diese im krassen Widerspruch zu den grundlegenden Menschenrechten steht.

Es ist unmöglich, in einen jüdischen Club oder einen Freimaurerorden wie Bnai' B'rith einzutreten: Wenn man aber einem Juden den Zutritt verwehrt, ist das Geschrei groß, dass es sich um Antisemitismus handelt. Mit anderen Worten: Diejenigen, die sich ständig auf die Menschenrechte berufen, sind diejenigen, die sie ständig verletzen. Faurisson und Garaudy wird das elementare Menschenrecht auf freie Meinungsäußerung verweigert. Man antwortet ihnen mit stalinistisch-orwellschen Gesetzen und Verurteilungen wegen Gedankenverbrechen.

400 dem Erdboden gleichgemachte Dörfer, Sabra, Schatilla, Deir Yassin, ständige Massaker an Muslimen, die ihrer Häuser und ihres Landes beraubt wurden, 50 betende Muslime, die mit Revolvern erschossen wurden, unaufhörliche Massaker und jetzt im Westen die panische Angst, den Mund zu öffnen, um irgendeine Wahrheit auszusprechen: Das sind die Menschenrechte, die uns die Juden aufzwingen. In seinem Buch *"Germany must perish"*, das kurz vor dem Eintritt der USA in den Zweiten Weltkrieg erschien, befürwortete der amerikanische Jude T. Kaufman die totale Ausrottung der Deutschen.

"Kleines Detail", wie Le Pen sagen würde. Das Judentum ist ein überwältigender rassistischer Totalitarismus.

Erinnern wir uns, bevor wir fortfahren, an einige Gedanken aus der jüdischen religiösen Tradition, die wir gerade besprochen haben:

Deuteronomium: 4,10-11: *"Wenn der Herr, euer Gott, euch in das Land führt, das er euch gibt, werdet ihr dort große und schöne Städte finden, die ihr nicht gebaut habt, Häuser voller allerlei Reichtümer, die ihr nicht gesammelt habt, Brunnen, die ihr nicht gegraben habt, Weinberge und Olivenbäume, die ihr nicht gepflanzt habt...*".

Wenn diese Psychologie nicht die der mutigen Israelis ist, die dem Determinismus der Beschneidung entkommen sind, was sie zu Traumopfern des Antisemitismus macht, haben wir hier, gut zusammengefasst, diese spekulativ-parasitäre Psychologie, die Mutter des Antisemitismus.

Der Talmud: "*Ein Jude, der eine nichtjüdische Frau vergewaltigt oder verdirbt und sie sogar tötet, muss vor Gericht freigesprochen werden, weil er nur einer Stute Schaden zugefügt hat.*" (*Nidderas bammidebar rabba*).

Wilhelm Marr war ein Jude, der an der Revolution von 1848 in Deutschland teilnahm. Als sie vollendet war, erkannte er, dass sie nur Israel zugute gekommen war. Auch er war ein ehrlicher Jude, der sich empörte und 1860 ein Buch mit dem Titel "*Der Spiegel des Judentums*" veröffentlichte. (Juden können die Wahrheit, die sie betrifft, nicht ertragen, weshalb es totalitäre und rassistische Gesetze gibt, die eine Untersuchung der Fakten von vornherein verbieten).

Hier einige atemberaubende Passagen aus diesem Buch, das von atemberaubender Relevanz ist: "*Ich erkläre laut und ohne die geringste ironische Absicht den Triumph des Judentums in der Weltgeschichte. Ich veröffentliche das Bulletin der verlorenen Schlacht, des Sieges des Feindes, ohne jegliches Quartier für den besiegten Feind. In diesem Land der Denker und Philosophen fand die Emanzipation der Juden im Jahr 1848 statt. Seit dieser Zeit begann der dreißigjährige Krieg, den die Juden jetzt offen gegen uns führen. Wir Deutschen haben 1848 unseren offiziellen Verzicht zugunsten des Judentums ausgesprochen. Seit dem Zeitpunkt ihrer Emanzipation ist das Judentum für uns Deutsche zu einem Gegenstand geworden, den zu berühren verboten ist. Es ist nicht angebracht, die Innenpolitik des Fürsten von Bismarck seit 1866 einer Kritik zu unterziehen. Ich begnüge mich damit, eine Tatsache festzustellen: Seit dieser Zeit wird Seine Durchlaucht vom Judentum so betrachtet wie Kaiser Konstantin von den Christen.*"

In einem Überblick über den Sieg des Judentums über die Völker Europas kommt Wilhelm Marr zu dem Schluss: "*Der Anbruch des jüdischen Cäsarismus - ich stütze diese Behauptung auf eine tiefe Überzeugung - ist nur noch eine Frage der Zeit. Dem Judentum gehört die Weltherrschaft. Die Götterdämmerung ist für uns bereits gekommen. Wenn es mir erlaubt ist, ein Gebet an meinen Leser zu richten, so wird es in folgendem bestehen: Er möge das vorliegende Werk aufbewahren und es an seine Kinder weitervererben, mit der Bitte, es auch ihren Nachkommen zu hinterlassen. Ich habe nicht die Absicht, mich als Prophet zu betrachten, aber ich bin tief von der hier dargelegten Meinung durchdrungen: Vor vier Generationen wird es kein Amt im Staat mehr geben, ausgenommen die höchsten, das nicht im Besitz der Juden ist... Die Kapitulation Russlands ist nur eine Frage der Zeit. In diesem riesigen Reich wird das Judentum einen Hebel finden, der es ihm ermöglichen wird, die gesamte westeuropäische Welt endgültig aus den Scharnieren zu reißen."*

Marcel Bernfeld (*Der Zionismus*, 1920): "*Es ist nicht wichtig, ob die Juden eine reine Rasse sind oder nicht. Das Wesentliche ist die Feststellung, dass bei allen Juden eine innige und tiefe Überzeugung besteht, dass sie von sehr alter Abstammung sind und dass sie ihre Genealogie auf die alten Hebräer zurückführen können. Sie haben mehr als jedes andere Volk die Vorstellung, eine reine Rasse zu sein, woraus sich ein Gefühl der Überlegenheit ergibt.*"

Knut Hamsun, Nobelpreis für Literatur 1920: "*Ein wahrhaft großer Mann, dieser Roosevelt, steif und stur geht er seinen Weg, ein Jude, der er ist, im Sold der Juden, ein herausragender Geist in Amerikas Krieg um jüdisches Gold und jüdische Macht.*" (Oslo, 1942)

Simone Weil (*Die Schwere und die Gnade*): "*Über dieses Volk von einem erziehenden Gott zu sprechen, ist ein grauenhafter Witz.*" " *Die Lüge des Fortschritts ist Israel.*" " *Die Juden, diese Handvoll Entwurzelter, hat die Entwurzelung des gesamten Erdballs verursacht.*"

Das fasst alles zusammen.

Ende des ersten Teils

ZWEITER TEIL
WAS GOJIM ÜBER JUDEN SAGEN

Es war unmöglich, ein riesiges Buch über das, was die Gojim sagten, zusammenzustellen. Aber man könnte folgende Autoren nennen:

- Henri de Montherlant
- Léon Bloy
- Romain Rolland
- François Mauriac
- Roger Martin du Gard
- Alfred de Musset
- René de Chateaubriand
- Frau de Sévigné
- Wurzel
- Molière
- Shakespeare
- Dickens
- Walter Scott
- Daniel Defoe
- usw.

WINSTON CHURCHILL

Auszug aus einem Artikel, der 1920 unter dem Titel "*Internationale Juden*" erschien und in voller Länge in meinem Buch "*Auschwitz,*

Heideggers Schweigen und der Schlüssel zur jüdischen Tragödie"[68] zu finden ist: "*In heftigem Gegensatz zu dieser ganzen Sphäre jüdischer Bemühungen erheben sich die Pläne der jüdischen Internationalen. Die Mitglieder dieses finsteren Bundes stammen größtenteils aus den unglücklichen Bevölkerungen der Länder, in denen die Juden aufgrund ihrer Rasse verfolgt werden. Die meisten, wenn nicht alle, haben den Glauben ihrer Vorfahren aufgegeben und jede spirituelle Hoffnung auf eine andere Welt aus ihrem Geist entfernt.*

Diese Bewegung unter den Juden ist nicht neu. Seit den Tagen Spartakus, von Weishaupt bis Karl Marx, und dann Trotzki (Russland), Bela Kuhn (Ungarn), Rosa Luxemburg (Deutschland) und Emma Goldman (USA), ist diese weltweite Verschwörung zum Umsturz unserer Zivilisation und zur Neugründung der Gesellschaft auf der Grundlage von Entwicklungsstillstand, neidischer Bosheit und unmöglicher Gleichheit stetig gewachsen.

Sie spielte, wie eine moderne Schriftstellerin, Mrs. Webster, nachgewiesen hat, eine definitiv offensichtliche Rolle in der Tragödie der Französischen Revolution. Sie war die Haupttriebfeder aller subversiven Bewegungen im 19. Jahrhundert. Nun hat diese Clique außergewöhnlicher Persönlichkeiten aus der Unterwelt der großen Städte Europas und Amerikas das Haar des russischen Volkes in ihre Klauen genommen und ist praktisch zur unangefochtenen Herrin dieses riesigen Imperiums geworden.

Die Rolle, die diese internationalen Juden, von denen die meisten Atheisten sind, bei der gegenwärtigen Vollendung der russischen bolschewistischen Revolution gespielt haben, muss nicht weiter betont werden. Sie ist zweifellos von sehr großer Bedeutung. Ihre Rolle hier übertrifft alle anderen.

Mit Ausnahme von Lenin sind die meisten Führungspersönlichkeiten Juden. Darüber hinaus entspringen sowohl die treibende Kraft als auch die Inspiration den jüdischen Führern. Der Einfluss von Russen wie Bucharin oder Lunatscharski kann nicht mit der Macht von Trotzki oder Sinowjeff, dem Diktator der Roten Zitadelle (Petrograd), oder Krassin oder Radec verglichen werden, die alle Juden waren.

---

[68] Herausgegeben von Omnia Veritas Ltd -

In der sowjetischen Institution ist die Dominanz der Juden noch erstaunlicher. Und der dominante, wenn nicht sogar der Hauptteil des Terrorsystems, das von der Außerordentlichen Kommission für den konterrevolutionären Kampf angewandt wurde, wurde von Juden und in einigen bemerkenswerten Fällen von Jüdinnen in die Hand genommen.

Dasselbe unheilvolle Übergewicht übten die Juden während der kurzen Schreckenszeit aus, als Bela Kuhn Ungarn regierte.

Dasselbe Phänomen trat in Deutschland (insbesondere in Bayern) auf, solange es diesem Wahnsinn gestattet war, über die zeitweilig niedergeschlagenen Deutschen herzufallen. Obwohl es in all diesen Ländern viele Nichtjuden gab, die in jeder Hinsicht genauso schädlich waren wie die schlimmsten jüdischen Revolutionäre, ist die Rolle, die sie spielten, wenn man bedenkt, wie unbedeutend ihre Zahl im Verhältnis zur Bevölkerung ist, verblüffend."

Mohammed

"Ich kann mir nicht erklären, warum man diese bösartigen Tiere, die den Tod ausatmen, nicht schon längst vertrieben hat. Würde man Bestien, die Menschen verschlingen, nicht sofort töten, selbst wenn sie Menschengestalt hätten? Was sind die Juden anderes als Menschenfresser?"

Erasmus

"Wie viel Raub, wie viel Unterdrückung erleiden die armen Opfer der Juden? Gott sei ihnen gnädig.

Wenn es zu einem guten Christen gehört, die Juden zu hassen, dann sind wir alle gute Christen". (1487)

Luther

"Wie sehr lieben die Juden das Buch Esther, das so gut zu ihrem blutigen Appetit auf Rache und ihren mörderischen Hoffnungen passt! Die Sonne hat nie über einem blutdürstigeren, rachsüchtigeren Volk geschienen als diesem, das sich für das auserwählte Volk hält, um die Lizenz zu haben, die Nichtjuden zu ermorden und zu erwürgen. Es gibt keine Kreatur unter der Sonne, die gieriger ist als sie, war oder sein wird. Man muss ihnen nur

dabei zusehen, wie sie ihren verfluchten Wucher betreiben. Sie schmeicheln sich mit der Hoffnung, dass, wenn ihr Messias kommt, er alles Gold und Silber der Welt zusammentragen und es mit ihnen teilen wird."

RONSARD

"Sohn des Vespasian, großer Titus, du musstest, indem du die Stadt zerstörtest, auch ihr Geschlecht vernichten." (1560)

VOLTAIRE

"Die Juden sind ein unwissendes und barbarisches Volk, das seit langem die widerlichste Habgier und den abscheulichsten Aberglauben mit einem unauslöschlichen Hass auf alle Völker verbindet, die sie dulden und durch die sie reich werden. Sie sind das abscheulichste Volk auf Erden". (*Philosophisches Wörterbuch*, 1745)

IMMANUEL KANT

"Die Palästinenser [Juden], *die unter uns leben, haben den sehr berechtigten Ruf, Betrüger zu sein... Aber eine Nation, die nur aus Händlern besteht, d.h. aus nicht produktiven Mitgliedern der Gesellschaft, kann nichts anderes sein als das."* (*Anthropologie*, 1786)

BENJAMIN FRANKLIN

"In jedem Land, in dem sich die Juden in großer Zahl niedergelassen haben, haben sie sein moralisches Niveau gesenkt, seine Integrität entwürdigt und seine Institutionen lächerlich gemacht. Ich warne Sie, meine Herren, wenn Sie den Juden die Staatsbürgerschaft gewähren, werden Ihre Kinder Sie in Ihren Gräbern verfluchen. In jedem Land, in dem sich Juden in großer Zahl niedergelassen haben, haben sie das moralische Niveau gesenkt, die geschäftliche Integrität diskreditiert und sich abgesondert, ohne sich jemals mit den anderen Bürgern zu assimilieren. Sie machten die christliche Religion lächerlich und versuchten, sie zu untergraben. Sie bauten einen Staat im Staat auf und als man ihnen Widerstand leistete, versuchten sie, das Land finanziell zu erdrosseln.

Wenn Sie sie in dieser Verfassung nicht aus den Vereinigten Staaten ausschließen, werden sie in weniger als 200 Jahren in so großer Zahl darin wimmeln, dass sie unser Land beherrschen und verschlingen und die Form der Regierung ändern werden. Wenn Sie den Juden den Zugang zu diesem Land nicht verwehren, werden Ihre Nachkommen in weniger als 200 Jahren das Land bearbeiten, um die Bedürfnisse der Eindringlinge zu befriedigen, die hinter ihren Tresen sitzen und sich die Hände reiben. Ich sage es Ihnen noch einmal, meine Herren: Wenn Sie die Juden nicht für immer aus unserer Gemeinschaft ausschließen, werden unsere Kinder uns verfluchen." (Rede vor dem Kongress im Jahr 1787, als Vorwort zur Ausarbeitung der Verfassung)

All dies wurde perfekt umgesetzt, wie von Franklin geplant.

MALESHERBES

"Es gibt in den Herzen der meisten Franzosen einen sehr starken Hass gegen die jüdische Nation, ein Hass, der auf dem Brauch beruht, dass die Juden in allen Ländern Geschäfte betreiben, die die Christen als ihren Ruin betrachten."

FICHTE

"Um uns vor ihnen zu schützen, sehe ich nur ein einziges Mittel: für sie ihr gelobtes Land zu erobern und sie alle dorthin zu schicken." (Über die Französische Revolution 1793)

NAPOLEON

"Wir müssen die Juden nicht nur als eine eigene Rasse, sondern als ein fremdes Volk betrachten. Es wäre eine zu große Demütigung für die französische Nation, von der niedrigsten Rasse der Welt regiert zu werden. Ich kann diese Juden, die den echten Franzosen das Blut aussaugen, nicht als Franzosen betrachten. Wenn ich nichts unternähme, wäre das Ergebnis die Enteignung einer Vielzahl von Familien durch räuberische und erbarmungslose Wucherer. Es sind Raupen, Heuschrecken, die Frankreich verwüsten". (Adresse an den Staatsrat, 6. April 1806)

CHARLES FOURIER

"Sobald diese in Frankreich gut verbreitet sind, wäre das Land nur noch eine riesige Synagoge, denn wenn die Juden nur ein Viertel des Grundbesitzes halten würden, hätten sie wegen ihrer geheimen und unauflöslichen Liga den größten Einfluss."

SCHOPENHAUER

Der deutsche Philosoph nennt sie *"die Großmeister der Lüge"*.

ALFRED DE VIGNY

"Die Bourgeoisie ist die Herrin Frankreichs; sie besitzt es in der Länge, in der Breite und in der Tiefe: Der Mensch wird wieder zum Affen. Der Jude hat die Juli-Revolution bezahlt, weil er den Bourgeois leichter handhabt als den Adligen." (1837)

HONORÉ DE BALZAC

"Die Juden haben das Gold an sich gerissen. Sie sind mächtiger als je zuvor". (*Die verlorenen Illusionen*, 1843)

ALPHONSE TOUSSENEL

"Aber wie finden Sie die armen Kinder Israels, die immer noch als Opfer posieren? Steht ihnen diese tränenreiche Haltung nicht gut zu Gesicht? Trotz aller falschen Philanthropen und Scharlatane des Liberalismus wiederhole ich also, dass Frankreich die Schuld seiner Wohltätigkeit gegenüber den Juden auf grausame Weise büßen muss. Unvorsichtige Nächstenliebe, beklagenswerte Nächstenliebe, auf deren Gefahren alle großen Denker aller Jahrhunderte im Voraus hingewiesen hatten; denn Tacitus stimmt in diesem Punkt mit Bossuet, mit den Enzyklopädisten und Fourier überein. Tacitus, der berühmteste Geschichtsschreiber des Altertums, erhebt seine Stimme gegen den unbeugsamen Stolz und den hinterlistigen Geist des jüdischen Volkes". (*Die Juden, Könige der Epoche*, 1845)

PROUDHON

Für den Vater des libertären Sozialismus *"ist der Jude der Feind des Menschengeschlechts. Sie sind bösartige, neidische, gallige Wesen,*

die uns hassen. Man muss diese Rasse nach Asien zurückschicken".
(Tagebuch vom 24. Dezember 1847)

MICHELET

"Geduldig, unzerstörbar, sie haben durch Dauer gesiegt. Sie sind jetzt frei. Sie sind Meister.
Von Blasebalg zu Blasebalg, hier sind sie am Thron der Welt".
(1853)

ERNEST RENAN

"Der Jude kennt kaum eine andere Pflicht als die gegen sich selbst. Seine Rache zu verfolgen, sein Recht einzufordern, das er für sein Recht hält, ist für ihn eine Art Pflicht. Von ihm zu verlangen, sein Wort zu halten, uneigennützig Recht zu sprechen, heißt hingegen, von ihm das Unmögliche zu verlangen." (1864)

BAKUNIN

"Nun, diese ganze jüdische Welt, die eine einzige ausbeuterische Sekte bildet, steht gegenwärtig Marx auf der einen und den Rothschilds auf der anderen Seite zur Verfügung." (Brief an die Internationalen in Bologna, 1871)

DOSTOJEWSKI

"Was kommt, ist der Materialismus, die blinde und räuberische Gier nach materiellem Wohlstand, der Durst nach Geldanhäufung mit allen Mitteln. Dann wird an der Spitze von allen der Jude stehen, denn obwohl er den Sozialismus predigt, bleibt er dennoch in seiner Eigenschaft als Jude zusammen mit seinen Rassenbrüdern außerhalb des Sozialismus, und wenn das gesamte Vermögen Europas geplündert ist, wird nur die jüdische Bank übrig bleiben."
(*Tagebuch eines Schriftstellers*, Passim, 1880)

VICTOR HUGO

Über Waterloo, das Rothschild reich gemacht hat: *"Alter Mann, Hut ab, dieser Passant machte sein Vermögen in der Stunde, in der du dein Blut vergossen hast. Er spielte auf Baisse und stieg, je tiefer und sicherer unser Fall wurde. Wir brauchten einen Geier für unsere Toten, er war es."* (Die Niederlage von Waterloo begründete Rothschilds Vermögen)

WAGNER

"Am dringendsten ist es, dass wir uns von der jüdischen Unterdrückung emanzipieren. Ich halte die jüdische Rasse für den geborenen Feind der Menschheit und alles Edlen. Es ist sicher, dass insbesondere die Deutschen durch sie zugrunde gehen werden. Vielleicht bin ich der letzte Deutsche, der sich gegen das Judentum, das bereits alles unter seiner Kontrolle hat, behaupten konnte." (*Brief an Ludwig II. von Bayern*, 1881)

ÉDOUARD DRUMONT

"Wenn der Jude steigt, sinkt Frankreich, wenn der Jude sinkt, steigt Frankreich. Die Hohe Bank, die Freimaurerei, die kosmopolitische Revolution, alle drei in den Händen der Juden, streben mit unterschiedlichen Mitteln nach demselben Ziel. Man findet immer einen Juden, der Sozialismus oder Kommunismus predigt und verlangt, dass man das Eigentum der alten Bewohner teilt, während ihre Glaubensgenossen, die barfuß ankommen, sich bereichern und keinerlei Bereitschaft zeigen, irgendetwas zu teilen. Ich habe nicht die Absicht, den ganzen Dreck des jüdischen Journalismus aufzuwühlen, all die Beleidigungen und Schmähungen in Erinnerung zu rufen, die sie über Christen vergossen haben... Christliche Meisterwerke werden im Dunkeln gelassen, aber die große Trommel wird stattdessen für alles geschlagen, was den jüdischen Stempel trägt.

Das Unglück des Juden ist, dass er immer einen fast unmerklichen Punkt überschreitet, den man mit dem Goi nicht überschreiten darf. Mit dem Goi kann man alles machen, aber man darf ihn nicht ärgern. Er wird sich alles, was er besitzt, stehlen lassen, aber plötzlich wegen einer Rose, die man ihm entreißen will, in Rage geraten. Dann, plötzlich erwacht, versteht er alles, ergreift wieder das Schwert, das in einer Ecke lag, schlägt wie ein Tauber zu und verhängt über den Juden, der ihn ausbeutete, ausplünderte, eine dieser Strafen, deren Spuren der andere drei Jahrhunderte lang trägt... Er verschwindet, verschwindet in einem Nebel, verkriecht sich in einem Loch, wo er eine neue Kombination wiederkäut, um neu anzufangen...". (*Das jüdische Frankreich*, 1886)

EDMOND DE GONCOURT

"*An mich, der seit 20 Jahren laut schreit, dass wir, wenn die Familie Rothschild nicht in Gelb gekleidet ist, sehr bald domestiziert, ilotisiert, in Knechtschaft gebracht werden...als wir Manette Salomon veröffentlichten, wurde in der jüdischen Presse die Parole ausgegeben, für immer über unsere* Bücher *zu schweigen...*" (*Tagebuch*, April 1886)

GUY DE MAUPASSANT

"*In Bou-Saada sieht man sie in schmutzigen Höhlen hocken, aufgedunsen von Fett, schmutzig und dem Araber auflauernd, wie die Spinne der Fliege auflauert. Er ruft ihn, versucht, ihm hundert Sous gegen einen Schein zu leihen, den er unterschreibt. Der Mann spürt die Gefahr, zögert, will nicht, aber der Wunsch zu trinken und noch andere Wünsche zerren an ihm. Hundert Pfennige bedeuten für ihn so viele Freuden! Schließlich gibt er nach, nimmt die Silbermünze und unterschreibt das schmierige Papier. Nach sechs Monaten schuldet er zehn Francs, nach einem Jahr zwanzig Francs, nach drei Jahren hundert Francs. Dann lässt der Jude sein Land, sein Pferd, sein Kamel, seinen Esel, alles, was er besitzt, verkaufen. Die Chefs der Kaids, Aghas oder Bachaghas, fallen ebenfalls in die Fänge dieser Raubtiere, die die Geißel, die blutende Wunde unserer Kolonie, das große Hindernis für die Zivilisation und das Wohlergehen des Arabers sind.*" (*In der Sonne*, 1887)

JULES VERNE

"*Sie betreiben das Kreditgewerbe mit einer Erbitterung, die für die Zukunft des rumänischen Bauern besorgniserregend ist. Nach und nach wird man sehen, wie der Boden von der einheimischen Rasse an die fremde Rasse übergeht. Wenn das Gelobte Land nicht mehr in Judäa liegt, wird es vielleicht eines Tages auf den Karten von Transsylvanien erscheinen.*" (*Das Schloss in den Karpaten*, 1892)

ADOLPHE HITLER

"Frankreich ist und bleibt der Feind, den wir am meisten zu fürchten haben. Dieses Volk, das immer tiefer auf die Stufe der Neger herabsinkt, gefährdet durch die Unterstützung, die es den Juden zur Erreichung ihres Ziels der Weltherrschaft leistet, heimlich die Existenz der weißen Rasse in Europa." (Mein Kampf, 1924)

GEORGES SIMENON

" Alles passt zusammen, alles wird klar. Die Juden haben in ihrer Zerstörungswut und auch in ihrer Profitgier den Bolschewismus gezeugt. So streckt die jüdische Krake ihre Tentakel in alle Klassen der Gesellschaft aus". (Le Péril juif, Gazette de Liège, 1921)

JEAN GIRAUDOUX

"Die Juden bringen, wo immer sie hinkommen, das À-peu-prèsprès, die Untergrundaktion, die Bestechung, die Korruption und sind ständige Bedrohungen für den Geist der Präzision, des guten Glaubens, der Perfektion, der der Geist des französischen Handwerks war." (1940)

LUCIEN REBATET

"Ich ließ meine Papiere und Bücher zurück. Ich machte mich wieder auf den Weg durch Paris. Ich fand überall die unverschämtesten Zeichen der jüdischen Souveränität. Die Juden genossen alle Köstlichkeiten, Fleisch, Rache, Stolz, Macht. Sie schliefen mit unseren schönsten Mädchen. Sie hängten in ihren Häusern die schönsten Bilder unserer größten Maler auf. Sie sonnten sich in unseren schönsten Schlössern. Sie wurden niedlich gemacht, mit Weihrauch beworfen und gestreichelt. Der kleinste kleine Herr ihres Stammes hatte zehn Schreiberlinge an seinem Hof, um sein Lob singen zu lassen. Sie hielten unsere Banken, die Wertpapiere unserer Bürger, das Land und die Tiere unserer Bauern in ihren Händen. Sie bewegten nach Belieben mit ihrer Presse und ihren Filmen die Gehirne unseres Volkes. Ihre Zeitungen waren immer die meistgelesenen und es gab kein Kino, das ihnen nicht gehörte.

Sie besaßen ihre Minister an der Spitze des Staates. Von oben bis unten, in allen Unternehmen, an allen Kreuzungen des französischen Lebens, in der Wirtschaft, in der Politik und in der Spiritualität, hatten sie einen Abgesandten ihrer Rasse, der bereitstand, um den Zehnten einzubehalten, die Vetos und die Befehle Israels zu verkünden. Die Kirche selbst bot ihnen ihren Bund an und lieh ihnen ihre Waffen. Sie hatten alle Freiheit, ihre Feinde mit Schlamm und Schmutz zu bedecken und die tödlichsten Verdächtigungen gegen sie zu erheben. Die Juden hatten nichts anderes erworben als durch Diebstahl und Korruption. Je mehr sie ihre Macht ausdehnten, desto mehr gewann die Fäulnis mit ihnen". (*Die Trümmer*, 1942)

PAUL MORAND

"Ich fordere nur für unsere Landsleute einen Platz, einen ganz kleinen Platz im nationalen Kino. Indem ich die Franzosen verteidige, fordere ich für sie einfach das Recht der Minderheiten ein." (*France la doulce*, 1934)

MARCEL AYMÉ

"Wir kommunizieren mit dem integralen Marxismus, weil er die Waffe unseres Nationalismus ist. Der Marxismus, sagen Sie, ist der Antipode des Kapitalismus, der uns ebenfalls heilig ist. Gerade weil sie Antipoden zueinander sind, liefern sie uns die beiden Pole des Planeten und ermöglichen es uns, die Achse des Planeten zu sein". (zitiert in *"Genf gegen den Frieden"*, 1936, vom Grafen de Saint-Aulaire, dem französischen Botschafter, der die Worte eines großen jüdischen Bankiers aus New York wiedergibt)

PIERRE-ANTOINE COUSTEAU

Der Bruder von Kommandant Cousteau schrieb Folgendes: *"Und sofort wurde deutlich, dass die Eroberung des Geldes durch die jüdischen Plutokraten nicht ohne die Eroberung der Massen durch die jüdischen Agitatoren einherging. Immer derselbe Dualismus, dessen vollkommenster Ausdruck heute die Allianz von Wall Street und Kreml ist".* (*Das jüdische Amerika*, 1942)

LOUIS FERDINAND CÉLINE

"Unsere französische Republik ist nichts anderes mehr als ein riesiges Unternehmen zur Entwürdigung, zur Vernachlässigung der Franzosen unter jüdischer Führung. Der Weiße sucht vor allem das

Künstliche, das Alamierte, die afro-asiatische Verrenkung. Alle französischen, englischen, amerikanischen, d. h. jüdischen Filme sind immer unendlich tendenziös. Sie existieren und verbreiten sich nur zu Israels größtem Ruhm. Dies geschieht unter verschiedenen Masken: Demokratie, Gleichheit der Rassen, Hass auf "nationale Vorurteile", Fortschritt, die Armee der demokratischen Lügengeschichten. Ihr striktes Ziel ist es, den Nichtjuden immer mehr zu verblöden, ihn so schnell wie möglich dazu zu bringen, seine Traditionen, Tabus und Religionen zu verleugnen und ihn dazu zu bringen, seiner gesamten Vergangenheit, seiner Rasse und seinem Rhythmus zugunsten des jüdischen Ideals abzuschwören.

Die Maske mit dem gejagten Juden, der zum Märtyrer wird, zieht bei dem gehörnten Trottel von Goi immer noch unweigerlich. Die erbärmliche Geschichte des verfolgten Juden, das jüdische Gejammer, lässt ihn immer feucht werden. Das ist unfehlbar! Nur das Unglück des Juden trifft ihn mit Sicherheit. Er schluckt alles. Wenn der plündernde Jude um Hilfe schreit, zuckt die gojische Birne sofort zusammen. So kommt es, dass die Juden den ganzen Reichtum, das ganze Gold der Welt besitzen. Der Angreifer schreit, man solle ihm die Kehle aufschlitzen! Der Trick ist so alt wie Moses.

Die moderne Musik ist nur ein Übergangs-Tam-Tam. Es ist der Jude, der uns tastet, um herauszufinden, wie degeneriert und verdorben wir sind, unsere arische Sensibilität vernachlässigt. Nachdem sie uns also zu Robotern gemacht haben, schieben sie uns die Kameltreiber unter, die gut genug für unser schmutziges Sklavenfleisch sind. Wen interessiert das schon? Die Welt hat keine Melodie mehr. Es ist noch die Folklore, das letzte Flüstern unserer Folklore, die uns in den Schlaf wiegt. Danach wird es vorbei sein, die Nacht. Und das Neger-Tam-Tam...". (*Bagatelle pour un massacre*, 1937)

Ich habe den Gojim weit weniger Platz eingeräumt als den Juden, um zur gleichen Klarheit zu konvergieren.

Tatsächlich ist in unserer Zeit des Zombismus das, was Juden sagen, überzeugender...

All dem ist nichts mehr hinzuzufügen: Wenn nicht ein Wunder geschieht, wenn nicht die Erstbeschneidung radikal abgeschafft wird, steuern wir auf eine Katastrophe zu, bei der Juden und Nichtjuden ausgelöscht werden.

Lassen wir Dostojewski ein letztes Wort und sehen wir uns an, ob die Involution, die wir erleben, nicht von höheren Geistern im letzten Jahrhundert vorhergesehen wurde. So sagte Dostojewski vor etwa einem Jahrhundert: "*Ihr Reich ist nahe, ihr Reich ist vollendet. Es kommt der Triumph der Ideen, vor dem die Gefühle der Menschlichkeit, der Durst nach Wahrheit, die christlichen und nationalen Gefühle und sogar die Gefühle des Volksstolzes der Völker Europas nicht mehr blasen. Was stattdessen kommt, ist der Materialismus, der blinde und raubgierige Durst nach persönlichem materiellem Wohlergehen, der Durst nach der Anhäufung von Geld mit allen Mitteln, das ist alles, was als höchstes Ziel, als Vernunft, als Freiheit angesehen wird, anstelle des christlichen Ideals der Erlösung durch das einzige Mittel der engsten moralischen und brüderlichen Vereinigung unter den Menschen. Wir werden lachen...*

All diese Bismarcks, Beaconsfield (Disraeli), die Französische Republik, Gambetta und andere, alle, sie sind für mich nur ein Schein: Ihr Herr, wie der Herr von allem anderen und von ganz Europa, ist der Jude und seine Bank. Wir werden noch den Tag erleben, an dem er sein Veto einlegt und Bismarck gnadenlos wie ein Strohhalm weggefegt wird. Das Judentum und die Bank herrschen jetzt über alles,[69] sowohl über Europa als auch über die öffentliche Bildung, über die gesamte Zivilisation und besonders über den Sozialismus, denn mit seiner Hilfe wird das Judentum das Christentum und die christliche Kultur mit der Wurzel ausreißen. Und wenn daraus nichts als Anarchie hervorgeht, dann wird wieder der Jude an der Spitze stehen, denn obwohl er den Sozialismus predigt, wird er als Jude zusammen mit seinen Rassenbrüdern dennoch außerhalb des Sozialismus bleiben, und wenn das gesamte Vermögen Europas geplündert wird, dann wird nur die jüdische

---

[69] Das ist richtig, aber es gibt mehr als nur eine Nuance: Dostojewski konnte es noch sagen und veröffentlichen. Die Medien wurden damals noch nicht wie heute vollständig von den Juden kontrolliert, ebenso wenig wie die Justiz. Heute werden sowohl die Medien als auch die Regierung und die Justiz vollständig von ihnen kontrolliert. Die Tatsache, dass ein Justizminister 1981 Jude war (Badinter), ist ein endgültiges Symbol. Es gibt keine Freiheit mehr: Im Namen rassistischer Gesetze, die als "antirassistisch" getarnt sind, würde Dostojewski angeklagt werden. Wenn er Jude wäre, wie Wilhelm Marr, würde er psychiatrischen Kommissionen unterstellt werden: Das ist eine Tatsache.

Bank bestehen bleiben. Die Juden werden Russland in den Untergang führen".

Dieser Text wurde 1880 geschrieben. Das heißt, vor etwa 120 Jahren.

DER SHERLOCKHOLOCAUST

Die Juden haben viele schmerzhafte Pogrome erlitten. Es ist unbestreitbar ihre Schuld, aber der Schmerz, den sie erlitten haben, ist gigantisch. Warum haben sie die Lüge vom Hitler-Holocaust erfunden, die ein echter arithmetisch-technischer Unsinn ist? Unverbesserlich, es handelt sich um einen fantastischen Betrug, der es ermöglicht, durch die Schuldzuweisung an alle (ohne jemals die zig Millionen Opfer der Juden durch den Bolschewismus zu erwähnen), ein Maximum an Geld von allen möglichen Nationen zu erpressen.

Bringen wir diesen Pseudo-Holocaust auf den Punkt, indem wir ihn sherlockholmisieren:

Gibt es in der Geschichte der Menschheit eine einzige Volksgruppe, die sich nicht freuen würde, wenn sie erführe, dass sie in einem Krieg, der vor 50 Jahren beendet wurde, unendlich viel weniger Verluste erlitten hatte, als sie dachte? Würde derjenige, der das herausfindet, nicht gefeiert und für eine so erfreuliche Nachricht belohnt werden? Würde er mit riesigen Geldstrafen belegt werden? Würde man versuchen, ihn zu ermorden, so wie man versucht hat, Professor Faurisson zu ermorden? Ist eine solche Reaktion nicht eine offensichtliche Psychopathologie?

Haben die lebenden Skelette, die man in Filmen wie "*Nuit et Brouillard*" von Alain Resnais sieht, irgendetwas mit "Vergasungen" zu tun? Wurden sie nicht in diesen Zustand versetzt, weil die Lager aufgrund der Bombardierungen durch die anglo-amerikanische Luftwaffe nicht mehr versorgt werden konnten, wobei deutsche Städte mit mehr als hunderttausend Einwohnern in Schutt und Asche gelegt und Hunderttausende Frauen und Kinder holocaustiert wurden, über die nie gesprochen wurde?

Wo wären die sechs Millionen während der intensiven Holocaust-Zeit 1943/44 gewesen, als ein einziges Lager nicht mehr als sechzigtausend Häftlinge aufnehmen konnte, und offiziell behauptet Claude Lanzmann selbst, dass es keine Vergasungen mit Zyklon B außerhalb von Auschwitz gegeben habe. Von Massenvergasungen mit anderen Gasen war nie die Rede, und es gibt auch keine Beweise dafür.

Was sind "*Zeugen*" wert, wenn jeder weiß, wie die Zeugenaussagen bei den Nürnberger Prozessen zustande kamen, wie die des Kommandanten Hoess, deren Absurdität inzwischen legendär ist, wenn es hundert Zeugenaussagen über Vergasungen in Dachau gibt, wo es offiziell heißt, dass es nie Gaskammern gegeben hat?

Es werden 130 kg Kohle benötigt, um einen Leichnam zur Einäscherung zu bringen. Uns wurde gesagt, dass die Deutschen 1300 davon pro Tag verbrennen. Die amerikanische Luftwaffe hat während der offiziellen Dauer des Holocausts Hunderte von Fotos von Auschwitz gemacht. Warum sieht man dort auf keinem Foto riesige schwarze Rauchschwaden oder gigantische Haufen notwendiger Kohle?

Warum wird uns im Radio, in Filmen und in der Fernsehpresse weiterhin täglich der Mythos "Sechs Millionen - Gaskammern" nach der jüdischen Technik des Jammerns aufgetischt, wobei 50 Jahre später Neunzigjährige verfolgt werden, die versucht hatten, Deutschland vor der Ungerechtigkeit des Versailler Vertrags, der Fäulnis der Weimarer Republik, dem Zusammenbruch der deutschen Jugend und der Arbeitslosigkeit von sechs Millionen Menschen zu retten, indem sie den 215 001 Menschen, die von ihnen abhängig waren, Brot brachten?

Warum informiert uns das *American Jewish Year Book* auf Seite 666 seiner Ausgabe 1943, dass es im besetzten Europa 1941 3.300.000 Juden gab?

Wie hätten Gaskammern an Krematorien grenzen können, wenn Zyklon B ein hyperentzündliches Gas ist?

Warum werden revisionistische Historiker verfolgt, die den Schwindel der Shoa nachweisen, obwohl ein seit 1980 geforderter wissenschaftlicher Dialog über ein im Wesentlichen arithmetisches und technisches Problem primären Charakters die Wahrheit endgültig festlegen und damit allen den Mund verbieten würde, wie es bei Katyn dank des Revisionisten Gorbatschow der Fall war?

Wie sollte es mit Zyklon B, Blausäure, möglich sein, tausend Menschen auf einmal zu vergasen, wenn die amerikanische Gaskammer für einen zum Tode Verurteilten (maximal zwei) unerhört kompliziert und teuer ist? Warum wurde beim DEGESH-

Prozess im Jahr 1949 behauptet, dass solche Vergasungen unmöglich und undenkbar seien?

Warum hat der Bericht von Fred Leuchter, einem Ingenieur, der in den USA für die Wartung der Gaskammern zuständig war, in einem Gutachten behauptet, dass es in Auschwitz keine Vergasungen gegeben habe?

Warum ist der Rudolf-Bericht, der das Ergebnis des Leuchter-Berichts bestätigt, verboten? Warum werden diejenigen, die ihn verbreiten, gerichtlich verurteilt, ohne dass man sich um die Qualität und Genauigkeit dieses Berichts kümmert?

Warum wurde (zum ersten Mal in der Geschichte) Henri Roques' Dissertation über den *Gerstein-Bericht*, ein Dokument, das beim Nürnberger Prozess abgelehnt wurde, annulliert, obwohl der berühmte Historiker und sozialistische Minister Alain Decaux in seinem Buch ("*La guerre absolue*", 1998) erklärte: "*Ich habe die Perfektion der echten Chartistenarbeit, der sich Herr Roques unterzogen hat, bewundert.*" (In seiner Doktorarbeit über den Gerstein-Bericht).

Warum haben Raymond Aron und François Furet bei einem Kolloquium an der Sorbonne, zu dem kein Revisionist eingeladen wurde, (zweifellos aus intellektueller Integrität und demokratischer Freiheit) behauptet, dass es nicht die geringste mündliche oder schriftliche Aufzeichnung über einen Befehl zur Vernichtung der Juden gibt? Warum wird nie über den Plan zur Ausrottung der Deutschen durch allgemeine Sterilisation gesprochen, wie er in dem Buch "*Germany must perish*" (Deutschland muss untergehen) des amerikanischen Juden Kaufman geplant wurde? Es handelt sich hierbei zweifellos nur um ein kleines Detail?

Warum sollte Cyclon B, das seit den 1920er Jahren von den Hygienebehörden in Deutschland verwendet wurde, für etwas anderes als das Entlausen von Kleidung zur Vermeidung von Typhus verwendet worden sein? Warum wurden große Mengen von Zyklon B in Lagern gefunden, in denen offiziell anerkannt wurde, dass es nie Vergasungen gegeben hatte?

Warum spricht man uns immer von den "Sechs Millionen - Gaskammern" und nie von den 80 Millionen Nichtjuden, die in der UdSSR in einem rein jüdischen Regime vernichtet wurden, in dem die Gefängnis- und Konzentrationslager-Henker hießen:

Kaganowitsch, Frenkel, Jagoda, Firine, Apetter, Jejoff, Abramovici, Rappaport usw.? (etwa 50 Juden).

Warum gingen die berühmten jüdischen Vernichter beim Zündel-Prozess in Kanada so weit, sich lächerlich zu machen, indem sie von "poetischer Lizenz" sprachen, um eklatante Lügen zu rechtfertigen, und bei späteren Vorladungen nicht vor Gericht erschienen?

Warum brauchen wir das Fabius-Gayssot-Gesetz? (Laurent Fabius, der Jude, der Mann mit dem verseuchten Blut, und Alain Gayssot, der Kommunist, der zweihundert Millionen Leichen hinter sich herzieht).

Ist sie nicht der ultimative Beweis für den Betrug, der Beweis durch neun, notwendig und ausreichend? Man braucht kein stalinistisch-orwellsches Gesetz, kein Gesetz *"zur Einführung des Meinungsdelikts"* (das Gedankenverbrechen von *"1984"*), *"das Delikt des Revisionismus lässt das Recht zurücktreten und schwächt die Geschichte"*, wie Herr Toubon sagte, kurz bevor er Justizminister wurde, ein antidemokratisches, menschenrechtsfeindliches, verfassungswidriges Gesetz, um die Wahrheit zu ermitteln. Fakten, Argumente und Beweise reichen aus. Professor Faurisson fordert eifrig eine öffentliche Debatte mit einer unbegrenzten Anzahl von Widersachern und hat sie nie erhalten. Abbé Pierre forderte sie: Man tat so, als würde man sie akzeptieren, und lehnte sie schließlich ab. Ein solches Forum fand während einer Sendung statt, die vom Tessiner Fernsehen (Schweiz) in Lugano ausgestrahlt wurde. Niemand weiß davon, weil die von der jüdischen Lobby gesteuerten Medien nur dann einen Finger rühren, wenn diese globalistische Lobby es ihnen erlaubt...

Warum wird einem Lehrer, der erklärt, dass *"der Holocaust von sechs Millionen Juden, die in Gaskammern mit Zyklon B vernichtet wurden"*, ein arithmetisch-technischer Unsinn ist, sofort die Lehrbefugnis entzogen, wodurch zum ersten Mal in der Geschichte das abwegige Konzept eines historisch-religiösen Dogmas eingeführt wird, das im Falle einer nicht immerwährenden Verehrung des Holocaust-Mythos mit dem Zorn der weltlichen Inquisition geahndet werden kann?

Warum behauptete der *Express* in seiner Ausgabe vom Januar 1995, dass *"die seit Jahrzehnten im Lager Auschwitz I gezeigte Gaskammer eine Nachkriegsrekonstruktion in ihrem ursprünglichen Zustand sei und dass alles, was sie betreffe, falsch sei."*?

Schlussfolgerung: Es gab tatsächlich einen Holocaust an 60 Millionen Menschen in einem Krieg, den die Juden 1933 Hitler erklärt hatten. Dieser hatte sechs Millionen Arbeiter aus der Arbeitslosigkeit geholt und den 21.500.000 Menschen, die von ihnen abhängig waren, Brot gegeben. Er hatte die Diktatur des Dollar-Gottes und den jüdischen Totalitarismus, der die Menschen und den Planeten verschmutzte, durch semantische Mystifizierung als "Demokratie" bezeichnet, abgelehnt. Jetzt gibt es nur noch zwei Parteien: den Globalismus, die totalitäre, menschen- und planetenvernichtende Judeopathie, und den Nationalismus der Gojim, die noch nicht völlig vom jüdisch-marxistisch-kapitalistischen Einfluss nekrotisiert sind.

Jean François Kahn greift in der Wochenzeitung *"Marianne"* die Bürokraten des Jüdischen Weltkongresses an. Er schreibt über die Konferenz über die Enteignung jüdischen Eigentums, die am 2. Dezember 1998 in Washington zu Ende ging: "*Sie haben die Shoah auf einen Finanzmarkt reduziert. So war das typische Opfer der Nazi-Barbarei, das primäre Objekt des schrecklichsten Völkermords dieser Zeit[70] nicht der ausgebeutete Arbeiter in Krakau, der bescheidene Handwerker in Lodz, der untergeordnete Beamte in Kiew, der kleine Ladenbesitzer in der Rue des Rosiers oder der unbekannte Handwerker in Riga, sondern der kosmopolitische Milliardär, der Rembrandts und Rubens sammelte, auf einem Haufen Goldbarren schlief, sein riesiges Vermögen in der Schweiz vermehrte, überall komfortable Versicherungspolicen abschloss und seine Kinder in die USA schickte, um dort Karriere zu machen. Diese mächtige Lobby amerikanischer Oligarchen schämt sich nicht, den Holocaust auf ein Geschäft mit dem großen Geld zu reduzieren*".

Wenn Faurisson es gewagt hätte, dies zu sagen, hätte er einen weiteren Prozess von einer Justiz bekommen, die diesen Oligarchen hörig ist...

---

[70] Dieser jüdische Journalist ignoriert die arithmetisch-technischen Realitäten dieses Pseudo-Holocausts oder gibt vor, sie nicht zu kennen, aber was er sagt, ist nichtsdestotrotz mutig und außergewöhnlich.

Das letzte Wort in diesem Teil werde ich dem Schriftsteller Paul Chevallet geben, dem Autor des bemerkenswerten Buches *"Urnokratie"*:

"Der verheerende Globalismus ist in seinem Kern jüdisch. Juden sind seine Erfinder und Profiteure, zum Leidwesen der gesamten Menschheit. In Artikel 131 des Vertrags von Amsterdam heißt es:

"Die gemeinsame Handelspolitik soll im Einklang mit dem gemeinsamen Interesse (sic) zur harmonischen Entwicklung des Welthandels, zur schrittweisen Beseitigung von Beschränkungen, zum internationalen Handel und zum Abbau von Zollschranken beitragen."

Es ist für jeden, der noch nachdenkt, offensichtlich, dass dieser Artikel 131 von staatenlosen Spekulanten wie Soros inspiriert ist. Es geht nämlich nicht um Herstellung oder Produktion, sondern ausschließlich um Handelsentwicklung, die Beseitigung von Beschränkungen des internationalen Handels und von Zollschranken!

Es ist völlig klar, dass man weltweit nicht diejenigen begünstigen muss, die arbeiten, sondern diejenigen, die von der Arbeit anderer profitieren (CQFD)! Alle Staaten werden heute in allen Bereichen von den Juden ausgerichtet und gelenkt. Das System ist auf Dauer selbstmörderisch, wenn es um die gesamte Menschheit geht. Die Herren sind so besessen vom Gold, dass sie gar nicht merken, dass es vor allem darum geht, das Trinkwasser für das Überleben aller zu bewahren!

So stellen wir diese unbestreitbaren Tatsachen einfach fest, hüten uns aber davor, sie anzuprangern, denn ganz im Gegenteil, wir empfinden eine tiefe Schadenfreude bei dem Gedanken, dass die in der Heiligen Schrift angekündigte Endzeit näher rückt.

"Seit 5000 Jahren reden wir zu viel: Worte des Todes für uns und für andere". (George Steiner, Jude).

Ergänzung zu den Vereinten Nationen

Wie der frühere Völkerbund ist auch die Organisation der Vereinten Nationen radikal jüdisch. Hier werden die Namen der Spitzenbürokratie der Weltregierung in Flushing Meadows, New

York, aufgeführt. Die Bürokraten sind ebenso jüdisch wie ihre okkulten Direktoren.

Was man ohne Fehler sagen kann, ist, dass die UNO, die als weltweite Superregierung aus Juden, Freimaurern und Linken agieren will, um die Völker, die noch nicht unter der sozialistisch-kommunistischen Diktatur stehen, zu lenken.

Wir hatten aus jüdischen Zeitungen selbst erfahren, dass ein Drittel aller Juden in den kommunistisch kontrollierten Ländern, etwa vier Millionen, die Hauptführung und die Bürokratie der Länder bilden, die in der kommunistischen roten Hölle gefangen sind. Der gleiche Anteil kontrolliert die Vereinten Nationen.

Mit einem Wort: Sowohl der Osten als auch der Westen stehen unter der Herrschaft der Beschnittenen.

Es ist nicht möglich, alle Juden aufzuzählen, die in den politischen Delegationen der verschiedenen in der UNO versammelten Länder sitzen, denn dazu müsste man ein riesiges Telefonbuch drucken. Dasselbe gilt für die unzähligen jüdischen Bürokraten von geringerer Bedeutung: Hier soll nur ein unvollständiger Überblick über die wichtigen Führungspersönlichkeiten des ständigen Organs der Vereinten Nationen gegeben werden.

GENERALSEKRETARIAT

➢ Dr. H. S. Bloch, Leiter der Abteilung für Rüstung.

➢ Antoine Goldet, Direktor der Abteilung für Wirtschaftsangelegenheiten.

➢ David Weinstraub, Direktor der Abteilung für wirtschaftliche Stabilität und Entwicklung.

➢ Karl Lachman, Leiter der Steuerabteilung.

➢ Henri Langier, stellvertretender Generalsekretär, zuständig, Abteilung für soziale Angelegenheiten.

➢ Dr. Léon Steinig, Direktor, Abteilung für Betäubungsmittel.

➢ Dr. E. Schwelb, Direktor, Menschenrechtsabteilung.

➢ H.A.Wieschoff, Leiter der Abteilung Analysen und Forschung, Treuhandabteilung für nicht-autonome Völker.

➢ Benjamin Cohen, stellvertretender Generalsekretär, zuständig für die Abteilung für öffentliche Informationen.

➢ J. Benoit-Lévy, Direktor Filmabteilung und visuelle Information.

➢ Dr. Ivan Kerna, Assistent, der für die Rechtsabteilung zuständig ist.

➢ Abraham H.Feller, Generalbevollmächtigter und leitender Direktor der Rechtsabteilung.

➢ Marc Schreiber, Rechtsberater.

➢ G.Sandberg, Rechtsberater, Abteilung für Entwicklung und internationales Recht.

➢ David Zablodowsky, Leiter der Abteilung für Druckereiwesen.

➢ Georges Rabinovitch, Leiter der Abteilung für Dolmetscher.

➢ Max Abramowitsch, stellvertretender Leiter des Planungsamts.

➢ P. C. J. Kien, Leiter der Abteilung für Sachkonten.

➢ Mercedes Bergman, Exekutivbeamtin, Personalbüro.

➢ Paul Radzianka, Sekretär des Berufungsbüros.

➢ Dr. A. Singer, medizinischer Offizier, der für die Gesundheitsklinik zuständig ist.

INFORMATIONSZENTRUM

➢ Jarzy Shapiro, Leiter des Informationszentrums der Vereinten Nationen in Genf.

➢ B.Leitgeber, Leiter des UN-Informationszentrums in Neu Delhi, Indien.

➢ Henri Fast, Direktor des Informationszentrums der Vereinten Nationen, Shanghai, China.

➢ Dr. Julius Stawinski, Leiter des Informationszentrums der Vereinten Nationen, Warschau.

INTERNATIONALES ARBEITSAMT (ILO).

➢ David.A. Marse (Moscovitch), Generaldirektor der IAO in Genf.

➢ Von den vier Mitgliedern, die die IAO leiten, sind drei Juden: Altman (Polen), Finet, (Belgien), Zellerbach, (USA).

➢ V.Gabriel-Garces, Delegierter für Ecuador, Attaché im Büro der IAO.

➢ Jan Rosner, Korrespondent für Polen, Attaché im Büro der IAO.

FOOD AND AGRICULTURE ORGANIZATION (ERNÄHRUNGS- UND LANDWIRTSCHAFTSORGANISATION) (FAO)

➢ André Mayer, erster stellvertretender Vorsitzender.

➢ A.P Jacobsen, Vertreter Dänemarks.

➢ E. de Vries, Vertreter der Niederlande.

➢ M.M. Libman, Wirtschaftswissenschaftler, Düngemittelabteilung.

➢ Gerda Kardos, Leiterin, Abteilung Fasern.

➢ B. Kardos, Wirtschaftswissenschaftler, Abteilung Verschiedene Waren.

➢ Herr Ezechiel, Leiter der Abteilung für Wirtschaftsanalyse.

➢ J.P. Kagan, Technischer Offizier, Sektion Holzeinschlag und Ausrüstung.

➢ M.A Huberman, technischer Offizier, Gesetzesabteilung, Leitung und Organisation in der Abteilung für Forstwirtschaft und Forstprodukte.

➢ J. Meyer, Technischer Offizier, Ernährungsabteilung.

➢ F. Weisel, Verwaltungsabteilung.

ORGANISATION FÜR ERZIEHUNG, WISSENSCHAFT UND KULTUR (UNESCO)

➢ Alf Sommerfelt und Paul Carneiro, geschäftsführender Vorstand.

➢ Alf Sommerfelt, Vorsitzender des Ausschusses für Außenbeziehungen.

➢ J. Eisenhardt, Direktor des Temporary International Council for the Reconstruction of Education.

➢ Miss Luffman, Leiterin der Abteilung für Spannungen.

➢ H. Kaplan, Leiter des Büros für öffentliche Informationen.

➢ H Weitz, Leiter des Büros für administrative Verwaltung und Haushalt.

➢ S. Samuel Selsky, Leiter des Personalbüros.

➢ B. Abramski, Leiter der Abteilung für Wohnen und Reisen.

➢ B. Wermiel, Leiter der Abteilung für Anwerbung und Vermittlung.

➢ Dr. A Welsky, Direktor Südasien, Kooperationsbüro für angewandte Wissenschaften.

WELTBANK FÜR WIEDERAUFBAU UND ENTWICKLUNG

➢ Léonard B. Rist, Wirtschaftsdirektor.

➢ Leopold Scmela, Mitglied des Büros der Gouverneure, Vertreter Tschechoslowakei.

➢ E. Polak, Mitglied des Büros der Gouverneure, Vertreter der Tschechoslowakei.

➢ M De Jong, Büro der Gouverneure, vertritt die Niederlande.

➢ Pierre Mendès-France, Mitglied des Büros der Gouverneure, Vertreter Frankreichs.

➢ M Bernales, Mitglied des Büros der Gouverneure, vertritt Peru.

➢ Herr M. Mendels, Sekretär.

➢ Abramovic, Mitglied des Büros der Gouverneure, vertritt Jugoslawien.

Internationaler Währungsfonds (IWF)

➢ Josef Goldman, Büro der Gouverneure, Vertreter der Tschechoslowakei.

➢ Pierre Mendès-France, Mitglied des Büros der Gouverneure, Vertreter Frankreichs.

➢ Camille Gutt, Vorsitzender des Exekutivdirektoriums und geschäftsführender Direktor des IWF.

➢ Louis Rasminsky, Exekutivdirektor für Kanada.

➢ W.Kaster, alternativer Direktor für die Niederlande.

➢ Louis Altman, Assistent des geschäftsführenden Direktors

➢ E.M. Bernstein, Leiter der Forschungsabteilung.

➢ Joseph Gold, Seniorberater.

➢ Lee Levanthal, Seniorberater.

Weltorganisation für Flüchtlinge

➢ Mayer Cahen, Generaldirektor Abteilung für Wohlbefinden und Pflege.

➢ Pierre Jacobsen, Generaldirektor Abteilung Repatriierung und Neuansiedlung.

➢ R.J. Youdin, Direktor der Abteilung für Repatriierung.

Weltgesundheitsorganisation (WHO)

Dr. Chishlam, ein ehemaliger Bundesminister in Kanada, ist der Vorsitzende.

Dieser Arzt, der von Autorität über psychische Gesundheit sprach, sagte im kanadischen Radio, dass das Gehirn der Kinder durcheinander gebracht werde, indem man ihnen die Begriffe Gut und Böse beibringe und ihnen die Legenden des Christentums erzähle.

Man sieht, dass die UNO den bestqualifizierten Juden der Welt für die körperliche und geistige Gesundheit der Menschheit gefunden hat.[71]

- ➢ Z.Deutschnobb, Leiter der Technologieabteilung.
- ➢ G.Mayer, Leiter der Abteilung für Übersetzungen.
- ➢ Dr.N. Goodman, Generaldirektor der Abteilung für Operations.
- ➢ M.Siegel, Leiter der Finanzverwaltung.
- ➢ A.Zorb, Leiter der Rechtsabteilung.

WELTHANDELSORGANISATION (WTO)

- ➢ Max Suetens, Vorsitzender der Interimskommission für internationalen Handel.

INTERNATIONALE FERNMELDEUNION (ITU)

- ➢ P.-C de Wolfe, amerikanisches Mitglied des Verwaltungsrats.
- ➢ Gerry C. Cross, Assistent des Generalsekretärs.
- ➢ H.B.Rantzen, Leiter des Telekommunikationsdienstes der Vereinten Nationen.
- ➢ A.G.Berg, Internationale Zivilluftfahrt-Organisation: Leiter der Abteilung für Beneidenswürdigkeit

---

[71] Dies ist nur eines von vielen Beispielen dafür, wie die Beschneidung am achten Tag den moralischen Sinn auslöscht und über die Jahrhunderte hinweg den Antisemitismus mit spekulativen Kräften, die nicht vom moralischen Sinn kontrolliert werden, nährt.

("airworthiness"). Hinzu kommt, dass Oberst A.G. Katzin die Vereinten Nationen im Koreakrieg vertrat.

➤ Georges Movshon, Informationsoffizier der Vereinten Nationen in Korea.

➤ Ernest A. Cross Abgeordneter Vertreter der USA bei den Vereinten Nationen.

➤ Isador Lubin ist US-Vertreter bei der Kommission für Wirtschaft und Einstellung.

➤ Julius Katz-Sachy ist ständiger Delegierter Jugoslawiens bei den Vereinten Nationen.

Zu beachten ist, dass der Staat Israel in allen seinen Delegationen bei den Vereinten Nationen keine nichtjüdischen Vertreter duldet, ebenso wenig wie das American Jewish Committee, der internationale Zionismus, der Jüdische Weltkongress und andere parasitäre Organisationen, die sich den Status realer Staaten geben, ein perfektes Beispiel für jüdischen Nicht-Rassismus (gut für andere!).

Ende des zweiten Teils

DRITTER TEIL
EIN TEXT VON ÜBERWÄLTIGENDER WAHRHEIT, DER EINEM JUDEN ZUGESCHRIEBEN WIRD

Der folgende Text, der 1914 und später 1934 veröffentlicht wurde, hat genaue Quellenangaben und einen Autorennamen. Die Unverschämtheit und Aggressivität dieses Textes sind so groß, dass ich bezweifle, dass ein Jude sie auf diese Weise geschrieben haben könnte. Auf der Ebene des ersten Teils ist die Sache offensichtlich, aber auf dieser Ebene der direkten Aktion, wenn ich das so sagen darf, sind die Juden eher diskret. Ihre Diskretion geht sogar so weit, dass sie massiv ihre Namen ändern. Ich werde alle Referenzen dieses Textes mit der gebotenen Zurückhaltung angeben, und wenn ich ihn liefere, dann deshalb, weil sein Inhalt rigoros zutreffend ist. Dieser Text könnte in die Kategorie der "*Protokolle der Weisen von Zion*" gehören: eine Fälschung, die die Wahrheit sagt.

Es ist nicht nur alles wahr, sondern seit 1934, dem Jahr seiner letzten Veröffentlichung, wird alles an Schrecken übertroffen: Weltkrieg, Arbeitslosigkeit, moralische, physische und intellektuelle Desintegration, Killermusik, Drogen, Pornografie, ökologischer Kollaps, Aussterben von Tier- und Pflanzenarten, Gewalt, Kriminalität und so weiter. Und schließlich der Triumph des rothschildo-marxistischen Globalismus, der die Agonie des Planeten signalisiert.

Hier sind die genauen Quellenangaben des folgenden Textes, den ich weder meinen Mitmenschen noch den Gojim zuschreiben wollte, sondern einfach der längst bewiesenen Wahrheit.

Der Autor soll Isaac Blümchen sein, der am 14. November 1887 in Krakau geboren wurde (man beachte jedoch, dass diese Skorpiongeburt gut mit dem Text übereinstimmt). Er ist der Sohn von Jacob Haim Blümchen, einem Kaskettenträger, und seiner Frau Salome Sticka Pfaff. Sein in Leipzig ansässiger Onkel Blümchen ist in Sachsen und sogar in ganz Deutschland durch den Blümchen-

Kaffe bekannt. Isaac Blümchen kam 1904 nach Paris, berufen von der Alliance Israélite, deren Präsident Maurice Leven war und deren Kosten von der Société des Enfants de Cracovie, deren Präsident Henri Weinstein aus Maisons-Alfort war, bezahlt wurden. Mit der Einbürgerung als Franzose wartete er, bis er das Alter für den aktiven Militärdienst erreicht hatte. Er nahm maßgeblich an der Wahlkampagne von 1914 teil, als der Krieg ihn anderweitig beschäftigte.

Die Bücher unter den Titeln "*Le Droit de la Race supérieure*" und "*A nous la France*" wurden 1914 und ein letztes Mal 1934 veröffentlicht. Die Bücher wurden 1913 in der Bibliothèque Nationale de France hinterlegt, Signatur Nr. 8°Lb 57 18013 und Lb57 18012 A.

Die folgenden Auszüge sind keineswegs erschöpfend, da diese beiden Bücher, wie man sich denken kann, rigoros unauffindbar sind...

DAS RECHT DER ÜBERLEGENEN RASSE

Endlich ist das jüdische Volk Herrscher über Frankreich. Regierungen und Nationen erkennen die Tatsache offiziell an. Alfons XIII., König von Spanien aus dem Hause Bourbon, kam im November 1913 nach Frankreich. Er besuchte Präsident Poincarré zu einem Jagdausflug in Rambouillet. Er ging aber auch zu unserem Édouard de Rothschild, um die Angelegenheiten Spaniens mit Frankreich zu besprechen. Seine katholische Majestät, der König von Spanien, zu Gast bei einem Juden. Karl V., Philipp II. und Heinrich IV. hatten das nicht vorausgesehen.

Als Carlos von Portugal die große Kordel des Christusordens an den Hals eines Rothschilds hängte, prostituierte er dem Juden nur seinen Gott, aber Alfons XIII. prostituierte sich selbst. Ferdinand, Zar von Bulgarien aus den Häusern Orléans und Coburg, der nach Frankreich kam, um die Angelegenheiten seines Landes zu behandeln, hatte nicht einmal den Präsidenten Fallières besucht: Er war direkt zu unserem Joseph Reinach gegangen und hatte dort alle Minister der Republik angetroffen.[72]

Unsere Eroberung ist nun ein vollendetes Ereignis.

Ich habe erklärt (siehe Fortsetzung des Textes), *dass wir die Franzosen nicht aus Frankreich vertreiben wollen, wie einige unserer Leute, die vom Sieg begeistert waren, waghalsig behauptet haben. Wir entfernen nur die Franzosen, die sich gegen unsere Herrschaft auflehnen, d. h. eine Handvoll Energumenen. Die fügsame und arbeitswillige Masse der Einheimischen ist für uns notwendig, so wie die Spartaner in Lakonien die Iloten brauchten und die Engländer in Hindustan die Hindus. Wir müssen nur die Schalthebel des Landes in der Hand halten und die Befehlsgewalt ausüben. Wir können sie am helllichten Tag ausüben. Während der ersten dreißig Jahre der Republik haben wir unsere Macht und unseren Fortschritt verborgen; mit dem zwanzigsten Jahrhundert hat das jüdische Zeitalter begonnen. Wir herrschen und wollen, dass die Welt es weiß. Wir herrschen über Frankreich aufgrund desselben Rechts, auf das sich die Europäer berufen haben, um die Rothäute zu vernichten und die Kaffern oder Kongolesen zu versklaven. Das Recht der überlegenen Rasse über eine minderwertige Rasse. Das ist ein Naturgesetz. Die Überlegenheit der jüdischen Rasse und ihr Recht auf Herrschaft werden durch die Tatsache dieser Herrschaft selbst begründet. Die Besiegten beugen sich dem Offensichtlichen.*

Dem französischen Eingeborenen mangelt es nicht an einer gewissen Intelligenz. Er beginnt zu verstehen, was er gewinnen kann, wenn er das Unvermeidliche akzeptiert. Er sucht unsere Belehrung, unseren Rat und unsere Impulse in allen Bereichen der politischen, wirtschaftlichen, künstlerischen, philosophischen und literarischen Tätigkeit.

In der Grundschule, im Gymnasium, an der Sorbonne und in den großen Hochschulen werden alle Klassen der Nation gebildet, der

---

[72] Als sich die Polizei der Republik dazu entschloss, bei Reinach, dem Banditen der Südpanam-Eisenbahn und der Militärbetten, eine Hausdurchsuchung durchzuführen, fand sie diplomatische Akten, die das Außenministerium dem Parlamentsausschuss wegen "Staatsgeheimnissen" vorenthalten hatte.

Unsere Geheimnisse sind bei den Reinachs in Frankfurt am Mayn gut aufgehoben (Anmerkung des Übersetzers).

Pöbel erwirbt die wenigen Begriffe, nach denen er sein ganzes Leben lang leben wird, und die Bourgeoisie erwirbt die Ideen, die sie später für endgültig hält. In weiser Voraussicht hatten wir uns der öffentlichen Bildung auf allen Stufen bemächtigt, bevor wir unsere politische Zeichnung entlarvten. Die Universität, ihr Rat und ihre Lehrpläne sind in unseren Händen. Die bescheidensten Lehrbücher der Grundschule und die stolzesten Lehrstühle der Fakultäten unterliegen unserer Zensur. An der École Normale Supérieure wie auch an der Polytechnique kontrollieren unsere Leute alles und entscheiden über alles. Ein Großteil der Verleger, die Schulbücher herausgeben, sind Juden und die einheimischen Lehrer, die auf ihre Kosten arbeiten, müssen sich unserem Gedankengut anpassen. Die gesamte Sorbonne ist uns ergeben, das Collège de France zittert vor uns. In der skandalösen Curie-Affäre haben sich die Päpste und Meister der "französischen" Kultur gegen die Mutter der Familie zusammengeschlossen, um unserer Schwester Salome Slodowska zu dienen.

Wir haben die Geschichte Frankreichs von ihrem Glanz befreit. Durch unseren Willen ignorieren oder leugnen die indigenen Franzosen die Jahrhunderte ihrer Vergangenheit, die unserem Aufstieg vorausgingen. Sie glauben, dass Frankreich vor der Zeit, in der die befreiten Juden sich für seine Befreiung einsetzten, in Barbarei, Fanatismus, Knechtschaft und Elend versunken war. Die Geschichte Frankreichs ist nur noch die Geschichte der Eroberung Frankreichs durch Israel, beginnend mit der Intervention der Freimaurerlogen am Ende des 18. Jahrhunderts und endend in einer Apotheose im 20. Jahrhundert. Zur gleichen Zeit, in der wir diese nutzlosen Legenden, diese absurden Erweckungen aus der Vergangenheit", sagte Joseph Reinach 1895, "aus den Lehrplänen streichen oder aus dem effektiven Unterricht entfernen, verbieten wir auch das, was die Franzosen naiv die Heilige Geschichte nannten, d.h. die Geschichte unserer Drangsale, das Bild unseres Aberglaubens, die Erzählung unserer Wut und die Erinnerung an unsere Ursprünge.

Befragen Sie die französischen Wehrpflichtigen, die bald die Wählerschaft bilden werden, beim Eintreffen des Unterrichts in den Kasernen: Sie werden gerne sagen, dass Ludwig XI. der Vater von Ludwig XII. und der Großvater von Ludwig XIV. war, allesamt schwachsinnige, lüsterne und grausame Tyrannen, oder dass Jeanne d'Arc ein General Napoleons war. Sie werden Ihnen nie sagen, weil sie es nicht wissen, dass die Juden aus Palästina über die Ghettos in Russland und Deutschland kommen, denn zwei hunderttausend streng überwachte Lehrer lehren sie, dass ein Jude ein Normanne, ein Provenzale, ein Lothringer besonderer Religion ist, der genauso gut und wahrhaftig französisch ist wie die Einheimischen.

Wir haben in Paris eine Schule der Hohen Sozialen Studien eröffnet, um die bürgerliche Jugend in Moral, Philosophie, Pädagogik, Soziologie, Journalismus und allem, was das öffentliche Leben betrifft, zu unterrichten. Die Verwalter, mit einem General, der den prädestinierten Namen Bazaine trägt, heißen Théodore Reinach und Bernard, der Vorstand besteht aus unseren Juden, Eugène Sée, Felix Alcan, Dick May (Jüdin, Generalsekretärin), Diehl, Durkheim, Joseph Reinach, Felix Michel.

Die Professoren für das Jahr 1913-14 (mit einigen Einheimischen, deren blinde Unterwerfung uns garantiert ist), heißen: Théodore Reinach, Léon Friedel, Cruppi-Crémieux, Dwelshauvers, Hadamard, Brunschwig, Milhaud, Meyerson, Blaringhem, Rosenthal, Lévy-Wogue, Gaston Raphaël, G. Bloch, Hauser, Mantoux, Moch, Worms, Yakchtich, Weyll-Raynal, Lévy-Schneider, Bergmann, Zimmermann, Rouff, Léon Cahen, Caspar, Georges-Cahen, Bash, Mandach, Boas-Boasson, Mortier, Bluysen, Elie May, Edmond Bloch, etc.

Sie alle bekleiden wichtige Ämter und Führungspositionen an den Hochschulen oder in der Zentralverwaltung. Hat man uns früher oft genug die Namen unserer Ghettos ins Gesicht geworfen! Nun, wir haben die Sorbonne in ein Ghetto verwandelt, die Universität in ein Ghetto, die großen französischen Schulen in ebenso viele Ghettos. Es ist das Ghetto der Hautes Études Sociales, in das die jungen Franzosen der wohlhabenden oder reichen Klasse kommen, um das Denken zu lernen, um zu lernen, das öffentliche Leben zu leben, um ihr Denken nach jüdischem Denken zu formen, um ihre Erbinstinkte vor dem jüdischen Willen abzuschaffen, um sich in der einzigen Rolle zu üben, die wir ihnen erlauben, anzustreben: die der eifrigen Diener, der perfekten Handlanger Israels.

Aber unsere jungen Juden behalten immer den Vorrang. Wenn Lévy-Brühl als Vorsitzender der Philosophiejurys an der Sorbonne die Diplome verleiht, nennt er zuerst die Schüler Abraham, Durkheim,

Flilgenheimer, Gintzberg, Lambrecht, Kaploum, Lipmann, Guttmann und Spaler und dann die Einheimischen.

Unser Joseph Reinach ist Vizepräsident der Armeekommission, der Kommission, die damit beauftragt ist, die Archive der Revolution zu durchsuchen, der Kommission, die damit beauftragt ist, die diplomatischen Dokumente des Zweiten Kaiserreichs zu erforschen und die Ursachen des Deutsch-Französischen Krieges zu beleuchten. Alle militärischen Geheimnisse, alle historischen Akten sind Joseph Reinach ausgeliefert.

Als Joseph Reinach von der Parlamentstribüne herunterkam, wo er gerade die Organisation der französischen Armee geregelt hatte, folgte ihm Theodore Reinach (11. November 1913), um die alten Kirchen Frankreichs gegen den Vandalismus der Eingeborenen zu verteidigen.

Auf dem Bildungskongress war es Théodore Reinach, der den einheimischen Familienvätern bürgerliche und politische Aberkennung und Schandstrafen vorschlug, wenn sie ihre Kinder nicht dem zugelassenen Lehrer aus Israel übergaben.[73] Es war Theodore Reinach, der sich die Mühe machte, kleine Abhandlungen über Grammatik zu verfassen, um den Franzosen ihre eigene Sprache zu lehren. Und Joseph Reinach enthüllt den Lesern von Le Matin (zwischen Blum, Porto-Rich, Weyll und Saüerschwein), dass Corneille der Autor von Phèdre ist. Wir hätten in diesen verschiedenen Rollen mehr von uns einsetzen können.

Wir haben Herr an der Ecole Normale, Carvalho an der Polytechnique, Bloch, Cahen und Lévy auf allen höheren Lehrstühlen. Aber wir waren der Meinung, dass wir überall die Namen Reinachs wiederholen sollten, der in verschiedenen Konstellationen so viele Schmähungen erlitten hat. Je mehr Frechheit die französischen Eingeborenen damals zeigten, desto wichtiger ist es, sie zu demütigen und vor der jüdischen Familie, die sie zu beschmutzen gewagt hatten, niederzuwerfen. Wenn die

---

[73] Der Säkularismus und die (Pseudo-)Demokratie, sind die beiden notwendigen Mittel zur vollständigen Beschneidung. Es ist das radikale Mittel zur Verblödung und Zombifizierung der Massen, wobei die Politiker aller rechten und linken Parteien nur die Spitze des Eisbergs sind. Daher müssen diese beiden Betrügereien ab dem Kindergarten mit allen Mitteln durchgesetzt werden.

jüdischen Gelehrten die Eingeborenen Frankreichs Französisch gelehrt haben, werden sie sie dann Hebräisch und Jiddisch lehren, denn die Besiegten müssen die Sprache der Sieger sprechen. Der Vorschlag dazu wurde mit viel Grund im Oktober 1912 von L'Univers Israélite und L'Écho Sioniste gemacht. "Hebräisch ist eine klassische Sprache wie Griechisch, und die Republik muss das hebräisch-lateinische Abitur einführen, bei dem die Kandidaten als Texte Jesaja und die Sprüche wählen können. Dieser Unterricht würde unseren Rabbinern in den Provinzen eine einträgliche Arbeit verschaffen".

Andererseits ist es logisch, den Franzosen unsere Sprache zu lehren, so wie die Franzosen den Annamiten und Madagassen ihre Sprache lehren. Dies ist sogar unerlässlich, da Hebräisch und Jiddisch die Sprache der öffentlichen Versammlungen (Salle Wagram, Vorsitz Jaurès), der beruflichen Versammlungen (Bourse du Travail, spezielle Einladungen für die Humanité) und der Wahlkampagnen (Kommunalwahlen in Paris, IV. Arrondissement, sozialistische Kandidatur, mit Plakaten in hebräischen Schriftzeichen) werden. Die Erfüllung unserer Absichten würde eine unangenehme Verzögerung erleiden, wenn die aus Deutschland, Russland, Rumänien und der Levante importierten Juden gezwungen wären, Französisch zu lernen. Wir müssen sie sofort vor einer Ausweisung schützen und sie sofort wahlberechtigt und wählbar machen, damit sie die ersten Ämter im Land bekleiden können.[74] Deshalb haben wir unseren Grümbach, der von der Alliance Israélite sorgfältig ausgewählt wurde, in die Direktion der Sûreté Générale als Leiter der Abteilung für Wohnsitzanmeldungen, Aufenthaltsgenehmigungen, Hausaufnahmen und Einbürgerungen eingesetzt.

Aus diesem Grund haben wir auch der Staatsanwaltschaft und dem Gericht der Seine ein besonderes Verfahren für jüdische

---

[74] Ich habe in meiner jüdischen Kindheit miterlebt, wie viele Juden eingebürgert wurden, die kaum Französisch sprachen. Dieser Nachteil wurde jedoch schnell behoben, da Juden eine Sprachbegabung haben und es nicht lange dauerte, bis sie perfekt sprechen konnten. Ich kannte eine jüdische Philosophielegende an der Sorbonne, die trotz ihres perfekten Französisch einen schrecklichen Akzent hatte, so dass in einem Satz wie diesem die Komik eine verblüffende Wirkung hatte: "on m'a accusé d'avoir sartré Heidegger et d'avoir Heideggerrisé Jean Paul Sartre..." (man hat mich beschuldigt, Heidegger gesägt und Jean Paul Sartre geheizt zu haben).

Einwanderer auferlegt. Für Juden, und nur für Juden, akzeptieren das Gericht und die Staatsanwaltschaft als ausreichenden Identitätsnachweis, der jeden Personenstand ersetzt, eine von einem beliebigen Rabbiner erstellte und von sieben unserer Brüder beglaubigte Urkunde über die Bekanntheit. So nehmen unsere Juden bei ihrer Ankunft Namen an, die ihnen gefallen, und verschleiern ihre Vergangenheit, ihre Verurteilungen und die Gründe, warum sie Zuflucht suchen in Frankreich. Die Staatsanwaltschaft geht sogar so weit, dass sie die Juden - und nur die Juden - von jeglicher Legalisierung für die Belege, die sie vorlegen wollen, befreit. Die Unterschrift eines Rabbiners, der nicht einmal nachweisen muss, dass er Rabbiner ist, ist ein Talisman, vor dem sich alles verbeugt. So konnten wir in Paris eine Armee von fünfzigtausend Juden ansiedeln, die zwar kein Französisch sprechen, aber französische Staatsbürger sind.

Fast ganze Wahlbezirke sprechen nur unsere Sprache, in Algerien zum Beispiel, in Paris im 3., 4. und 18. Arrondissement. Die Wählerliste von Constantine besteht für mehrere tausend Namen aus unseren Zaouch, Zemmour, Zammit, Zerbola, Kalfa Sohn des Simon, Kalfa des Judas, Kalfa des Abraham, Marchodea des Abraham, Samuel des Aaron, Salomon des Isaak, Chloumou des Simon, Chloumou des Moses, Elias des Isaak usw. Und unsere Brüder, die Frankreich auf diese Weise seine Gesetzgeber und Minister (Etienne, Thomson) geben, können nicht nur Französisch. Also müssen die Franzosen Jiddisch können.

Wir wollen, dass für die nächste Generation das Hebräische als Amtssprache Frankreichs zumindest gleichberechtigt neben dem einheimischen Dialekt steht. In einer von der Sorbonne genehmigten Dissertation mit einem Vorwort von Professor Andler von der Pariser Literaturfakultät hat unser Dr. Pines hinreichend nachgewiesen, dass das Jiddische eine Literatursprache ist, die von unseren Schriftstellern, "die die Steine der Straße des Exils in Diamanten verwandelt haben", illustriert wurde und es durchaus wert ist, neben dem französischen Jargon einen Rang einzunehmen. Die Sorbonne machte unseren Pines zum Doktor der Literatur, um sich seiner Demonstration anzuschließen.

In den öffentlichen Grundschulen gibt es keine jüdischen Lehrer, weil das Gehalt zu niedrig ist. Aber der Stab der Grundschullehrer ist mit unseren Leuten besetzt. In den Pariser Gymnasien wie Janson de Sailly und Condorcet regeln unsere Juden alles. Niemals würden wir zulassen, dass ein Franzose an einer jüdischen Schule unterrichtet, die Geschichte Israels lehrt und unsere heiligen Bücher vor den kleinen Juden kommentiert. Die kleinen Franzosen hingegen werden von unseren Juden unterrichtet und von jüdischem Denken geformt.

Beachten Sie diesen Zug, der die Situation zweier Rassen zusammenfasst: In keiner französischen Familie werden Sie jüdische Hausangestellte, jüdische Mägde finden. Alle unsere jüdischen Familien werden von französischen Dienstboten bedient: die höhere Rasse, die von der niederen Rasse bedient wird.[75] *Halten Sie vor der Rothschild-Bank in der Rue Laffite oder dem Rothschild-Hotel in der Rue de Rivoli und Saint-Florentin an: Sie werden dort Polizeibeamte in voller Montur sehen, die über unsere Führer, über die Herren Frankreichs, wachen. Kein Verbrechen, keine Katastrophe würde sie auch nur einen Augenblick von ihrer Pflicht abbringen. Das ist das Symbol des Frankreichs, das sich dem Dienst an Israel verschrieben hat.*

Hier tagt ein Kongress der Jungrepublikaner. Auf dem Podium, als Ehrengast, unsere Reinach, Strauss, Rubinowitsch. Vorsitzende, Sekretäre, Redner sind unsere Juden Hirsh, Stora, Levy, Cahen etc. Die jungen Einheimischen hören zu und gehorchen. Hier ist ein Verein junger republikanischer Mädchen: im Komitee sind Fräulein Klein, Fräulein Halbwachs.

Bei den Konferenzen der Annales, im Werk des Frauensekretariats, in den Ligen für das Frauenrecht, für das Frauenstimmrecht, an der Spitze philanthropischer und pädagogischer Werke, in der Ecole Normale de Sèvres, in Fontenay, bei allen feministischen oder weiblichen Versammlungen in Paris und in der Provinz - wer führt den Vorsitz, inspiriert, leitet?

Unsere Jüdinnen, unsere modernen Judiths, unsere hingebungsvollen Esthers: Frau Cruppi-Crémieux, Frau Moll-Weiss, Frau Dick-Meyer, Frau Léon Braunschweig, Frau Boas, Frau Marguerite Aron... Und die französischen Frauen, die französischen Mädchen, gefügig, sich der Minderwertigkeit ihrer Rasse und ihrer persönlichen Minderwertigkeit bewusst, stehen bescheiden vor der jüdischen Präsidentin, der jüdischen Rednerin,

---

[75] Ich habe dieses Phänomen hunderte Male erlebt, vor allem in meiner eigenen Familie.

der jüdischen Direktorin,[76] wie die kleinen Annamiten und die kleinen Madagassen um eine europäische Lehrerin. Höhere Rasse, niedrigere Rasse!

So lesen achtunddreißig Millionen französische Eingeborene nur Zeitschriften und Zeitungen, die von unseren Juden oder von uns bezahlten Gojim verfasst wurden. Sie studieren ihre Geschichte nur in Lehrbüchern, die unter unserer Kontrolle hergestellt werden, und ihre klassischen Autoren nur in Ausgaben, die von unseren Schreibern kommentiert und kommentiert werden. Moral, Psychologie, Politik, Journalismus, Kunst oder Finanzen - sie kennen nichts, was sie nicht von uns kennen.

Und wenn sie glauben, Bier aus einer "Pousset"-Brauerei zu trinken, trinken sie in Wirklichkeit jüdisches Bier aus einer "Lévy"-Brauerei (Familie Lévy, Jacob und Reiss). Wenn sie glauben, ihre Schiffe mit französischer Artillerie auszurüsten, kaufen sie in Wirklichkeit ihre Kanonen in einer Lévy-Fabrik (Commentry).

Unfähig, die für ihr materielles Leben notwendigen Gegenstände oder die für ihr geistiges Leben notwendigen Werke zu produzieren und zu verkaufen, wie sollten die Franzosen sich selbst regieren können? Wie könnten sie das wunderbare Land nutzen, das Jehova seit der Zerstörung des Tempels für uns bestimmt hatte?

Wir nahmen die Macht in die Hand. Bei den Wahlen von 1910 wurden dreißig Juden aufgestellt. Ein Dutzend wurde gewählt. Das bedeutet, dass in einem Dutzend Wahlkreisen die französischen Eingeborenen bereits begriffen haben, dass sie unter ihren Brüdern keine Vertreter wie unsere Juden finden werden. Die Überlegenheit des Juden bricht in den Augen des Volkes hervor. Im Jahr 1914 werden wir doppelt so viele Kandidaten haben und doppelt so viele Sitze besetzen.

---

[76] Das Symbol dieser erschreckenden nichtjüdischen mentalen Inferiorität und der Fähigkeit des Zombismus zur weltweiten Uniformierung ist das hässliche Tragen von Blue Jeans Levis, das auf erschreckende Weise das Verschwinden selbst des elementaren ästhetischen Urteilsvermögens, jeder Persönlichkeit manifestiert. Niemand kann glauben, dass die geistige Verzerrung so groß ist, dass dieses Kleidungsstück oft nicht nur aus Herdenkonformität getragen wird, sondern aus Koketterie!!! !

Der Präsident der Republik steht in enger Abhängigkeit von uns.[77] *Die Ministerien werden von Juden oder Nichtjuden besetzt, die mit Jüdinnen verheiratet sind. Wenn ein unverheirateter Politiker Ambitionen zeigt wie der junge Besnard oder der junge Renoult, zwingen wir ihn, eine Jüdin zu heiraten, wenn er ein Portfolio haben will. Wenn es sich um einen Politiker handelt, der mit einer Französin verheiratet ist, zwingen wir ihn zur Scheidung und zur Heirat mit einer Jüdin.*

Wie Baudin, "Der große Andouilles-Abnehmer", den wir in die Marine gedrängt hatten. Er hatte seine Französin verstoßen, um unsere Schwester Ochs zu heiraten, die ihn bei den Inspektionen der Flotte begleitete (April 1913). Als er in der Rue Royale ankam, war seine erste Amtshandlung, dass er unseren Bruder Schmoll zum Anwalt des Ministeriums ernannte. Die Pariser Anwaltskammer verzog keine Miene. Man muss zugeben, dass es ihm an Heroismus fehlt: Er hat nur den Kult des Erfolgs. Er hatte Aristide Briand, der ein Lump und Schandfleck war, hart zurückgewiesen. Während der Dreyfus-Affäre, als der Sieg der Nationalisten wahrscheinlich schien, beschimpften die Anwälte die Dreyfusards im Justizpalast, schlugen sie und wollten sie in die Seine werfen. Seit dem jüdischen Sieg ist die Anwaltskammer den Juden unterworfen. Unsere jüdischen Anwälte schnappen sich die guten Fälle, monopolisieren die erfolgreiche Werbung, schüchtern unbeschnittene Richter ein.

Ich war bei der Verhandlung der neunten Kammer dabei, als unser Lévy-Oulmann, der einige Juden aus der Unterwelt verteidigte, die frisch aus einem russischen Ghetto gekommen waren, selbstbewusst verkündete: "Meine Mandanten sind gute Franzosen, sie sind ebenso gute Franzosen, bessere Franzosen als jeder andere in diesem Saal". *Die einheimischen Anwälte, der Staatsanwalt und die drei Richter blieben unter der Beleidigung stumm. So sollte man mit Franzosen umgehen. Die Zeit der Vorsicht ist vorbei. Die Zeit der Kühnheit, Brüder, der Frechheit: Die Besiegten senken die Nase.*

---

[77] Unser geistreicher und beachtlicher Henri Amshell (im Theater Henri de Rothschild), der Autorenworte macht, nennt Herrn Poincarré umgangssprachlich "le sire concis" (der prägnante Sire). Unsere großen Kritiker Blum, Weyl und Porto-Rico, genannt Porto Riche, finden dieses Wort exquisit. Man hatte es bereits in "*La vie de Bohême*" auf Pippin den Kurzen angewandt gesehen. Henri Amschels Witz ist jedoch noch schmackhafter, weil er sowohl auf die Statur des Präsidenten als auch auf seinen Eifer für Israel abzielt.

Dieser Zug der Pariser Anwaltskammer ist symmetrisch zu dem Zug der Société des Gens de Lettres, die als Vertreter der französischen Schriftsteller in Russland unseren Juden Kohan aus Odessa, genannt Seménoff, wählte, der sich damit brüstete, lästige Franzosen aus Frankreich herauszuholen. Die Société des Gens de Lettres wurde gewarnt und aufgefordert, ihren Mitgliedern diese Schandtat zu ersparen, und blieb hartnäckig. Denn sie hat Angst vor uns: Welche Papierschmierer gibt es, die wir nicht durch irgendwelche Sportarten *in Schach halten?* "Oignez vilain, il vous poindra, poignez le Français, il vous salindra" (Ochsenknecht, er wird dich salben). *Aus diesem Grund zwang unsere Schwester Ochs ihren Mann Baudin, unserem Schmoll die Marineakten zu übergeben. Wenn der Ehemann nicht gegen die Lieferanten Levy und Paraf klagt, ist die Sache entschieden: Baudin, Minister, ist gestürzt, Schmoll bleibt.*

Die sozialistische Opposition, um den Kriegsminister Etienne anzugreifen, wiederholte, dass dieser Geschäftsmann gleichzeitig Lieferant der Armee war: Präsident der Drahtziehereien von Le Havre, die das Material für die Patronenhülsen lieferten. Aber die Sozialisten haben nie darauf hingewiesen, dass der Verwaltungsrat neben dem Präsidenten Etienne unsere Juden Weiller, Hauser, A. Cahen, E. Cahen, Einhorn (Vizepräsident) usw. umfasst. In allen Gesellschaften für große Lieferungen, vor allem für den Krieg und die Marine, ist der Anteil der Juden derselbe. Wir brauchen in der Tat die vertraulichen Informationen und wollen die großen Profite. Unser Lazarel-Weiler leistet sich den Luxus, einige Rollen Goldmünzen an Militärflieger zu verteilen: Das ist gut angelegtes Geld. Unser Cornelius Herz und unser Reinach von den Militärbetten wussten das. Unsere Levy, Salmon, Cain, Hanen, Wertheimer, die "La charogne à soldats" *in die Garnisonen an der Grenze verschickten, wussten es auch. Aber wir mögen es nicht, wenn man darüber spricht.*

In Kammer, ob der Präsident nun Brisson oder Deschanel heißt, ist es niemals erlaubt, den Namen Rothschild zu erwähnen oder einen Juden zu belasten. Die sozialistische Partei gehört uns, weil wir ihre Zeitungen, ihre Organisationen und ihre Tribunen unterhalten. Die radikale und radikal-sozialistische Partei gehört uns: Ihr Generalsekretär ist ein Cahen. Ihre Mitglieder beantragen und erhalten für ihre Wahlen Zuschüsse von den Banken Rothschild und Dreyfus.

Das Mascuraud-Komitee, das die reichste und vielleicht einflussreichste Wahlbehörde der Republik ist, besteht zu 80 Prozent aus Juden: Fünf Bernheim, neun Bloch, sechs Blum, neun Cohen, vier Cahen, zehn Kahn, sieben Dreyfus, fünf Goldschmidt, vier Hirsh, neunundzwanzig Levy etc.

Vom Sozialisten Jaurès bis zum Radikalen Clémenceau gibt es keinen dicken oder dünnen Politiker, der nicht in unserem Auftrag arbeitet. Wir überwachen sie über ihre jüdischen Sekretäre und ihre jüdischen Geliebten, Theater- und Spielhöllenmädchen, Abenteuerbaroninnen oder Toilettenhändlerinnen. Wenn ihre Rivalitäten untereinander zu Streitigkeiten führen, die unsere Politik behindern würden, zwingen wir sie zum Frieden. Wir waren es, die die beiden Todfeinde Clemenceau und Rouvier in der unheimlichen Nacht, in der ein Reinach starb, versöhnten.

Wir waren es, die bei Astruc die beiden heimtückischen Rivalen Deschanel und Poincaré vor unseren Merzbachs, Sulzbachs und Blumenthals versöhnten. Um die Synagoge und das Komitee der Alliance Israélite zu unterstützen, haben wir in Paris Freimaurerlogen gegründet, in denen unsere Brüder allein, geschützt vor den Profanen, beraten. Alle Freimaurerlogen sind von unseren Juden bevölkert, aber niemand kann in unsere Logen wie die Goethe-Loge eindringen, die 1906 von unseren Brüdern Dubsky, Fisher und Bouchholtz gegründet wurde. In diesen Logen wird nur Deutsch und Jiddisch gesprochen.

Von dort werden die Befehle ausgehen, die unsere fünfzigtausend Immigranten mit dem Browning in der Faust zum großen Passahfest auf die Straße werfen werden, während die deutschen Kanonen dröhnen. Unser Bruder Jost van Vollenhoven, ein guter Jude aus Rotterdam, wurde von der Republik zum Vizekönig von Französisch-Indochina ernannt. Sein Glück ist noch größer als das von Gruenbaum-Ballin, einem guten Juden aus Frankfurt, Präsident des Präfekturrats der Seine, oder das von Isaac Weiss, Generalsekretär des Stadtrats. Sofort nach seiner Einbürgerung war Vollenhoven als Schreiber mit zweitausend Francs in die Kolonialverwaltung eingetreten. Zehn Jahre später herrschte er über ein riesiges Reich, das mit französischem Blut und Gold begossen wurde. Nie zuvor hatte ein Franzose eine derartige Karriere gemacht. Die Annamiten sehen mit eigenen Augen, wie weit der Weg vom Juden zum Franzosen ist: Sie kennen jetzt ihren wahren Herrn.

Ein Land, in dem es unter zwölf Millionen Einwohnern nicht einen Mann gibt, der fähig ist, seine größte Kolonie zu verwalten, das darauf reduziert ist, einen kleinen Juden aus Rotterdam zu holen, um Paris zu regieren, und aus allen deutschen, russischen, rumänischen und levantinischen Ghettos Juden, um seine Provinzen, seine Finanzen, seine Ämter und seine Armeen zu regieren, ist ein fertiges Land, ein leerstehendes Land, ein Land, das man sich nehmen muss: Nun, wir nehmen es uns!

Marokko wird das gleiche Schicksal wie Indochina ereilen. Kommerziell fällt alles, was den Deutschen entgeht, in die Macht von Firmen, die von unseren Cahen, Nathan, Schwab und Blum gegründet wurden. Die französischen Offiziere sprechen mit naiver Rührung von den jüdischen Kindern, die sie in den marokkanischen Städten mit einem Kompliment in französischer Sprache begrüßten: Als ob es nicht natürlich wäre, dass unsere von den Marokkanern unterdrückten Brüder die Franzosen als Befreier empfangen. In einigen Jahren werden die Juden in Marokko dank der Franzosen Herrscher über das Land sein, in dem sie im Schmutz stöhnten, Herrscher über die besiegten Marokkaner und auch Herrscher über die französische Armee, "Schwert und Schild Israels".

Das Beispiel Algerien ist da. Die Araber und Kabylen, die uns einst wie Hunde behandelten, sind heute dank Frankreich weniger als Hunde vor uns. Ihr Land, ihre Herden, die Früchte ihrer Industrie gehören uns. Wenn sie sich bewegen, werden wir von den französischen Soldaten verteidigt.

Auf der Krim, in Italien, in Mexiko, auf Madagaskar, in Tonkin und auf den Schlachtfeldern von 1870 haben Araber und Kabylen ihr Blut für Frankreich vergossen. Doch Frankreich hält sie weiterhin im Staub unserer Sandalen fest. Wir sind es, die Frankreich zu Bürgern, Wählern und Souveränen gemacht hat. Wir sind es, die die Etiennes und Thomsons zu Verwaltern unserer Angelegenheiten und Schiedsrichtern des französischen Schicksals ernennen.

Im Amtsblatt vom 16. Dezember 1912 findet sich diese unverschämte Petition, die mit mehreren tausend Unterschriften (Algerien, Madagaskar, Tebessa usw.) unterzeichnet wurde:

Herr Präsident,

Wir erlauben uns, Sie auf die wirklich beklagenswerte Situation hinzuweisen, in der wir uns im Vergleich zu den Israeliten und den in Algerien ansässigen Ausländern befinden. Da wir wie sie der Blutsteuer unterliegen, sind wir ihnen in Bezug auf die Pflicht gleichgestellt, aber in Bezug auf das Recht ist dies nicht der Fall und unsere Kinder sind ihnen gegenüber eindeutig unterlegen.

Sobald sie das Regiment verlassen haben, genießen die Israeliten alle Rechte eines französischen Staatsbürgers, wir aber nicht. Lassen Sie mich zwei Beispiele nennen:

1/ Heute kommt eine Familie mit irgendeiner Nationalität nach Algerien, die meistens kein Wort Französisch spricht oder versteht. Sie hat einen Sohn, der in die Armee eintreten will, und sein Vater unterschreibt einfach eine Erklärung und lässt ihn einziehen, woraufhin der Sohn zwei Jahre Militärdienst leistet. Als er aus dem Regiment entlassen wird, ist er Franzose und genießt alle Rechte und Vorrechte eines französischen Staatsbürgers. Kann man ihn mit unseren Kindern vergleichen, die seit ihrer frühesten Kindheit Frankreich lieben? Nun, dieser Ausländer, der trotz seines Militärdienstes kein Französisch spricht und bei seiner Rückkehr nach Hause seine Herkunftssprache wieder aufnimmt, ist Franzose und unsere Kinder bleiben Ausländer.

2/ Ein ehemaliger Offizier der Spahis oder Schützen, der sich im Ruhestand befindet und fast immer mit der Ehrenlegion ausgezeichnet ist, kehrt ins zivile Leben zurück. Er bleibt absolut fremd. Er genießt keinerlei Rechte als französischer Staatsbürger, obwohl er dreißig Jahre lang sein Leben auf den Schlachtfeldern geopfert hat, während der Ausländer, der nur zwei Jahre Militärdienst geleistet hat, die französische Staatsbürgerschaft genießt!

Wenn wir Pflichten zu erfüllen haben, möchten wir die gleichen Rechte wie die Israeliten haben... Seht ihr das? Die gleichen Rechte wie die Israeliten!

Die Abgeordneten erwiesen diesem unsinnigen Ansinnen nicht die Ehre einer Antwort.

Der Araber ist das Subjekt des Franzosen, der wiederum das Subjekt des Juden ist: Jeder behält seinen Rang.

Unsere Eroberung Frankreichs wurde durch eine Reihe von glücklichen Umständen erleichtert. Jehova kämpft so offen für uns, dass er selbst die Widerstände, die sich unseren Bemühungen entgegenstellen, zu unserem Vorteil wendet. Wir finden auf Schritt und Tritt unerwartete Verbündete. Und unsere Feinde dienen uns unwillkürlich.

In den letzten zwanzig Jahren hatten wir die nationalistische Partei, die katholische Partei und die neo-royalistische Partei vor uns: Die Nationalisten kapitulierten sofort, die römische Kirche wagte es nicht, uns Schlag auf Schlag zu erwidern, die neo-royalistische Partei war unser bester Schutz. Die nationalistische Partei, die aus den Trümmern der boulangistischen Partei bestand, gehörte uns kampflos. Déroulède, von Rothschild subventioniert (200.000 Francs),[78] intimer Freund von Arthur Meyer, ehemaliger Gefolgsmann von Alfred Naquet; die Herren Galli und Dausset, künftige Geschäftspartner unseres Isaac Weiss aus Budapest im Hôtel de Ville. Barrès, Zierde der Salons von Willy Blumenthal; und von den neunzehn Juden des Gaulois spielten die zwanzig Juden des Figaro, die Juden des Écho de Paris, die Juden aller Zeitungen, aller Zeitschriften, aller Presseagenturen unser großes Spiel, selbst wenn sie vorgaben, uns zu widerstehen. Arthur Meyer antwortete uns auf den nationalistischen Generalstab, wie er uns auf den boulangistischen Generalstab geantwortet hatte: Er schüchterte die einen ein, kaufte die anderen auf unsere Kosten auf, spionierte sie alle aus und lieferte sie uns auf Gedeih und Verderb aus. Die nationalistische Partei und "La Patrie française" (Das französische Vaterland) fielen nicht ins Gewicht.

Die katholische Kirche erschien als eine Macht. Als ich jedoch aus Krakau kam und auf dem Montmartre das riesige, ruinöse Gebäude von Sacré Coeur erblickte, verlor ich meine Bedenken: Leute, die fünfzig Millionen für Bruchsteine ausgeben und keine fünfzigtausend Francs haben, um eine Zeitung zu unterstützen, sind nicht gefährlich. Die Freimaurerei hat keine andere Sorge mehr, als uns zu verherrlichen und uns zu dienen; die Antiklerikalen haben sich verpflichtet, uns zu decken: Die gesamte atheistische, laizistische und säkularisierende Republik ist unsere Sache.

Tatsächlich versteht sich ein Teil des hohen Klerus sehr gut mit uns. Die Hoffnung, einige millionenschwere Jüdinnen zu bekehren und von ihnen auffällige Almosen zu erhalten, lässt die Prälaten schwach werden. Die Taufe von Gaston Joseph Pollack, genannt Pollonais, Arthur Meyers Lakai bei Le Gaulois, durch Pater

---

[78] Siehe *Le Testament d'un antisémite* von Edouard Drumont.

Donnech in der Kirche Saint Thomas d'Aquin war der größte Erfolg, den die Kirche in der schrecklichen Dreyfus-Krise für sich verbuchen konnte: Unser Renegat, der von der Comtesse de Béarn und General Récamier am Taufbecken gehalten wurde, machte seinen Paten kaum Ehre.

Dieser gefürchtete Jesuit, Pater Dulac, der Schrecken der Libre-Pensée, aß mit unserem Joseph Reinach zu Mittag. Pater Maumus mit Waldeck-Rousseau. Diese Vorkämpfer des katholischen Glaubens, wie die de Muns, arbeiteten mit unseren Juden zusammen: der Marquis (...) in der zweifelhaften Finanzwelt mit Lazare Weiler, der Graf (...) im zweideutigen Journalismus mit Arthur Meyer. Der Bischof von Albi lässt seinen Klerus für unseren besten Handlanger, den Bürger Jean Jaurès, stimmen, und die Katholiken der Loire sind für den Ex-Präfekten Lépine marschiert, der ein Komplize all unserer Machenschaften ist.

Der ehrwürdige Monseigneur Amette, Kardinal-Erzbischof von Paris, verhandelte, als die Republik die Kongregationen enteignete, mit unserem Juden Ossip Lew, dem Bevollmächtigten unseres Juden Cahen, eines Kaffeehändlers, über die Aufhebung der Exkommunikation, die die Käufer oder Mieter von konfisziertem religiösem Eigentum traf.

Zur Zeit des Kiewer Prozesses dachten sich der Akademie-Prälat Duchesne und einige katholische Bischöfe in England aus irgendeinem Kalkül heraus, dass sie gegen die Anklage des "Ritualverbrechens" (Gegenstand des Kiewer Prozesses) genauso lautstark protestieren würden wie unsere Rabbiner. Wir wissen nicht, was ihre Schäfchen davon hielten: Wir waren eher angewidert als erfreut.[79]

Wenn wir behaupten, dass unsere Bücher und Priester keine Ritualverbrechen befürworten, und wir die Unschuld eines der unsrigen, der eines Ritualverbrechens beschuldigt wird, beteuern, können wir nicht garantieren, dass es unter den blutigen

---

[79] Diese Art von Bemerkungen wie auch der Ton des Ganzen lassen mich vermuten, dass dieses Dokument von einem bewussten Goi verfasst wurde, der alle Ecken und Kanten des Zeitgeschehens bewundernswert gut kennt. Die Fortsetzung nach 1934 war die gleiche in zehnfacher Ausführung und die damaligen jüdischen Namen wurden durch Aron, Wahl, Soros, Bleustein-Blanchet usw. ersetzt.

Fanatikern, die sich unter uns befinden sollen, nie welche gegeben hat und auch nie geben wird. Die römische Kirche hingegen steht dafür gerade! Ihre Kardinäle und Bischöfe sind mehr Juden als wir! Es ist nicht an uns, uns darüber zu beschweren.

Der Handel mit Devotionalien im Stadtteil Saint Sulpice sowie in der wundersamen Stadt Lourdes ist im Großen und Ganzen ein jüdisches Monopol. Im Gegensatz dazu gewähren unsere Juden, die einen Parlamentssitz haben, den Pfarrern in ihrem Wahlkreis gerne Schutz. Sie können dies tun, ohne sich dem tödlichen Verdacht des Klerikalismus auszusetzen, und sie ziehen daraus einen Nutzen.

Aber es ist wesentlich, dass der Antisemitismus in Frankreich als der schlimmste Ausdruck klerikalen Fanatismus gilt. Die Einheimischen in diesem Land leben von vorgefertigten Phrasen und absurden Legenden: Nutzen wir das aus.

Die einzige Gruppe französischer Einheimischer, die sich noch gegen uns stellt, ist die Gruppe der Neo-Royalisten. Ich habe bereits erwähnt, wie wir uns der Individuen entledigen, die uns im Weg stehen. Es würde uns nicht mehr Mühe bereiten, eine organisierte Gruppe loszuwerden. Aber diese ist für uns wertvoll. Wenn es die Action Française nicht gäbe, müssten wir sie erfinden. Nach der Dreyfus-Affäre begingen wir im Rausch des Sieges einige Unvorsichtigkeiten, einige ungeschickte Brutalitäten. Die besiegten, zerstreuten antisemitischen Banden sollten sich um einige seltsame Dreyfusards scharen, die noch hitziger gegen uns und noch unerbittlicher als unsere früheren Gegner waren. Eine neue Welle des Antisemitismus würde die Mauern von Jerusalem schlagen, bevor unser Triumphgesang verklungen war.

Glücklicherweise erschien die Action Française, legte ihre Doktrinen dar und ermöglichte es uns, unsere Sache mit der der Republik zu verbinden.

In den stürmischen Abenden der Bernstein-Affäre an der Comédie-Française, als Lépine jeden Zuschauer mit zwei Roussins flankierte, um Israel Respekt zu verschaffen, sagte eine große Jüdin zu ihren französischen Spießern: "Das ist nichts, eine Bande von Galoppern, die Camelots du Roi, die "À bas les Juifs" rufen", und unsere Judith lachte. Nach ihrem Beispiel lachen auch wir, wenn wir "Nieder mit den Juden" hören. Das sind die Camelots du Roi, das ist das Ancien régime, der Feudalismus, das Recht des Herrn, der Obskurantismus, die Gabelle, die Handmorde, die Zwangsarbeit. Das sind unsere

Gegner. Wir sind die Republik, die Freiheit, der Fortschritt, die Menschheit, die zukünftige Stadt...[80] Für unwissende, gedankenlose Franzosen, die man mit dem Köder einer leeren Formel dorthin führt, wo man sie haben will, braucht es nicht mehr. Anstatt als Camelots du Roi, als Anhänger des Ancien régime zu gelten, werden die Franzosen uns alles erlauben, uns alles verzeihen, uns alles liefern. Wenn der Action Française jemals das Geld ausgeht, werden wir sie mit mehr Geld versorgen als die Dowager-Mädchen: Sie ist unsere Sicherheit.

Im Übrigen macht uns das unwahrscheinliche Wunder, das die Monarchie wiederherstellen würde, keine Angst: Die Monarchie wäre unsere wie die Republik. Philipp VII. würde wie der König von Spanien bei Rothschild auf die Jagd gehen und wie der bulgarische Zar bei Reinach zu Mittag essen. Die Monarchie würde sich nicht auf einen Clan überreizter Folliculares stützen, sondern auf die Aristokratie und das gehobene Bürgertum. Nun ist die Aristokratie eines unserer Anhängsel und die Oberschicht ihre Dienerin.

Wir halten die Oberschicht in den Aufsichtsräten an der kurzen Leine. Wir haben die Reste der Aristokratie aufgekauft. Bürgerliche, die eine Karriere anstreben, müssen unsere Schwiegersöhne oder Stallmeister sein. Die mehr oder weniger authentischen Nachkommen der ehemaligen Großfamilien heiraten ebenfalls unsere Töchter oder leben auf unsere Kosten. Wenn es eine Mesalliance gibt, ist sie auf unserer Seite. Wir sind die erste Aristokratie der Welt.

Um uns einen französischen Anschein zu geben, usurpieren wir die äußeren Zeichen des französischen Adels. Wir haben die Wahl zwischen verschiedenen Verfahren. Die einfachste und billigste besteht darin, dass wir uns eigenmächtig einen Landnamen, einen Partikel oder einen Titel aneignen, wie es eine Vielzahl von Kurtisanen und Betrügern tun. Zum Beispiel kauft unser Finkelhaus

---

[80] Sie ist schön, die Stadt der Zukunft: In den USA und in Frankreich Tausende von Städten zu sehen, die der Gewalt, der Arbeitslosigkeit, den Drogen und allen Arten von Kriminalität ausgeliefert sind, und im Jahr 2000, in dem wir morgen sind, ist das erst der Anfang.

"Die Welt wird in einer blutigen Anarchie enden" schrieb ich vor 50 Jahren in meinem Buch *"J'ai mal de la terre"* (Anmerkung von R. Dommergue Polacco de Ménasce). Dazu führt die jüdische Hegemonie und das Fehlen jeglicher Religion.

ein Schloss in Andilly und unterschreibt nacheinander Finkelhaus d'Andilly, (F. d'Andilly). Unser Fräulein Carmen de Raisy, eines der Hühner in Rostand, (Chantecler), ist unsere Schwester Levy. Oder Bader und Kahn von den Galeries Lafayette, B. und K. de Lafayette, Baron und Graf von Lafayette. Andere, die von Skrupeln geplagt sind, erwerben ein echtes Pergament von einem arbeitenden und käuflichen Monarchen: so die Rothschilds. Oder auch vom Papst: so Graf Isidore Levy, der das päpstliche Breve vom 8. Januar 1889 bar bezahlte.

Die Regierung der Republik leistet uns denselben Dienst zu einem günstigeren Preis. Für weniger als fünfzig Louis wurde unser Wiener per Präsidialdekret zum Monsieur de Croisset. Und schließlich, wenn wir nur auf unsere Enkelkinder stolz sind, kaufen wir unseren Töchtern einfach Gentlemen von gutem Stammbaum ab. Ist es nicht besser für sie, ihr Image durch die Heirat mit einer ehrlichen Jüdin aufzupolieren als durch die Heirat mit einer alten Hure, wie sie es zweifellos tun würden?

Der Prinz von Bidache, Herzog von Grammont, verbündet mit den Ségur, Choiseul-Pralin, Montesquiou-Fézensac, Lesparre, Conegliano usw., heiratete eine Rothschild. Der Fürst von Wagram und Neuchâtel (Berthier) heiratete eine Rothschild. Der Herzog von Rivoli (Masséna) heiratete eine Furtado-Heine, die zuvor der Herzog von Elchingen (Ney) geheiratet hatte und deren Tochter den Prinzen Murat heiratete. Der Prinz von Chalençon-Polignac heiratete eine Mirès. Unsere Marie-Alice Heine war, bevor sie den Fürsten von Monaco heiratete, die Frau des Herzogs von Richelieu. Die Herzogin von Etampes ist eine Raminghen-Jüdin. Die Marquise de Breteuil ist eine Fould-Jüdin. Die Vicomtesse de la Panouse, eine Jüdin Heilbronn. Die Marquise de Salignac-Fenelon, eine Jüdin Hertz. Die Marquise de Plancy, eine Jüdin Oppenheim. Die Herzogin von Fitz-James, (von den Stuarts, meine Liebe), eine Jüdin Loevenhielm. Die Marquise de Las Marinas, eine Jüdin Jacob, die vielleicht aus Turcaret entflohen ist. Die Prinzessin Della-Roca, eine Jüdin Embden-Heim. Die Marquise de Rochechouart-Montemart, eine Jüdin Erard. Die Vicomtesse de Quelen, die Baronin de Baye und die Marquise de Saint Jean de Lentilhac sind drei Schwestern, drei Hermann-Oppenheim-Jüdinnen. Die Herzogin de la Croix-Castries ist eine Sena-Jüdin. Als Witwe heiratete sie erneut den Grafen d'Harcourt: So kam sie bei allen d'Harcourts, den Beaumonts, den Guishes, den Puymaigres, den

Mac Mahons, den Haussonvilles hinein. Persönlich hatten die D'Haussonvilles noch andere Gelegenheiten, sich mit den Juden Éphrussi zu verbünden (siehe dazu einen berühmten Roman von Gyp). *Die Marquise du Taillis ist eine Cahen-Jüdin. Die Prinzessin von Lucinge-Faucigny eine weitere Cahen-Jüdin. Die Comtesse de la Rochefoucault eine Jüdin Rumbold. Die Marquise de Presles ist keine Demoiselle Poirier, wie der naive Augier glaubt, sondern eine Jüdin Klein. Die Gräfin von Rambervilliers, eine Jüdin Alkein. Die Marquise de Groucy, die Vicomtesse de Kerjégu und die Comtesse de Villiers sind drei Haber-Schwestern. Die Marquise de Noailles, eine Jüdin Lackmann, die Gräfin d'Aramont, eine Jüdin Stern...*

Das gesamte Wappen würde darin vorkommen. Unser Finkelhaus veröffentlichte eine sehr umfangreiche Arbeit des Vicomte de Royer zu diesem wichtigen Thema. Seitdem haben sich diese Familien aus dem "alten Felsen" vermehrt. Ihre Kinder wuchsen auf, und andere Familien aus dem "alten Felsen", die nach jüdischem Geld hungerten, folgten ihnen. Und so trinken wir ein Glas guten Blutes, wenn wir sehen, wie die Neo-Royalisten der Action Française ihre Energie, ihr Talent und ihre Eloquenz einsetzen, um den alten Adel wieder in seine Schranken zu weisen und Frankreich seiner Bestimmung zurückzugeben. Der "alte Adel" besteht nun aus unseren Schwiegersöhnen, Enkeln, Neffen und Cousins ersten Grades: allesamt Halbjuden oder Vierteljuden. Erhält der gute Herr Charles Maurras denn nie einen Benachrichtigungsschein, wenn in den Adelshäusern ein Trauerfall eintritt? In einem erbaulichen Salat mit den ältesten Namen französischer Abstammung vermischt, würde er die Namen unserer Grumbachs, Levys, Schwobs, Kahns und Meyers lesen, die "diese Herren der Familie" sind.

Wir haben jedoch in der Action Française selbst den Bericht über die Beerdigung gefunden, die der französische Adel Arthur Meyers Schwiegervater, einem d'Antigny Turenne, bereitete. Das ganze Armorial und das ganze Ghetto taumelten in einer brüderlichen Umarmung. Ach, es wäre eine schöne Zeremonie für uns, wenn Philipp VII. von seinen Recken und Pagen umgeben gekrönt würde: Die Söhne und Enkel unserer Jüdinnen würden die krausen Vliese, Hakennasen, lüsternen Lippen und abstehenden Ohren zeigen, die unser Markenzeichen Fabrik ausmachen.[81] *Sie ist von uns, der schönen französischen Aristokratie, gestempelt: Unsere Töchter oder Schwestern haben sie gelegt.*

In der "Vie Parisienne" wird berichtet, dass Tristan Bernard in einem der aristokratischsten Salons mit einem edlen alten Mann aneinandergeraten war (Hier! da der nationalistische und katholische Barrès der eifrige Gast der Blumenthals ist, kann unser Jude Bernard durchaus der eifrige Gast der Breteuils oder der Larochefoucaulds sein, da die Marquise und die Herzogin genau von seinem Stamm sind...) und der edle alte Mann sagte: "Mein Großvater wurde während der Eroberung Algeriens getötet, mein Urgroßvater wurde von Robespierre guillotiniert, einer meiner Großcousins wurde von Henri de Guise ermordet, ein anderer meiner Vorfahren starb glorreich in Pavia...".

Ah Monsieur", unterbrach der berühmte Ironiker, "glauben Sie, dass ich sehr wohl Anteil an diesen so grausamen und wiederholten Trauerfällen nehme.

Bravo, guter Jude Bernhard, du hast gut daran getan, den edlen alten Mann zu beleidigen.

Sein Adel und sein Alter verdienten Beleidigung bei den edlen Gastgebern, die Juden aufnahmen und deren Luxus wahrscheinlich durch eine jüdische Mitgift oder einen jüdischen Unterhalter bezahlt wird. Alle sozialen Auszeichnungen stehen uns von Rechts wegen zu.

Als Napoleon I. die Ehrenlegion einführte, dachte er nicht an uns. Unter der Republik gehört die Ehrenlegion uns.[82] *Man kann sagen, dass das rosa Band oder die Rosette die gelbe Mütze des Mittelalters ersetzt: Daran erkennt man den Juden auf den Straßen von Paris. Wir sehen aus, als trügen wir im Knopfloch, was man uns anderswo abgeschnitten hat. Unsere May, Mohr, Hahn, Sue, Sacerdote, Klein und Baron James de Rothschild, die 1913 als "Literaten" ausgezeichnet wurden, waren zweifellos die letzten, die es nicht waren. Von Schmoll, dem Verwalter von Le Gaulois, Offizier der*

---

[81] Das sind die Art von Bemerkungen, die mich zu der peremptorischen Schlussfolgerung veranlassen, dass dieser Text "eine Fälschung ist, die die Wahrheit sagt".

[82] Es ist richtig, dass es mir im 20. Jahrhundert, das mein Leben fast vollständig umfasst, unmöglich wäre, die enorme Anzahl an Juden zu nennen, die diese Auszeichnung erhalten haben, die die Demokratur festschreibt...

Ehrenlegion[83] *und Meyer Arthur d'Antigny-Turenne, Kommandeur des St.-Stanislaus-Ordens, bis zu Frau Guillaume, geborene Goldschmidt* (in der Literatur Jean Dornis), *über Marcel Cahen, dem "Kaiffa-Pflanzer", und Lévy-Brühl, der die Subventionen von Rothschild an L'Humanité weiterleitet, tragen unsere zwölf Stämme den Stern der Tapferen.*

Unser Lazare Weiler, Teilhaber des Marquis de Mun, wurde zum Kommandeur der Ehrenlegion ernannt, weil er die französischen Ersparnisse bei der General Motor Cab, der New York Taxi Cab und der Anglo-Spanish Copper & Cie Ltd. zusammengekratzt hatte. Auch unser Bonnichausen (genannt Eiffel) wurde für seine verjährte Einstellung des Verfahrens im Panama-Skandal zum Offizier der Ehrenlegion befördert: "Ein bisschen Ruhm für den großen Erniedrigten von 1870, Frankreich", *erklärte sein Anwalt Waldeck-Rousseau. Wir geben dem gedemütigten Frankreich ständig Almosen mit unserem Ruhm! Niemals wird es uns genug schmücken können, um es anzuerkennen. Jede unserer Familien liefert der Chronik des nationalen Lebens in Frankreich mehr als tausend einheimische Familien.*

Wo finden Sie unsere Blochs nicht? Jeanne Bloch die große Künstlerin; Bloch der Satiriker, der den kleinen Französinnen Nadeln in die Brüste steckte; Bloch der Beamte, der eine halbe Million aus der Subskription für die Opfer des Mont-de-Piété (Martinique) *entwendete; Bloch-Levallois, der alle alten Anwesen ausschlachtet und den Palais Royal ausschlachten wird. Wer ist der Vertreter der französischen Dramatiker? Bloch. Wer steht den großen Boulevardzirkeln vor? Bloch. Wer steht den Menschenrechten vor? Bloch. Wer raubte im 14. Husarenregiment die kleine de Quinsonnas aus? Eine zweite Jeanne Bloch. Wer tötete Minnie Bridgemain? Unsere Rachel Bloch. Wer lehrt Moral und Soziologie am Collège des Hautes Études Sociales? Drei Bloch-Lehrer.*

Ich könnte zehn Seiten lang weitermachen, und wenn ich die Familie Levy oder die Familie Cohen nehme, würde ich zwei Bände füllen:

---

[83] Ratspräsident Rouvier, dem ein Journalist für das Kreuz empfohlen wurde, sagte: "Unmöglich, kommen Sie, er steht nicht auf meiner Liste der Geheimfonds!" Strenge Logik. Die Regierung kann nur ihre Hilfskräfte auszeichnen. Die Juden des "Gaulois" haben immer an der Place Beauvau angeheuert, um "Opposition" zu machen.

Es gibt nur uns. Gehen Sie auf die Place des Victoires um die Statue von Ludwig XIV. und das Basrelief, das an den Rheinübergang erinnert. Die Handelshäuser haben als Chefs Bloch, Lippmann, Weill, Klotz, Kahn, Lévy, Wolff, Alimbour-Akar, Cohn, Cohn, C'est nous qui l'ai passé, le Rhin!

Es gibt nur uns. Aus wem setzt sich der Vorstand der Gesellschaft der Kaufleute und Industriellen Frankreichs zusammen? Herr Hayen, Generalsekretär, Herr Klotz, Stellvertreter, Herr Cohen, Verwaltungssekretär, Sachs, Schoeen, Sciami, Zébaum. Die Büros werden von den Franzosen gefegt. Es gibt nur uns. Welche Außenhandelsberater Frankreichs sind von der Republik mit der Überwachung der nationalen Interessen beauftragt? Die Herren Amson, Baruch, Moïse Bauer, Moïse Berr, A. Bernheim, G. Bernheim, Aaron Bloch, Louis Bloch, Meyer Bloch, Raoul Bloch, Isidore Blum, Brach, Brunswick, E. Cahen, A. Cahen, H. Cahen, Jules Cahen, Joseph Cahen, A. Dreyfus, Moses Dreyfus, Dreyfus-Bing, Dreyfus-Rose und so weiter in alphabetischer Reihenfolge bis hin zu Weil, Weill, Weiss und Wolf.

Die Franzosen arbeiten beim Export mit, indem sie die Verpackungskisten zunageln. Die Franzosen sind nicht einmal in der Lage, einen einträglichen Diebstahl zu begehen. Sie stehlen ein Brot, wenn sie hungrig sind, aber um Perlenketten zu stehlen, Mauern und die Truhen der Juweliere zu durchbrechen, Juweliere zu betrügen, Coups von 100.000 Francs bis 3.000.000 Francs auszuführen, gibt es nur unsere Juden: Kaourbia, Aaron, Abanowitz.

Was ist mit den Helden des Falls Meyer-Salomons und den Helden des Goldstein-Mysteriums? Wer betreibt die blühendste Industrie in Paris: den Handel mit Weißen? Unsere Juden Max Schummer, Max Epsten, Jacques Jeuckel, Sarah Smolachowaka, Samuel Rosendthal, Sarah Léovitch, Sarah Planhouritch. Der Direktor der städtischen Schule, in der die Versorger von Flachon und Nitschewo Unterschlupf fanden, ist unser Bruder Weill.

Lesen Sie "Les communiqués de la vie mondaine" *unseres Organs* "Le Matin": *Allein die Trauerfälle oder Vereinigungen unserer Aron, Abraham, Gobsek, Schwob, Meyer, Worth, Kuhn etc.*

Öffnen Sie "Excelsior": *Fotografie der Salons von Madame Navay de Foldeack, ehemalige Dame Dreyfus, geborene Gutmann.*

Unfälle mit Autos ? Hier ist Herr Bodenschatz, der mit Herrn Gutmann, Frau Gutmann, Fräulein Gutmann und Frau Rosenstein zusammenstößt. "Eine Pariser Familie", *versichert* "Le Matin". *Oder es ist unser Théodore Reinach, der unter seinem 60HP eine alte Französin zerquetscht. Alle Zeitungen schweigen und das Gericht schätzt das Leben der einheimischen Frau auf 15.000F.*

Wir entscheiden souverän in Fragen der Ehre. Im Fall Bernstein hatten drei einheimische Zeugenpaare unseren großen österreichisch-amerikanischen Dramatiker durch den Familienstand disqualifiziert. Hebräer durch die Rasse, Franzose durch seine Phantasie. Wir beriefen sogleich eine Ehrenjury ein, und ein französischer Admiral verkündete feierlich, dass Desertion die Ehre eines israelischen Edelmannes in keiner Weise beflecke. Die sechs Franzosen, die das gegenteilige Urteil gefällt hatten, bewegten sich nicht.

Haben Sie die Ausstellung der Geschenke besucht, die unsere Myriam de Rothschild erhalten hat, als sie unseren Baron de Goldschmidt heiratete?

Die Spender hatten ihre Namen auf monumentale Karten geschrieben, um ihre Hingabe an die Familien Rothschild und Goldschmidt deutlich zu machen. Es waren die Herzogin von Rohan, der Herzog und die Herzogin von La Tremoille, der Herzog und die Herzogin von Guiche, der Marquis und die Marquise von Ganay, de Jaucourt, de Noailles, de Breteuil, de Mun, de Montebello, de Saint-Sauveur, Prinz und Prinzessin de Broglie, de la Tour d'Auvergne, Herzog Vogue, de Talleyrand-Périgord, de Chevigné, de Beauregard, de Kergorlay, de Pourtalès, de la Tour-du-Pin, Chambly, etc.

Huh? Denken Sie, dass er das Recht hatte, sich zu rümpfen, unser kleiner Goldschmidt?

Und als unser Maurice de Rothschild, der Sohn von Baron Edmond, unsere Noémie Halphen heiratete, welche Menschenmassen strömten in die Synagoge in der Rue des Victoires, die von dem Friedensoffizier des IX. Immer das gleiche Gedränge von Rohan, d'Harcourt, de Ganay, de Breteuil, de Morny, de Sauvigny, de Mouchy, de Bertheux, de Fitz-James, de la Rochefoucault und anderen. Die meisten Halbjuden selbst antworteten wie Juden auf die Ketuba und das Aschrei Kol Yercï, das Oberrabbiner Dreyfus nach den sieben Segenssprüchen von Rabbiner Beer anstimmte. Das ganze wahre Frankreich war da, das neue Frankreich, zusammengefasst in seiner Aristokratie.

Was die französische Bourgeoisie anbelangt, so trägt sie gewöhnlich die Kosten für unsere Größe. Wenn wir in dem wunderbaren Land Kanaan ankommen, auf der Flucht vor der russischen Polizei oder den deutschen Gendarmen, mit nichts als unseren Flöhen und einigen asiatischen Krankheiten (Elefantiasis, eitrige Bindehautentzündung) als Gepäck, liefern uns die Alliance Israélite und die Freimaurerei den ersten Einsatz für ein kleines Geschäft, um uns "Fläche" zu verschaffen. In wenigen Jahren bringen wir durch glückliche Bankrotte, durch die Ausgabe fantastischer Wertpapiere, durch Geschäfte, die in keiner Sprache eine genaue Bezeichnung haben, das Vermögen von zehn, hundert, tausend französischen Familien in unsere Tasche. Die Republik schützt uns, die Magistratur gehört uns, Gesetze gibt es nicht mehr.[84] Wenn ich sage, dass die[85] Magistratur uns gehört, verrate ich kein Geheimnis. Ein Großteil der Magistrate und Richter wie auch der Ratsmitglieder von Paris sind Juden. Die einheimischen Richter wissen sehr wohl, dass ihre Beförderung von ihrem Eifer für die jüdische Sache abhängt. In der neunten Kammer verkündete der Substitut Péan, dass es seine erste Pflicht sei, die Juden vor der Rebellion der Franzosen zu schützen. Sofort setzten wir Herrn Péan als Kabinettschef des Justizministers, des Siegelbewahrers, durch und ließen ihn auszeichnen. In der 8. Kammer überführte ein ungeschickter Untersuchungsrichter unseren Bruder Leib Prisant als Hehler. Sein jüdischer Anwalt, Rechtsanwalt Rappoport, musste nur die Bescheinigung der Synagoge vorlegen:

---

[84] Noch besser ist es, dass sie am Ende dieses Jahrhunderts Politikern und Mopprichtern verfassungswidrige, menschenrechtsfeindliche und undemokratische Gesetze aufzwingen, die ihnen alle Rechte geben und es unter Androhung von Rassismusvorwürfen verbieten, sie zu kritisieren. Ihr größenwahnsinniger Rassismus wird im Namen des Antirassismus totalitär. Hier unterstützen sie die Araber, die sie in Palästina abschlachten, im Namen eines Antirassismus, der es ihnen ermöglicht, die Vermischung mit dem afro-asiatischen Abschaum der Welt zu institutionalisieren. Das überholte Koma des Globalismus ist bereits da. Das Gesetz heißt "Fabius Gayssot": ein Jude, der für die grausame Affäre um verseuchtes Blut verantwortlich ist, und ein Kommunist, der 200 Millionen Leichen hinter sich herzieht...

[85] Dies gilt daher umso mehr für das Jahr 1999.

"Ich, der unterzeichnende Rabbiner der Kultvereinigung Agondas Hakehilok, bescheinige, dass Herr Prisant Leib bereits einen sehr hohen Grad an Perfektion im Studium des Talmuds erreicht hat und bald des Titels Rabbiner würdig sein wird" (gezeichnet, Rabbiner Herzog*).*

Auf der Stelle sprach das Gericht unseren Bruder frei. Was haben wir zu befürchten? Der französische Bürger arbeitet zwanzig, dreißig Jahre wie ein Galeerensklave. Er häuft einen Ecu nach dem anderen auf. Er verweigert den Seinen und oft auch sich selbst alle Freuden des Lebens. Wenn er reich ist, bringt er sein Vermögen in unsere Kasse, weil wir ihm 40 oder 400 Prozent Einkommen versprechen, und die Farce ist gespielt. Bis vor nicht allzu langer Zeit barg der Streich noch einige Gefahren.[86] Wir erinnern uns an die Katastrophe unseres Benoist-Lévy, der mehrere einheimische Familien ausgeraubt hatte und den ein ruinierter Herr Caroit mit drei Schüssen aus einem Revolver tötete. Der Mörder wurde von Henri Robert, dem heutigen Präsidenten der Anwaltskammer, mit folgenden Worten verteidigt: "M.Benoist-Lévy ließ sich Benoist nennen. Der Name Lévy ist jedoch ein schöner Name. Nicht jeder kann Abraham, Lévy oder Methusalem heißen. Er praktizierte das System der Spinne, die die Fliege herankommen lässt und sie im richtigen Moment erwischt. All diese Hirschkuhwölfe an der Börse verdienen keine Beachtung. Ihr Reichtum ist aus unserer Armut gemacht, ihre Hoffnungen aus unserem Kummer. Wenn Sie glauben, dass man die ehrlichen Franzosen schützen muss, dann sprechen Sie Caroit ohne zu zögern frei". Der Mörder wurde freigesprochen und die Witwe Levy erhielt nur 20 Sous Schadenersatz.

Aber die Zeit lief.

Heute würde die Jury Levys rechtlichen Anspruch auf Caroits sterbliche Überreste verkünden: das Recht der überlegenen Rasse.[87]

---

[86] Heute gibt ihnen das allgemeine jüdische System Börse, Banken, Versicherungen alle Rechte und ohne jedes Risiko.

[87] Alles absolut alles an der politisch-rechtlichen Konjunktur beweist, dass diese Behauptung wahr ist. Der jüdische Blutsudismus ist multilateral und vollkommen legal geworden. Und das in einem Ausmaß, das die menschliche Intelligenz übersteigt. Die schamlose Ausbeutung eines Holocausts, dessen

Ich war diesen Winter bei der Five-O'Clock einer unserer schönen Jüdinnen. Sie erzählte, dass ihr Schwager Salomon dreihunderttausend Francs im Jahr ausgibt und dass er seiner Tochter eine wunderschöne Perlenkette geschenkt hatte. Unter den einheimischen Frauen, die gekommen waren, um unseren Luxus zu bewundern, sah ich eine Mutter und ihre Tochter, die Salomon im Vorjahr eben um dreihunderttausend Francs erleichtert hatte. Die kleine Französin hatte keine Mitgift mehr: Sie würde einen unserer Angestellten heiraten oder als Lehrerin für unsere Kinder dienen. Aber sie lehnt sich nicht auf. Sie und ihre Mutter sind voller Respekt für den Reichtum, der aus ihrem Elend gemacht wurde, für das Auto, das Hotel und das historische Schloss der großen israelitischen Dame.[88] *Es genügt Salomon, einmal im Jahr eine einzige französische Familie dieser Art zu finden, um seinen Zug zu unterstützen und seine Schwiegersöhne aus dem royalistischen Adel* (Noailles oder La Rochefoucault), *dem Reichsadel* (Wagram oder Rivoli) *oder dem republikanischen Adel* (Besnard, de Monzie, Kruppi, Crémieux, Renoult-Wormser, Delaroche-Paraf oder Baudin-Ochs) *auszuwählen.*

Die kleine Französin, die die Mütze der Heiligen Katharina trägt und ihre Füße im Schlamm stecken hat, wird ihren Hochzeitszug zur großen Treppe der Madeleine hinaufsteigen sehen. Wir sind das auserwählte Volk. Denn Traktat Hid steht geschrieben: "Gott hat den Juden Macht über das Glück und das Leben aller Völker gegeben. *Der Herr hatte uns das Leben der Philister, der Amalekiter, der Midianiter, der Ammoniter, der Moabiter und derer von Bethel und derer von Rabba und derer von Galgala übergeben. Wir haben sie ausgerottet. Wir haben ihnen die Kehle durchgeschnitten, sie gekreuzigt, sie aufgehängt und in Stücke geschnitten, sie in ehernen Statuen gebraten und bei lebendigem Leib unter eisernen* Fallgattern zerrissen (Pentateuch, Buch der Könige).

---

arithmetisch-technischer Unsinn eklatant ist, ist der Sargnagel dieses monströsen Systems des nichtjüdischen Ruins.

[88] Diese Anekdote veranschaulicht, was ich immer sage: "Es gibt keine Judenfrage, es gibt nur die Frage des nichtjüdischen Schwachsinns"...

Der Herr hat uns das Leben der Zaren, Großfürsten, Gouverneure und Generäle Russlands übergeben, und wir machen daraus ständig ein großes Scherem (Massaker, Töten) *mit Bomben und Brownings.*

Aber der Herr hat uns Frankreich übergeben, um es zu unserem Land der Fülle zu machen, und die Franzosen, um sie zu unseren Sklaven zu machen.[89]

Sein Wille wird erfüllt: Der Name Jehovas werde verherrlicht! Wir sind die überlegene Rasse

---

[89] Willige und zufriedene Sklaven, die in ihren hässlichen Levy-Blue-Jeans selig "Freiheit, Gleichheit, Brüderlichkeit" proklamieren, während sie ein Fußballspiel oder einen pornografischen Film anschauen...

À NOUS LA FRANCE!

Frankreich ist ein geografischer Begriff. Der Name Frankreich bezeichnet das Gebiet zwischen dem Ärmelkanal und den Vogesen, zwischen dem Golf von Biscaya und den Alpen. Die Menschen, die über dieses Gebiet herrschen, nennen sich Franzosen. Jetzt sind wir Juden es, die Frankreich regieren und befehligen. Die Einheimischen gehorchen uns, dienen uns und machen uns reich. Die Franzosen sind also wir. Ein Volk ersetzt ein anderes Volk, eine Rasse ersetzt eine andere Rasse: Mit den neuen Franzosen geht Frankreich weiter. Wir sind eine große Nation mit zwölf Millionen Menschen. Eine der reichsten und trotz unserer Zerstreuung die homogenste, solidarischste und am stärksten organisierte Nation der Erde. Mehr als fünf Millionen unserer Leute lagern in Russland, davon zwei Millionen in Russisch-Polen. Über zwei Millionen in Österreich-Ungarn, siebenhunderttausend in Deutschland, dreihunderttausend in der Türkei, dreihunderttausend in Rumänien, zweihundertfünfzigtausend in England, aber in Jerusalem gibt es nur sechzigtausend Hebräer. In London sind es hundertfünfzigtausend und in New York eine Million zweihunderttausend.[90]

Aber unser Land der Wahl ist Frankreich. Das Klima ist gesund, das Land ist reich, es gibt Gold im Überfluss und die Einheimischen bieten sich von selbst für unsere Eroberung an. Da wir unserer Heimat beraubt sind, müssen wir uns in der Heimat der anderen niederlassen. Auf der Suche nach der Linie des geringsten Widerstands sind wir am leichtesten in den französischen Organismus eingedrungen und haben uns dort am stärksten festgesetzt. Vor der Dreyfus-Affäre zählten wir in Frankreich

---

[90] Im Jahr 1999 müssen diese Zahlen alle nach oben korrigiert werden. In den Vereinigten Staaten leben mehr Juden als in Israel. Die US-Regierung ist radikal und vollständig jüdisch. Der Kasper Clinton, der einem grotesken Prozess ausgesetzt ist (weil er ein jüdisches Mädchen gestreichelt hat) und den man offensichtlich durch dieses lächerliche Verfahren loswerden will, hat neun von zehn jüdischen Beratern. Er wurde von 60 Prozent jüdischem Kapital gewählt.

hunderttausend unserer Leute. Seit Beginn des 20. Jahrhunderts wurden unsere Brüder durch das Konsistorium und die Allianz, mit Hilfe der verschiedenen Ministerien, die wir an der kurzen Leine hielten, und durch unsere eigenen Leute, die wir in der Verwaltung stationiert haben, in Scharen von dreißig- bis vierzigtausend pro Jahr in dieses Land Kanaan gerufen, gebracht, einquartiert und mit dem Nötigsten und Überflüssigsten versorgt.

Präsident Loubet und Präsident Fallières werden in der Erinnerung Israels weiterleben. Im Dezember 1912 veröffentlichte das Organ des Judentums in Tunesien in seinem offiziellen Teil diesen Ausdruck unserer Dankbarkeit:

Präsident Armand Fallières,

Zu einem Zeitpunkt, da unser geliebter und verehrter Präsident der Republik, Armand Fallières, nach seiner siebenjährigen Amtszeit in die Reihe zurückkehren und ein einfacher Bürger des republikanischen Frankreichs werden wird, sei es uns in dieser französischen Zeitschrift gestattet, ihn in erster Linie respektvoll zu begrüßen.

Herr Fallières ist ein Freund des französischen Judentums und hat stets höfliche Beziehungen zu unseren Glaubensbrüdern im Mutterland gepflegt. Als er 1911 nach Tunesien kam, empfing er die verschiedenen israelitischen Delegationen, die ihm ihre tief empfundene Ehrerbietung darbrachten, mit großer Herzlichkeit. Er fand Worte der Sympathie für die Loyalität unserer einheimischen Brüder und für ihre hingebungsvolle Mitarbeit an der Zivilisierungs- und Emanzipationsarbeit unseres geliebten Vaterlandes. Er war es auch, der unseren hervorragenden Mitarbeiter Me Elie Fitoussi mit der Ehrenlegion auszeichnete und so in der Person unseres Delegierten das gesamte tunesische Judentum ehrte.

Wir erneuern Herrn Präsident Fallières den Ausdruck unseres tiefsten Respekts und unsere besten Wünsche begleiten ihn in seinem Ruhestand. Die letzten Unterschriften, die der verehrte Präsident Fallières leistete, verliehen unseren Brüdern den Titel und die Vorrechte eines französischen Staatsbürgers: Marcus Grunfeld, Vohan Sholak, Fermann, Zeftmann, Guitla-Ruchla Merovitz, Jacob-Ariya, Altsschuler, Taksen, Wurtz, Hanna Guelbtrunk, Weinberg, Kayser, Kummer, Ott, Lew Spivakoff, Reifenberg, Kopetzky, Hanau, Wittgenstein, Valsberg, Esther-Lévy Ruben, Schmilovitz, Dobès, genannt Dobison, Goldstein, Isaac Azoria, Kapelonchnick, Robenowitz, Baretzki, Nephtali Gradwohl, Meyer, Abraham Garfoukel, Isaac de Mayo, Roethel, Kuchly, Friess, Sarah Kaluski, Nathalie Schriftgiesser, Martz, Mecklenburg, Bernheim, Tedesco, Schmidt, Fisher, Ehrhardt, Wachberg, Strasky, Miraschi, Weiss, Schellenberg, Moses Cohen, Finkel, Aron, Rabinovitch, Handverger, Josipovici, Ornstein, Rosenthal, Frank, Dardik, Sternbach, Max Goldmann, Lubke, Rossenblat, Bleiweiss, Mayer, Belzung, Salomovici, Kahan, Salomon, Kopeloff, Isaac Danon, Wertheimer, Kleinberg, Himstedt, Lewy, Reichmann, Weill, Schuffenecker, Moses Saul, Wend, Oberweiss, Meyer, Goldstein, Elmach, Schamoun, Jesaja, Feldman, Weinberg, Kahn, Rosenblum, Mozes Wallig, Stern, Jakob-Karl, Noetzlin, Karnik Kevranbachian, Isaac Silberstein, Fremde Rosenzweig, Engelmann, Bloch, Jontor Semach, Spitzer, Freidlander, Levy, Lilienthal, Taub, Zucker, Friedmann, Meyer, Klotz, David Salomon, Navachelski, Jacob Meyer, Eljakim-Ellacin Ubreich, Schlessinger, Weiss, Wolff, Aaron Viesschdrager, Sarah Id, Gombelid, Abraham Zaslawski, Ettla Granick, Ouwaroff, Ruhl, Maienberg, Feier, Munschau, Leib David, Rosenthal, Israel Quartner, Simon-Baruch Prechner, Fürst, Haym Cohen, Saül Blum, Goldenberg, Lichtenberg, Schwartz, Leichle, Bachner, Haberkorn, Pfaff, Abraham Berger, Leib, Axebronde, Elias und Simon Arochas, Ephraim Marcovici, Eisenreich, Pfirsch, Moses Sapsa, Miriam Sapsa, Sura Hamovicy, Hack, Nathalie Jacob-Isaac, Schweke, Mifsud, Isaac Mayer, Bertchinsky, Moses Seebag, Moses Bedoncha, Ephraim Bronfein, Necha Arest, Jacob Bronfein, Haim Tcherny, Stoianowsky Liba, Metzger, Marcus, Friedmann, Zacharie Zacharian, Nathalie Pitoeff, Leonhart, Hofrath, Unru Fisher, Katuputchina Fisher, Kieffer, Schick, Schor, Abraham Eptein, Esther Goldenberg, Jacob Kozak, Kamm, Abraham Rabinovitcz, Abrahamovitcz, Suralski, Jacob Bercovich, David Guenracheni, Cohen, Cahen, Mohr.

(Auszug aus dem Amtsblatt).

Der geliebte Präsident Poincarré, eingerahmt von Klotz, dem jüdischen Minister, und Grumbach, dem jüdischen Unterminister, schreitet entschlossen auf demselben Weg wie seine Vorgänger voran. Er hatte uns bereits mehrfach den Beweis für seine Hingabe geliefert. Er war es, der als Finanzminister den Nachlass unseres großen Rothschild (Amschel Meyer) auf dreihundert Millionen schätzte, wodurch den Erben Ansprüche erlassen wurden, die sich auf einige hundert Millionen belaufen hätten, und vor allem vor den Augen des französischen Pöbels die enormen Vermögen verbarg, die durch seine Unterwürfigkeit genährt wurden. Es war auch Präsident Poincaré, der als ehemaliger Ratspräsident und Anwalt unsere Schwester Marfa-Salomé Slodowska, Dame Curie, unter seinen Schutz nahm und nichts unversucht ließ, um eine törichte Französin zu belasten; dank seines Einflusses wurden peinliche Untersuchungen eingestellt, kompromittierende Dokumente unterdrückt und gefährliche Zeugen eingeschüchtert. Es bedurfte eines unglücklichen Zufalls, dass die Französin und ihre Brut der Falle entkamen, die unsere kühne Landsmännin so gut aufgestellt hatte.

Die ersten Unterschriften, die das neue Staatsoberhaupt gab, verliehen unseren Brüdern den Titel und die Vorrechte französischer Staatsbürger: Jacob Eisenstein, Stein, Kissel, Moses Abraham, Rachel Lehmann, Nahïn Zaïdmann, Nessi Flachs, Tugendhat, Steinmetz, Acher Lourie, Slata Rocks, Weismann, Loeb, Reicher, Bassa, Weksler, Abraham, Kerestdji, Bohn Gruenebaum, Kouttchneski, Zelenka, Klotz, Moses Leibowitz, Olga Herscovici, Reisner.

(Auszug aus dem Amtsblatt dit).

So setzte Herr Poincaré das Werk von Frau Loubet und Frau Fallières fort. Wir können ihn im Übrigen nicht vermissen. Von ihm würden wir keinen Widerstand gegen die Einführung ausländischer Elemente in den französischen Körper akzeptieren.

Wir werden ihm einen Scheinnationalismus erlauben; er weiß genau, welche Überlegungen wir anstellen würden, um ihm einen tatsächlichen Nationalismus zu verbieten. Er würde es nie wagen: Vorsicht ist der wichtigste Zug seines starken Charakters. Während der Krise, die sein Land mehrere Jahre lang erschütterte, hatte Herr Poincarré den Mut, sich ruhig zu verhalten, nicht Partei zu ergreifen und sowohl seine Leidenschaft für Gerechtigkeit als auch seinen patriotischen Instinkt zu zügeln. Später, nach dem Sieg, "befreite er sein Gewissen" und erkannte öffentlich an, dass die Sieger Recht hatten.

Am 13. September 1913, während seiner königlichen Wanderung, führte Herr Poincaré souverän den Vorsitz bei dem Bankett, das ihm zu Ehren in der Präfektur von Cahors gegeben wurde. Zu seiner Rechten saß die Jüdin Madame Klotz, die Frau des Ministers, zu seiner Linken die Jüdin Madame de Monzie, die Frau des Vizeministers. Die einheimischen Frauen besetzten etwas weiter unten Hocker. Der Präsident der Republik zwischen den beiden jüdischen Prinzessinnen stellte seine Rolle und seine Hingabe zur Schau: Vive Poincaré!

Frankreich gehört nun uns. Wir sind die Republik.

Diese Sternbachs, Goldmans, Kohans, Schuffeneckers, Schamanns, Oberweisfs, Kaksens, Scholacks, Ruchlas, Merowitz' und Gelbtrunks, die uns jedes Jahr zu zwanzigtausend verstärken und die von Staatspräsidenten sogleich zu Franzosen "erster Klasse" erklärt werden, mögen zunächst etwas befremdet wirken. Sie kennen die Sprache und die Sitten, die Geschichte und die Traditionen, die Menschen und die Dinge in Frankreich nicht, das ist ganz natürlich. Sie gewöhnen sich aber schnell daran, wenn die gesamte politische Organisation und alle gesellschaftlichen Mächte ihnen zu Diensten sind. Eingebürgert 1912 und 1913, gestern Helmträger wie mein verehrter Vater, Kürschner, Wanderhändler tief in der Tartarie, der Ukraine, Galizien, Polen, Schwaben, Preußen, Moldo-Walachei, werden wir sie noch vor zehn Jahren als Präfekten, Abgeordnete sehen, Redakteure der großen Zeitungen, Professoren an der Sorbonne, Konzessionäre der kolonialen Domänen und der großstädtischen Monopole, Ritter, Offiziere der Ehrenlegion, Besitzer von Wäldern und historischen Schlössern, unbestrittene Herren Frankreichs.

Und der französische Pöbel grüßt sie tief.

Sie sind Franzosen aufgrund der Dekrete von Loubet, Fallières und Poincaré, gleichzeitig aber auch Deutsche, Russen, Österreicher und Rumänen aufgrund der Gesetze ihres Herkunftslandes. Aber sie haben nur eine wirkliche Nationalität: unsere, die jüdische Nationalität. Wir sind Fremde, feindliche Gäste in allen Ländern, und gleichzeitig sind wir in allen Ländern, in denen wir die Herrscher sind, zu Hause. Deshalb protestieren wir hier gegen die Kleinmütigkeit, die erbärmliche, feige Hinterlist der Juden, die Spitzfindigkeiten erfinden, um den Besiegten ihre Niederlage zu verheimlichen und unsere Vasallen glauben zu lassen, dass wir nicht ihre Barone sind.

Die einen wollen behaupten, dass es keine menschlichen Rassen gibt, ein Spanier oder ein Eskimo, ein Japaner oder ein Norweger, ein Kaffern, ein Sizilianer oder ein Patagonier Wesen der gleichen

Art sind, mit den gleichen Fähigkeiten, der gleichen Physiologie, der gleichen Mentalität und der gleichen Sensibilität. Eine grob absurde Theorie. Es gibt Menschenrassen, wie es Hunde- oder Pferderassen gibt, die so unterschiedlich, weit entfernt und physisch verfeindet sind, dass sich die Elemente ihrer Körper nicht annähern können.

Auf dem Chirurgenkongress, der im Oktober 1912 in Paris stattfand, bewies Dr. Serge Voronoff durch ein Experiment, dass man einem Schaf die Eierstöcke eines anderen Schafes der gleichen Art einpflanzen kann und dass das Schaf fruchtbar bleibt. Dagegen ist die Transplantation zwischen zwei Schafen verschiedener Arten unmöglich.

Welch ein Abgrund zwischen der Jüdin und der Französin! Zwischen der Jüdin und dem Franzosen!

Andere Hebräer wie unser Bruder Weyll (genannt Nozières) *in seiner Komödie "Die Taufe" bitten unsere französischen Untertanen um Mitleid, indem sie stöhnen:* "Jude zu sein ist weder eine Religion noch eine Rasse, es ist ein Unglück". *Ein Unglück! Dabei brauchen wir nur die Grenze zu Frankreich zu überschreiten, unseren Beutel über die Schulter zu werfen und uns als Juden zu bekennen, um von der Republik sofort einen französischen Namen, Land, fruchtbare Privilegien, Ehren, Immunität ohne Zahl, Macht und Unverletzlichkeit zu erhalten! Während es uns genügt, uns zu Juden zu erklären, um die französischen Eingeborenen vor uns auf dem Bauch zu sehen.[91]*

Kommt schon! Keine falsche Bescheidenheit!

Die Zeiten sind vorbei, in denen wir uns bücken, uns durch die Hintertreppen quetschen und Missgunst und Zurückweisung hinnehmen mussten. Wir haben die Kraft und damit das Recht, laut zu sprechen, uns so zu präsentieren, wie wir sind, und auf unsere Qualität stolz zu sein. Es ist eine Schande, dass so viele Juden bei der französischen Kanzlei einen französischen Namen beantragen oder sich selbst mit einem Pseudonym schmücken. Warum nennen sich unsere Meyer Amschel Rothschild und die Rothschilds Mandel?

---

[91] Es wird immer wahrer: Der letzte Präsident der Republik wurde nur gewählt, weil er sich vor den Juden auf den Bauch gelegt hat. Da der andere Kandidat sich weigerte, wurde er nicht gewählt, obwohl die Umfragen erheblich zu seinen Gunsten ausfielen.

Was hat es mit den falschen Namen Tristan Bernard, Francis de Croisset, Cécile Sorel, Henri Duvernois, Isidore de Lara, Jeanne Marnac, Jean Finot, Séménoff, Nozières auf sich? Als ich aus Krakau kam, rieten mir unsere Chefs von der Alliance Israélite, meinen Namen Blümchen zu übersetzen und mich fortan François Fleurette zu nennen, um die Einheimischen milde zu stimmen. Im Einbürgerungsbüro wollte mir unser Bruder Grumbach einen Personenstand auf den Namen Raoul d'Antigny oder Robert de Mirabeau ausstellen, um mir den Zugang zur großen Welt und zu den offiziellen Salons zu erleichtern. Ich lehnte verächtlich ab: Ich weiß besser, was wir heute wert sind. Welche Niedertracht, die Franzosen glauben zu lassen, dass wir zu ihrem versklavten Volk gehören, obwohl wir das souveräne Volk sind.

Ehre für unsere Jeanne Bloch, Henry Bernheim, Sulzbach, Merzbach, Blumenthal, Gugenheim, Bischoffsheim, für unsere Cohen, Cahen, Kohn, Kahn, Kohan, für unsere Meyer, Levy, Rosenthall, Roseblatt, für unsere Stern, Klotz, Schrameck und Schmoll, die stolz den hebräischen oder den germanischen Namen tragen.

Diese sind die würdigen Söhne Judas, die wahren Eroberer, und der Lohn für ihren Mut liegt in der Niedrigkeit des eroberten Volkes, das sich vor ihnen beugt und von sich aus seine Ernte in ihre Scheunen und seine Ersparnisse in ihre Truhen bringt.

In England und einigen anderen Ländern, in denen wir noch immer nur große finanzielle Interessen ohne viel politische Macht besitzen, wirft man den Unseren vor, einen Staat im Staat zu bilden.

In Frankreich ist diese Zeit vorbei: Der Staat sind wir.

Der katholische Admiral de Cuberville machte sich einst in den Augen der freidenkenden Franzosen lächerlich, als er sagte, dass "Frankreich das Schwert und der Schild der Kirche sein sollte". Die Kreuzzüge sind lange her. Heute ist Frankreich das Schwert und der Schild Israels. Wir können vier Millionen Franzosen unter Waffen stellen, um unsere internationalen Spekulationen zu unterstützen, um unsere großen Forderungen einzutreiben, um unsere unterdrückten Brüder zu befreien und um unsere nationale Politik zu verwirklichen.

Wie kann man es wagen, unsere Liebe zu Frankreich zu bestreiten?

Wir lieben ihn, wie ein reicher Gutsbesitzer sein Anwesen liebt, wie ein Jäger seinen Hund, wie ein Genießer seinen Weinkeller und seine Geliebte, wie ein Eroberer seine Eliteprätorianer.

Hysterische Juden, solche, die manchmal durch ihre Ungeschicklichkeit unsere Geschäfte gefährden, drohten den Franzosen, "sie aus Frankreich herauszuholen". Sie meinten damit die sehr wenigen Franzosen, die es noch wagen, sich gegen uns zu stellen: eine Handvoll Verrückter, ohne Kredit, ohne Mittel, die ihre Artgenossen auf unser erstes Zeichen hin steinigen werden.[92]

Aber was würden wir, bei Jehova, aus Frankreich machen ohne sein gutes Volk, leicht zu scherendes Vieh, das der Peitsche gehorcht, fleißig, sparsam, demütig vor seinen Herren und produktiv über alles hinaus, was man sich vom Gelobten Land erhoffen konnte?[93] *Wir lieben die Eingeborenen Frankreichs wie wir Frankreich lieben: Sie sind der Viehbestand unserer Farm. Die Hauptsache war, sie zu bemuttern; das haben wir getan und gut getan.*

Nicht nur in Versammlungen, in Cafés, an öffentlichen Orten, sondern auch in Redaktionsräumen, zu Hause, an ihrem eigenen Tisch senken die Einheimischen die Stimme, wenn sie über uns sprechen: So wie es die Italiener in Mailand während des österreichischen Terrors taten. Manchmal murren sie gegen uns und werfen einen besorgten Blick in die Runde. Wenn sie aber von einem Narren zum Handeln angestachelt werden, antworten sie schnell: "Ich kann nicht, ich habe Familie, ich muss meinen Lebensunterhalt verdienen, sie halten alles.*[94] So wie Deutschland in der Französischen Republik die ihm missliebigen Minister aus dem Amt jagen lässt, lassen wir in Frankreich verdächtige Schriftsteller, die versuchen, sich uns zu widersetzen oder sich nur unserem*

---

[92] Das ist so wahr: Es sind die französischen Politiker und Richter, die das Gayssot-Gesetz gegen diejenigen anwenden, die sich gegen alle Manifestationen der totalitären Judenopathie auflehnen... Die Juden bewegen sich nicht: Sie lassen die Gesetze à la "big brother" verabschieden.

[93] Leider haben die sozioökonomischen Bedingungen, die die Judenheit auferlegt, dieses unglückliche Volk verändert, das durch Sozialabgaben und Steuern kaum noch zur Arbeit ermutigt und in die Arbeitslosigkeit getrieben wird...

[94] Eine solche Bemerkung wäre die Anwendung des Gayssot-Gesetzes durch einen Gojim-Richter wert. Geldstrafe, Gefängnis. Es gibt nicht die geringste Freiheit, über jüdische Übergriffe zu sprechen.

Zugriff entziehen, aus Zeitschriften und Zeitungen vertreiben.[95] *Die größten und mächtigsten Zeitungen Frankreichs wagen es nicht einmal mehr, das Wort "Jude" zu drucken, da es ihnen rau und aggressiv erscheint. Für sie gibt es keine Juden mehr. Wenn es absolut notwendig ist, schreiben sie mit tausend Vorsichtsmaßnahmen zaghaft "Israelit".*

Wir haben absolutes Stillschweigen über unsere Herrschaft und über jeden Vorfall verhängt, der die Einheimischen an die Tatsache unserer Herrschaft erinnern könnte.[96] *Diese wunderbare Disziplin der französischen Presse ist ein eigenes Kapitel wert: Je l'écrirai.*

Unser Sieg ist so vollständig, unsere Eroberung so endgültig, dass wir den Franzosen nicht einmal erlauben, sich daran zu erinnern, dass es eine Schlacht gegeben hat, dass sie einst die Herren des Landes waren, dass das, was ist, nicht immer gewesen ist. Und wir erlauben nicht, dass sie daran erinnert werden. Ein Beispiel zeigt, wie wir mit unseren Untertanen umgehen. Der Pariser Handel ist in zwei großen Verbänden zusammengefasst. Der eine, die Agentur Mascuraud, wird tatsächlich von einem Dutzend Cohen, Weill, Meyer und Lévy geleitet, der andere, der Verband der französischen Händler, von Hayem geleitet. Kürzlich ließ ein sehr großer Kaufmann aus der Rue de la Paix seinen Namen auf die Patronatslisten eines Kandidaten setzen, der einst antisemitische Äußerungen gemacht hatte. Der Kandidat dachte nicht mehr daran, seine Unterstützer ignorierten ihn. Der Großkaufmann zweifelte nicht daran. Aber wir wussten es: Unsere Karteikarten sind gut geführt, unsere Polizei ist wachsam, unser Gedächtnis ist sicher. Alle reichen Jüdinnen, die bei dem Kaufmann einkauften, verlangten im Laufe des Tages ihre Rechnung. Der bemitleidenswerte Franzose lief sofort zu jeder seiner Kundinnen, um sie zu beschwichtigen. Er

---

[95] Louis Ferdinand Céline war aufgrund seiner außergewöhnlichen Pamphlete, in denen er die ganze grundlegende Wahrheit über jüdische Übergriffe ausbreitete, die Ursache für das erste rassistische Judengesetz. Dies war das erste Gesetz von Pléven und Marchandeau, das sich bis zum Gesetz Fabius Gayssot zu einer immer totalitäreren Form entwickelte.

[96] Die Zeitungen berichten über die ungeheuerlichen Machenschaften von SOROS (Destabilisierung von Volkswirtschaften, Planung von frei verkäuflichen Drogen), aber KEINE sagt, dass Soros Jude ist. Nirgendwo werden Sie in den sogenannten demokratischen Zeitungen lesen, dass die WARBURGs, die den Ersten Weltkrieg und den Bolschewismus finanzierten, Juden sind.

beteuerte seine Unschuld: "Man hatte seinen Namen benutzt, ohne ihn zu warnen". *Er erniedrigte sich, entschuldigte sich und ersetzte die Plakate des Kandidaten auf eigene Kosten durch solche, die nicht seine Unterschrift trugen. Er bekräftigte seine Hingabe an die großzügigen Israeliten, an die schönen Israeliten, an ganz Israel.*

Huh! Was für eine Dressur![97]

Wer behauptet, vor Israel aufrecht zu stehen, und davon träumt, uns Frankreich wieder wegzunehmen, den verleumden wir, beschmutzen wir, lassen ihn verhungern, ermorden ihn.[98] *In Wirklichkeit lassen wir ihn von unseren französischen Handlangern verleumden, beschmutzen und ermorden: Wir finden immer welche.*[99]

Für hundert Francs im Monat finden unsere Barone von Rothschild französische Lakaien, die sie als Stallburschen verkleiden, um Bauern zu ermorden, die sich schuldig gemacht haben, weil sie in den ehemals französischen Wäldern ein Kaninchen klebten oder ein Bündel stahlen, so viel sie wollen. Für fünfundzwanzig Louis, für zehn Louis finden wir, so viel wir wollen, französische Halsabschneider, um unsere Kritiker einzuschüchtern, oder Richter, um sie zu verurteilen, um sie zu knebeln.

Alle Eingeborenen Frankreichs zittern vor dem jüdischen Meister, so wie die Eingeborenen Indiens vor dem englischen Meister zittern.[100] *Nicht dass der Franzose das Vergießen von Menschenblut scheut, er hat die gleiche Vorliebe wie andere Völker für das Töten, vor allem für das Töten der Schwachen und Besiegten. In Madagaskar, im Sudan und in Marokko haben die Franzosen schöne Tötungen vorgenommen und tun es noch immer. In China*

---

[97] Dasselbe galt für FORD, der eine eindringliche Studie gegen das Weltjudentum verfasste. Er wurde unter Androhung des Ruins gezwungen, sich zu beugen. Vor kurzem hat der berühmte Schauspieler, der *"Der Pate"* spielte und die jüdische Hegemonie im Filmgeschäft anprangerte, seine Reue so weit getrieben, dass er weinte! (Marlon Brando).

[98] Heute kümmert sich das einfache Fabius-Gayssot-Gesetz um alles: Geldstrafe und Gefängnis.

[99] Deshalb sage ich immer wieder, dass es keine Judenfrage gibt, sondern DIE Frage nach dem nichtjüdischen Schwachsinn.

[100] Der vom Juden delegierte englische Meister, denn die Kolonialisierung war eine jüdische Operation, vor allem in Indien.

haben sie den entsetzlichen Sadismus der Deutschen und Russen erreicht oder übertroffen. In Frankreich selbst schneiden sie sich gelegentlich mit unerbittlicher Grausamkeit gegenseitig die Kehle durch. In der Vendée, in Paris, Lyon und Bordeaux gab es Guillotinen, Erschießungen, Ertränkungen und Septembrisaden, die einen erschaudern lassen.

Im Juni 1848 hatte die Bourgeoisie die Hälfte des alten Volkes von Paris vernichtet, und den Rest vernichtete sie im Mai 1871. So dass die große, intelligente, quirlige, großzügige Stadt nur noch von Einwanderern bevölkert wurde, die herbeigeeilt waren, um sich zu bereichern, indem sie die Laster der Müßiggänger und Rastaquouères ausnutzten. Paris ist auf das Niveau von Byzanz gesunken: Torf aus Baladinen, Narren, Heiratsvermittlern, Dirnen, Dienern. Leichte Beute für die Eroberer, die wir sind. Aber dieselben Franzosen, die anderen gegenüber unbarmherzig sind, untereinander unbarmherzig, werden in Gegenwart des Juden, ihres Herrn, von panischem Schrecken ergriffen.

Als Monsieur Antoine, der das Odéon zu einem hebräischen Theater gemacht hatte, so wie sein Nachahmer, Monsieur Claretie, die Comédie Française zu einem hebräischen Theater gemacht hatte, im Februar 1912 "Esther, Prinzessin von Israel" *aufführte, war dies eine herrliche Demonstration unserer Macht und unseres Hasses.*

Zwanzig Mal war der Saal überfüllt mit unseren glühenden Juden, die den blutigen Triumph von Esther und Mordechai, die Unterwerfung von Ahasveros und die Folter von Aman und seiner Familie mit ihrem Jubel begrüßten.

Der verwöhnte Ahasverus symbolisierte das ehemalige französische Volk, Aman und seine Kleinen symbolisierten unsere letzten Gegner.

> *Mordechai bezeugte, dass unsere Rasse*
> *Ist das auserwählte Geschlecht und das ewige Geschlecht,*
> *Das von Gott selbst unseren Vorvätern diktiert wird,*
> *Das Buch des Lebens und der Wahrheit;*
> *Die Rasse, der die ganze Erde versprochen wurde,*
> *Und die die unterworfene Menschheit erobern soll.*
> *Wenn er mit heiserer Stimme hinzufügte:*
> *In Israel ist eine Kraft, die zerbricht*
> *Jede menschliche Bewegung gegen uns entfesselt,*
> *Und die unsere Rechte antastet, ist von vornherein verurteilt!*

Der ganze Saal schrie vor Stolz und Wut: "Nieder mit den Gojim, Tod, Tod"!
Ja, wer unsere Rechte im Voraus antastet, ist dem Untergang geweiht. Unsere Rechte sind meine Eroberung und Beherrschung der Welt, die gnadenlose Vernichtung der Philister, Amalekiter und Medianiter und die blutrünstige Ausbeutung der gesamten nichtjüdischen Menschheit, des gemeinen Viehs. Der elende Aman bat um Gnade, zumindest für seine Kinder. Dann unsere Esther:
Aman erinnerte mich daran, dass er zehn Söhne an der Front hat.
Charmant, jung und schön und stark und die können
Ihn eines Tages rächen, wenn wir sie leben lassen.
Gewähre mir ihre zehn Köpfe
Ahasveros: Ich liefere sie dir aus.
Unser Mordechai brüllte sogleich die wunderbaren Verse
So gehen die Feinde Israels zugrunde,
Und das Beispiel sei so, dass das Universum lernt
Dass, von seinem Gott für das souveräne Werk gezeichnet,
Stark durch das unfehlbare Ziel, zu dem dieser Gott ihn geführt hat,
Gestern wie morgen, morgen wie heute,
Unser Volk - ignoriert die Zeit, das Jahrhundert und die Stunde,
Unter den Völkern, die vergehen, bleibt es allein!
Vergeblich versuchte Ahasverus, seinem Versprechen auszuweichen, da er von dem riesigen Ausmaß des Tötens erschreckt wurde.
Blut, immer wieder Blut!
Esther:
Ich will mehr, ich will mehr
Mögen die Söhne Israels bis zum Morgengrauen,
Ohne Reue, ohne Mitleid und ohne Gnade niedermetzeln,
Die Feinde Gottes... die auch die meinen sind.
Wir töteten, wir töteten immer.
In der Halle erlebten unsere Brüder einen geheimen Rausch.
Drei ganze Tage lang, ohne Pause, ohne Rast,
Schlagt, schlagt immer einzeln, nach Herden,
Nach Häusern, nach Stämmen!
Esther:
Schlagen Sie in Scharen zu

Und wirf, wenn es sein muss, in den Wind der Einsamkeiten
Den kommenden Samen der Generationen!
Wie mild ist die Nacht
Wie schön ist es, zu leben!
Nun ist er also endlich da, der Tag der Rache,
Der schöne, lang ersehnte Tag, der weiht,
Ganz vibrierend vom Geschrei und heiß vom Gemetzel,
Der Triumph, der meinem ewigen Volk versprochen wurde!
In zwanzig Aufführungen brüllten fünfzigtausend ungeduldige
Juden zusammen mit der schönen jüdischen Schauspielerin:
Erwachet, ihr Sänger der Pracht Israels
Blast die Harfen der Könige, die Trompeten der Leviten!
Mögen die Schwerter schnell sein, mögen die Pfeile scharf sein.
Möge die Rache mit Narrenfüßen laufen!

Diese Rufe ließen die Wände des Theaters erzittern. Am Ausgang hallte die Begeisterung unserer Brüder durch das ganze Viertel. Die blassen Franzosen versteckten sich unter ihren Decken und erschraken, als der Sturm vorbeizog. Die schönen Abende! Aus dem Budget der Republik bezahlt, in einem offiziellen Theater der Republik, um die Unterstützung der Republik für unsere Absichten und ihren Gehorsam gegenüber unserem Willen deutlich zu machen!

Wir werden sie haben, die drei Tage von Esther. Wir können sie nicht in Russland haben,[101] wir können sie nicht in Deutschland haben, oder in England, weil die Einheimischen noch in der Lage sind, sich zu verteidigen. Wir werden sie in Frankreich haben, wo das bastardisierte Volk, das von uns geschickt entmannt wurde, feige und ausgehöhlt wie Ahasverus, von sich aus sein Rückgrat unseren Peitschen und seine Kehle unseren Messern entgegenstreckt.

In Israel ist eine Kraft, die zerbricht
Jede menschliche Bewegung, die gegen uns entfesselt wird,
Und wer unsere Rechte antastet, ist von vornherein verurteilt
Unvergessliche Abende!

---

[101] Es ist geschehen: Die jüdisch-bolschewistische Revolution von 1917 hat ihnen Russland ausgeliefert. In ihren 80 Millionen Leichen, die dem Bolschewismus zum Opfer fielen...

Alle Verse beschäftigen mich und singen in mir eine köstliche Melodie.
Ich kann nicht müde werden, sie immer wieder zu lesen und abzuschreiben!
Massakrieren ohne Reue ohne Mitleid ohne Gnade,
Die Feinde Gottes, die auch die meinen sind!
Schlagt zu, schlagt zu, einen nach dem anderen, nach Herden,
Nach Häusern, nach Stämmen,
Wie mild ist diese Nacht, wie schön ist das Leben
Der schöne Tag, der weiht,
Den Triumph, der meinem ewigen Volk versprochen ist!

Ach, Frankreich, liebes Frankreich, kostbares Chanaan! Welche Revanchen und welche Genüsse solltest du für uns sein, die Quelle! Nun sind wir an der Reihe! Seit 20 Jahrhunderten haben wir Gewalt und Schmähungen ertragen, wir haben uns gebeugt, wir haben der Brutalität nur Niedrigkeit entgegengesetzt. Schließlich fanden wir einen resignierteren Menschen als uns, einen kriechenderen als uns, einen feigeeren als uns: die Eingeborenen Frankreichs. Es ist an uns, die Peitsche und den Stock zu schwingen! An uns ist es, den Besiegten zu berauben und den Sklaven zu beleidigen! In Erwartung der schönen roten Nächte des Massakers haben wir es bereits verstanden, dieses wunderbare Land zu erniedrigen.[102] Unser Kollege Grumbach, den die Alliance Israélite an die Spitze der Abteilung für französische Einbürgerungen gesetzt hat, begnügt sich nicht damit, zu Zehntausenden unsere Landsleute aus Deutschland, Russland, Rumänien und der Türkei einzubürgern, die Männer der Verstärkung, die wir brauchen, um Paris zu besetzen. Grumbach bürgt auch den ganzen Abschaum Europas, die Strafgefangenen, die Contumax, die Banditen aller Länder, in Scharen ein. Er macht sie zu französischen Staatsbürgern, französischen Magistraten, französischen Diplomaten, französischen Gesetzgebern und den wichtigsten Redakteuren der wichtigsten französischen Zeitungen, die die Geschicke Frankreichs lenken und die französische Meinung aufklären sollen.

---

[102] Sie werden Erfolg haben: Das Nebeneinander von nicht assimilierbaren Ethnien macht eine Revolution zwischen Franzosen und Afrikanern unausweichlich. Letztere haben Schrotflinten und andere Waffen. Die Franzosen sind per Gesetz entwaffnet.

Wir werden dem alten Löwen Läuse in den Pelz setzen, bevor wir ihn schlachten.

Ach, wir werden das schöne Frankreich, das große Frankreich, das glorreiche Frankreich auf den Mist geschleift haben, bevor wir es vollenden!

*Unser Volk, das Zeit, Jahrhundert und Stunde nicht kennt.
Unter den Völkern, die vergehen, bleibt es allein!*

Es lebe die Republik!

DIE TOTALITÄRE GLOBALISTISCHE JUDEOPATHIE

Drei Juden haben NBC, ABC und CBS aufgebaut, die die Epizentren der Textur der amerikanischen Gesellschaft sind. Juden herrschen über fast alle Hollywood-Studios. Vier von fünf Konzernen Viacom, Disney-ABC, Time-Warner, AOL sind jüdisch. Murdoch, der die Welt im Griff hat, ist ebenfalls jüdisch. Sie haben in England drei Fernsehsender gegründet: Associated-Rediffusion, Associated-Télévision und Granada. Die New York Time und die Washington Post sind ebenso jüdisch wie das Wall Street Journal. Der größte Fernsehkonzern in Kanada ist jüdisch, ebenso wie der zweitgrößte in Brasilien. 50 bis 60 Prozent der russischen Wirtschaft werden von einer Handvoll jüdischer Oligarchen kontrolliert, von denen einige die doppelte russisch-israelische Staatsbürgerschaft besitzen. In Russland sind zwei von drei Fernsehnetzwerken jüdisch. Eine Studie aus dem Jahr 1973 ergab, dass 21 von 36 Produzenten und Herausgebern von Nachrichtennetzwerken Juden waren. Eine andere Studie stellte fest, dass 59% der Regisseure, Autoren und Produzenten von fünfzig Filmen, die zwischen 1965 und 1982 einen eindeutigen wirtschaftlichen Erfolg hatten, Juden waren. Laut einer Studie aus den 1970er Jahren sind 70 bis 80 Prozent der Drehbuchautoren in Hollywood Juden. Es waren vier Juden, die das berühmte "*Woodstock Festival*" ins Leben gerufen haben. Ein Jude hat den Ruhm der Beatles aufgebaut und geleitet. Die große Mehrheit der Rock-'n'-Roll-Perspektive wird von Juden kontrolliert: Die Rolling Stones, Credence, Clearwater, Bruce Springsteen usw. Die Gründung der amerikanischen Popmusik "*Tin Pan Alley*" wird von Juden beherrscht, die in der Musikindustrie vorherrschend sind. 80% der amerikanischen Komiker sind Juden, wie auch 80% der Pioniere der komischen Buchindustrie. Juden dominieren das Theater und die klassische Musik. Zwei Juden leiten das Museum of Modern Art und das Whitney Museum, die nur die bekanntesten in der langen Liste der jüdischen Kunstmagnaten sind. Einer von ihnen unterstützt eine rechtsgerichtete Partei in Israel und leitet außerdem ein Fernsehkonglomerat, das in einem Dutzend mittel- und osteuropäischer Länder Fuß gefasst hat. Ein Jude hat das

Computerunternehmen Intel gegründet und die Nummer zwei bei Microsoft ist ein Halbjude, der israelische Anliegen unterstützt. In den letzten Jahren waren Juden an der Spitze von Compaq, Hewlett-Packard und Dell.

Der Chef der NASA ist ein Jude. Juden waren zusammen mit der italienischen Mafia maßgeblich an der Gründung von Las Vegas beteiligt. Seine Entwicklung wurde maßgeblich durch das größte Verbrechersyndikat der amerikanischen Geschichte gefördert, das von einem Juden geleitet wurde. In der russischen Mafia spielen Juden eine immense Rolle. In den siebziger Jahren gehörten 80% der Geschäfte in New York Juden. 5 der letzten 8 preisgekrönten Dichter sind Juden und 15 der 21 führenden Intellektuellen sind ebenfalls Juden. Diese Intellektuellen werden durch von Juden gegründete und herausgegebene Zeitschriften wie die New York Review of Books und die Partisan Review gefördert. Simon und Schuster, Alfred A. Knopf, Farrar Strauss und Giroux sind der Anfang einer langen Liste von Verlagshäusern, die von New Yorker Juden gegründet und kontrolliert werden. Die Hälfte der Basketballmannschaften wird von Juden geleitet, ebenso sind die National Hockey League und der Profi-Baseball jüdisch. Juden beaufsichtigen die Agenturen, die sich um die Karriere und die Interessen der Profisportler kümmern. Fünf der acht Ivy-League-Colleges werden von Juden geleitet.

In Clintons Kabinett waren Juden: der Arbeitsminister, der Handelsminister, der Finanzminister, der Landwirtschaftsminister und der Außenminister. Der Verteidigungsminister hatte einen jüdischen Vater. Die beiden Kandidaten Clintons für den Obersten Gerichtshof waren Juden. Die beiden kalifornischen Senatoren sind Juden und beide Mitglieder einer pro-israelischen Frauenaktivistenorganisation. Eine jüdische Zeitung aus den neunziger Jahren enthüllt, dass vier der sieben Direktoren der CIA Juden waren. Der oberste Chef war es auch und wurde später von Bill Clinton wegen Sicherheitsverletzungen begnadigt, noch bevor die Untersuchungen seiner Aktivitäten abgeschlossen waren.

Obwohl sie nur 5% der Gesamtbevölkerung der Vereinigten Staaten ausmachen, sind 45% der vierzig reichsten Amerikaner Juden. Im Jahr 2000 hatten Juden zweiundvierzig Hauptspender für die nationalen Wahlen in den USA. Sie stellen die Hälfte der Mittel für die Demokratische Partei bereit. Ihre vorrangige Parole betrifft stets die Außenpolitik zugunsten Israels. 1997 wurde der Leiter des Pro-

Israel-Komitees zum Parteivorsitzenden der Demokraten und einige Monate später wurde der Beauftragte für politische Angelegenheiten der Pro-Israel-Lobby zum Finanzdirektor der Demokratischen Partei. In den neunziger Jahren war der Vorsitzende des Internationalen Währungsfonds ein Jude, ebenso wie die beiden Direktoren der Weltbank. Ein Jude leitet die Federal Reserve sowie die Federal Trade Commission.

Im Jahr 2001 kontrollierte eine jüdische "Oligarchie" 50 bis 80 Prozent der russischen Wirtschaft. Der zweitreichste Mann Australiens ist Jude und besaß einen Teil des World Trade Centers, während der andere Teil einem Juden aus New York gehörte. Um 1990 leitete ein Jude Mac Donald, andere die Bank of America, United Airline, und dies ist nur der Anfang einer langen Liste. Ein Jude schrieb ein Buch über das Diamantenmonopol, das vollständig in jüdischen Händen ist. Sie beherrschen auch die Modeindustrie: Calvin Klein, Tommy Hilger, Ralph Lauren, Donna Karan, Kenneth Cole, etc.

All dies sind eigentlich nur Beispiele, die Spitze des Eisbergs des gigantischen jüdischen Einflusses in unserer Gesellschaft. Ihre Aktivitäten zugunsten des Staates Israel sind enorm. Aber wenn Sie diese einfachen Fakten erwähnen, hagelt es Verurteilungen: "Vorurteile, Bigotterie, Rassismus, Hasserreger", dann sind Sie antijüdisch, was Ihr Leben und Ihre Karriere zerstören wird. Sie werden des Rassismus beschuldigt, obwohl die Judenfrage keinesfalls in den Mythos des Rassismus passen kann (Rassen gibt es und Ethnien bilden sich durch jahrhundertelange Zugehörigkeit zu einer festen Umgebung, was bei Juden keineswegs der Fall ist. Die Ethnie ist das Ergebnis der hormonellen Anpassung an eine feste Umgebung: Der jüdische Partikularismus kommt ausschließlich von der Beschneidung am 8. Tag, dem ersten Tag der ersten Pubertät). Kein westlicher Politiker kann seinen Posten als gut bezahlter Abgeordneter behalten, wenn er auch nur EIN wahres Wort über die Juden spricht. Sie haben Organisationen mit Budgets in Millionenhöhe, deren einziges Ziel es ist, jeden, der sich ihrer Herrschaft widersetzt, durch gerichtliche Verurteilungen wegen Antisemitismus zum Schweigen zu bringen. In Frankreich ist dies das Fallbeil der Gayssotine, die auf ein antidemokratisches, menschenrechtsfeindliches, verfassungswidriges und damit illegales Gesetz zurückgeht, was der Gipfel für ein Gesetz ist.

Jeder angesehene Professor, der die Ergebnisse von Forschungen, die den Juden missfallen, veröffentlichen möchte, wird abberufen und verurteilt. Man kann also ihre Lügen nicht aufdecken, außer in der Untergrundpresse, die heute übrigens beträchtlich ist. (Der arithmetisch-technische Unsinn des Mythos von den "sechs Millionen - Gaskammern" darf niemals und unter keinen Umständen erwähnt werden). Die meisten Menschen, die durch den Säkularismus, das Fernsehen, die Chemifizierung von Lebensmitteln und Arzneimitteln und die Impfungen verblödet sind, haben nicht die geringste Ahnung von den Dimensionen der Judenfrage, denn darüber hinaus ist die Zensur allgegenwärtig, wie in Orwells Buch *"1984"* die Verurteilung wegen *"Gedankenverbrechen"*.

Es genügt beispielsweise, über die jüdische Vorherrschaft in Hollywood zu sprechen, um sich vor denen, die Schweigen über die Frage der jüdischen Vorherrschaft in Hollywood verlangen, des Antisemitismus verteidigen zu müssen.

In einer Robotergesellschaft, in der die jüdische Macht radikal ist, lässt Hollywood uns ignorieren, dass der Zweite Weltkrieg von Juden ausgeheckt wurde, dass er sechzig Millionen Tote forderte und nicht nur sechs Millionen Juden (deren enorme Inflation und die Unmöglichkeit der Vergasung mit Zyklon B uns die revisionistische Arbeit enthüllt hat). Hollywood hat den Krieg zugunsten der internierten Juden neu erfunden, obwohl sie Hitler 1933 den Krieg erklärt hatten, und erzählt uns nie von den Dutzenden Millionen Leichen des radikal jüdischen Sowjetrusslands, von seinen Ideologen wie Marx und Hegel bis hin zu seinen Gefängnis- und KZ-Henkern wie Kaganowitsch, Frenkel, Yagoda etc.

In Frankreich und überall sonst ist die Situation die gleiche. Wir haben Badinter, der die Todesstrafe für nichtig erklärt und diese Strafe für Unschuldige in unbegrenzter Zahl institutionalisiert, da ein einmal verurteilter Mörder nicht mehr Gefahr läuft, erneut verurteilt zu werden, wenn er sechs- bis fünfzehnmal tötet, was er manchmal nicht versäumt... Derselbe Badinter behauptet, dass man, um ein guter Familienvater zu sein, ein bisschen päderastisch und pädophil sein muss, während Frau Badinter uns sagt, dass der Mutterinstinkt nicht existiert. Lang und Kouchner erklären uns, dass Kinder *"ein Recht auf sexuelles Vergnügen"* haben, Simone Veil führt die Selbstbedienungsabtreibung für gesunde Kinder ein, während es von Spinnern nur so wimmelt. Lang fördert auch krankheitserregende und kriminogene Musik und Rave-Partys... Die Pornographie der Benezaref wird in der *"Athee-Levy-Psion"* und anderswo ausgebreitet...

Wir haben hier eine Schar extradimensionaler Menschenrechtsverbrecher... Die Unmündigkeit wird zum System erhoben...

Schlussfolgerung

Für mich ist es völlig klar, dass diese Tatsachen, deren anhaltende Aktualität seit 1934 einen Niagara von Neunfachbeweisen bietet, nicht von einem Juden geschrieben wurden (sofern nicht das Gegenteil bewiesen ist), sondern von einem Nichtjuden, der von der jüdischen Perversität ebenso angewidert ist wie von der ekelerregenden Schläfrigkeit der Gojim, *"diesem gemeinen Samen des Viehs"*.

Die radikale Abschaffung der Beschneidung am achten Tag würde die jüdische Frage lösen (Wie ich in meinen Geheimbüchern erläutert habe). Aber leider ist der Judäo-Cartesianismus in Gang gesetzt worden und nichts kann seinen Lauf ins Nichts mehr aufhalten.

Der Rothschildo-Marxismus wird uns ausrotten. Nach den Ruinen... Wir werden sehen!

Nach dem Zeitalter des Eisens, des Betons und der Dunkelheit wird das goldene Zeitalter kommen, aber wir werden nicht mehr da sein, um es zu sehen.

* * * *

ANDERE PUBLIKATIONEN

www.ingramcontent.com/pod-product-compliance
Lightning Source LLC
Chambersburg PA
CBHW050135170426
43197CB00011B/1842